Mein spanisches Jahr

Ellen M. Whishaw

Writat

Diese Ausgabe erschien im Jahr 2024

ISBN: 9789361465147

Herausgegeben von
Writat
E-Mail: info@writat.com

Inhalt

EINLEITEND

Für einen Ausländer, der Spanien zum ersten Mal besucht, erscheinen so viele Dinge auf den Kopf gestellt, dass seine Laune ernsthaften Schaden nehmen kann, wenn er nicht einen philosophischen Geist entwickelt. Aber es gibt eine Möglichkeit, die kleinen Unannehmlichkeiten, den Mangel an Konsequenz und den völligen Mangel an gesundem Menschenverstand, die einem in diesem ursprünglichen Land auf Schritt und Tritt aufgezwungen werden, nicht nur zu ertragen, sondern tatsächlich zu genießen: und zwar, indem man sie alle vom Standpunkt der komischen Oper aus betrachtet. So viele Menschen erwarten, in Spanien lediglich eine vergrößerte Ausgabe von Bizets *Carmen zu finden*, dass es ihnen nicht schwerfallen sollte, zu lächeln, wenn sich im täglichen Leben komische Opernvorfälle vor ihren Augen abspielen; und doch sieht man oft den ungeduldigen Reisenden, der sich in wütenden Anschuldigungen über zähes Rindfleisch, schlechte Butter, unpünktliche Züge, fehlerhafte Postdienste, rückständige Hotels und so weiter bis ins *Unendliche erschöpft*, anstatt seinem Glücksstern zu danken, dass es in Europa noch ein Land gibt, das so geblieben ist, wie Gott es geschaffen hat, statt nach der von den Tourismusagenturen bevorzugten Form neu gegossen zu werden.

Wenn es Expresszüge gibt, die mit 100 Stundenkilometern von Irun nach Madrid und von Granada nach Sevilla fahren und entlang der Strecke eine Kette kosmopolitischer Hotels spannen, werden diese Reisebüros zweifellos weitaus bessere Geschäfte machen können. Aber ihre Kunden werden dann nicht in Spanien, sondern in der Welt der Kosmopoliten reisen, und die letzte Hochburg der Romantik in Westeuropa wird den Weg der Schweiz und Italiens gegangen sein, wo es in manchen Städten fast die Ausnahme ist, die Sprache der Einheimischen auf der Straße zu hören. Gott sei Dank ist Spanien noch nicht auf die kommerziellen Vorteile aufmerksam geworden, die sich daraus ergeben, seine nationalen Besonderheiten in die Rille des Alltäglichen zu pressen, und seine Seele ist noch nicht herausgeschnitten und im Streben nach schnödem Mammon weggeworfen worden.

Der Reisende, der den ausgetretenen Pfaden folgt, hat in der Zwischenzeit wirklich wenig zu beklagen, denn in den letzten zehn Jahren wurden sowohl im Eisenbahnverkehr als auch bei der Hotelunterbringung große Fortschritte gemacht; und wenn Sie die acht-, zehn-, zwölf- oder zwanzigstündige Eisenbahnreise von einer Provinzhauptstadt zur anderen gemurrt, geschlafen und geschimpft haben und dann Ihren Platz an der Table d'hôte in einem der großen neuen Hotels einnehmen, könnten Sie sich fast in London oder Paris oder New York wähnen. Eines jedoch erinnert Sie daran, dass Sie in Spanien sind: die ängstliche Besorgtheit der Kellner, die jeden

Bissen Ihres Essens beobachten, als ob es ihnen persönlich wichtig wäre, dass Sie mit Ihrem Abendessen zufrieden sind, und Ihnen frische Gerichte aufdrängen, wenn Sie nicht so viel essen, wie sie meinen, dass Sie sollten, und Ihnen versichern, dass diese sehr ausgezeichnet sind und dass Sie Ihre Kräfte aufrechterhalten müssen, um die schönen Monumente genießen zu können, die Sie morgen besuchen werden. Dieses Interesse des *Mozo* am Kunden seines Herrn ist echt und nicht durch die Erwartung zukünftiger Gefälligkeiten inspiriert. Er empfindet es als Abwertung des Rufs des Hauses, wenn man sich weigert, jeden Gang zu nehmen, und kann nur schwer verstehen, dass Abstinenz Sättigung und nicht Unzufriedenheit mit den Speisen bedeuten kann. Ich bezweifle, dass man in den Augen des Hauses irgendwo anders so viel Bedeutung zu haben scheint wie in Spanien, denn diese Aufmerksamkeiten beginnen mit der ersten Mahlzeit im Hotel und werden während des gesamten Aufenthalts fortgesetzt; und kann etwas Sie in einem Hotel wohler fühlen lassen als ein herzliches Interesse an Ihrem Appetit?

Wenn Sie sich über die endlose Zeit beschweren, die Sie für die Reise aufgewendet haben, wird man Ihnen ernsthaft versichern, dass es sicherer ist, langsam als schnell zu reisen, und dass es in Spanien weit weniger Eisenbahnunglücke gibt als in England oder den Vereinigten Staaten. Sie können erwidern, dass es in Spanien weit weniger Züge gibt, aber wir kümmern uns in Spanien nicht um das Gesetz der Durchschnittswerte, und der Spanier versichert Ihnen feierlich, dass die alarmierende Schnelligkeit des angelsächsischen Lebens nichts bringt, außer dass man schneller im Grab ankommt.

Wenn Sie eine Hotelrechnung anfechten, die länger ist als die, die Sie im Ritz bezahlen würden, für eine Unterhaltung, die man als mittelmäßig zu bezeichnen schmeicheln würde, rechtfertigt der Wirt seine Gebühren, indem er erklärt, wie viel Sie in diesen Tagen des Fortschritts für Ihr Geld bekommen, verglichen mit dem, was Ihnen fehlte, als das Leben in Spanien billiger war, und schließlich kann ein Dollar oder eine *Esterlina* (£) mehr oder weniger einem so großen Lord wie Ihnen, der offensichtlich Millionär sein muss, wenn er nur zu seinem eigenen Vergnügen so weit von zu Hause weg reisen kann, auch nichts ausmachen. Sie müssen auch berücksichtigen, sagt er, dass die Touristensaison sich nur über ein paar Monate im Frühjahr erstreckt, da im Ausland die Reize des Winterklimas in diesem bestimmten Teil Spaniens allgemein nicht bekannt sind. Und wie, fragt er, soll ein armer Mann sein Hotel das ganze Jahr über zur Bequemlichkeit des englischen Lords im Frühjahr geöffnet halten, wenn der englische Lord nicht bei seiner Ankunft genug zahlt, um ihn während der anderen zehn Monate des Jahres vor dem Bankrott zu bewahren? Und wenn diese Argumente – bei denen die exorbitanten Posten, um die es hier geht, geschickt ausgeklammert wurden –

Ihre Einwände gegen eine überhöhte Rechnung nicht ausräumen, dann bleibt Ihnen nur einer von zwei Wegen offen. Entweder Sie schütteln den Staub Spaniens von Ihren Füßen und reisen in ein anderes Land, wo die Gastwirte wissen, dass ein zufriedener Gast ihnen mehr Geld in die Kassen bringt als zehn, die wütend abreisen; oder Sie kommen mit mir abseits der ausgetretenen Pfade und lernen das wahre Spanien kennen und, wie ich, den wahren Spanier lieben.

Wird er den Ausländer ausbeuten? Er würde Ihnen lieber den Mantel von seinem Rücken geben, als einen Penny von Ihnen zu nehmen, den er nicht ehrlich verdient hat; und er wird Ihnen alle möglichen Dienste mit der angeborenen Eleganz erweisen, die die Tradition geschaffen hat, dass „jeder Spanier ein Gentleman ist". Diese Klasse von Spaniern kommt nicht oft in die großen Städte, noch ist er von Ausländern zu finden, die ihn mit Hilfe eines Dolmetschers suchen. Tatsächlich ist er das Pulver und die Kugeln des Dolmetschers nicht wert, denn er kann keine Provision für Käufe zahlen, die der arglose Reisende über seinen Führer tätigt: Er hat nichts zu verkaufen außer seiner Ehre und Höflichkeit, und die sind keine marktfähigen Waren. Also lässt man ihn ungestört in seinen wunderschönen Bergfestungen oder auf seinen fruchtbaren Ebenen, wo sich nur wenige Auserwählte die Mühe machen, ihn aufzusuchen. Und möge er noch lange dort bleiben!

Aber wenn er von einem Reisenden gesucht und gefunden wird, der sich nicht damit zufrieden gibt, sich seine Meinung über das ganze Land aufgrund seiner Beobachtungen aus dem Fenster eines Hotels zu bilden, dann wird tatsächlich deutlich, dass das Herz Spaniens stark und wahrhaftig schlägt unter dem Schaum politischer Leidenschaften und Habgier, die sein äußeres Erscheinungsbild entstellen. Und der Schleier der Romantik, den der Dichter und der Künstler um das Land gewoben haben, wird diesen Reisenden einhüllen, und er wird immer wieder nach Spanien zurückkehren, bis er, wie der Schriftsteller, feststellt, dass in das Gewebe einige seiner eigenen Herzensfäden verwoben sind.

Dann werden all die kleinen Unannehmlichkeiten zu bloßem Gelächter, mit einem zufriedenen *Hintergedanken* über die Barriere, die sie gegen die Flut der billigen Ausflügler errichtet haben, die ohne sie unsere Halbinsel überschwemmen könnten. Und wenn wir manchmal einen tragischen Unterton unter dem leichten Chor unserer Oper hören, wird die Musik dadurch nur tiefer, so wie die violetten Schatten einer andalusischen Straße den goldenen Glanz aufsteigen lassen, der die weißgetünchten Häuser in der Sonne badet.

Noch ein Wort. Meine Leser werden vielleicht überrascht sein, dass ein „Ketzer" mit vielen spanischen Geistlichen auf gutem Fuß steht, denn im Ausland herrscht offenbar der Eindruck, dass dies ein bigottes Land ist, in dem ausländische Nichtkatholiken links liegen gelassen werden, wenn nicht sogar noch Schlimmeres.

Natürlich gibt es viele Spanier, die eine starke Einstellung zu ihrer Religion haben, und zweifellos hätte jeder, der hier öffentlich Respektlosigkeit gegenüber Kultgegenständen zeigt, Grund, seinen Mangel an guten Manieren zu bedauern. Aber solange er sich an heiligen Orten anständig verhält und im Gespräch ein gewisses Maß an Diskretion walten lässt, braucht der „Ketzer" weder von Priestern noch von Menschen Unhöflichkeit zu befürchten. Auch wird er keinen unterdrückenden Eifer in Richtung Missionierung erfahren. Der peinlichste Versuch in dieser Richtung, den ich erlebt habe, war die sanfte Bemerkung einer Nonne: „Sie sind schon so gut, dass Sie noch ein wenig besser sein sollten. Ich bete täglich, dass Sie ein guter Katholik werden." Und eine unterhaltsame Erfahrung war die eines Mitglieds unserer Familie, dem ein angesehener Geistlicher seinen Wunsch verkündete, zu konvertieren –

„Wir werden mit einer Partie Schach beginnen", sagte er, „und danach über Dogmen diskutieren."

Die Schachpartie war so fesselnd, dass sie bis zur Schlafenszeit andauerte, wonach der Geistliche sich eilig verabschiedete und alle Dogmen vergaß.

Der Vorwurf der Bigotterie ist – was auch immer früher der Fall gewesen sein mag – ebenso unberechtigt wie viele andere unfreundliche Dinge, die über Spanien gesagt wurden.

„Wir werden von ausländischen Schriftstellern sehr falsch dargestellt", sagte mir eines Tages ein intelligenter junger Offizier. „Wenn *Sie jemals* ein Buch über Spanien schreiben, hoffe ich, dass Sie von uns so sprechen werden, wie Sie uns vorfinden, damit uns ein Freund einmal ein wenig Gerechtigkeit widerfahren lässt."

Mit diesem eher pathetischen Appell im Hinterkopf habe ich mein Bestes gegeben, Spanien so zu beschreiben, wie ich es vorgefunden habe, und ich muss behaupten, dass ich meinen spanischen Freunden nicht mehr als Gerechtigkeit widerfahren bin, auch wenn diejenigen, die sie nicht kennen, mich als voreingenommenen Hispanophilen abstempeln.

✸✸ Die im Text markierten Akzente auf den spanischen Wörtern dienen in den meisten Fällen lediglich als Aussprachehilfe für diejenigen, die die Sprache nicht beherrschen.

„EIN SOMMERNACHMITTAG AUF DER TERRASSE.“

TEIL I.
SOMMER

KAPITEL I

Leben im Innenhof – Verschlossene Türen und Liebende – Der Nutzen des Gittertors – Flirten unter Schwierigkeiten: Das Schlüsselloch und der Spalt – Manolo und Carmencita, eine Romanze im wahren Leben.

Das große Ereignis, auf das sich die ganze Schöpfung in den Augen einer spanischen Señorita konzentriert – die nicht in Madrid lebt – ist der jährliche Jahrmarkt in der Hauptstadt ihrer Provinz. Dieser findet normalerweise im Frühjahr statt, und daher ist der Frühling für sie das Ende und nicht der Anfang des Jahres, dem sie im Herbst und Winter mit zunehmender Spannung entgegenfiebert, während für diese junge Dame der Sommer nur der Anfang des langen Jahres ist, das sie durchleben muss, bis der Frühling kommt und LA FERIA, in Großbuchstaben, wieder ansteht.

Ich werde, wie die spanische Señorita, mein spanisches Jahr mit dem Sommer beginnen, wenn auch nicht aus genau demselben Grund, so doch aus einem ähnlichen. Die große Hitze des Sommers mit ihrem Staub, ihren Mücken und Fliegen ist in diesem Land die anstrengendste Zeit aller zwölf Monate, da der Frühling die angenehmste ist; und kluge Leute bewahren sich das Beste bis zum Schluss auf.

Man darf jedoch nicht meinen, dass der Sommer in Spanien keine Entschädigungen bietet. Es gibt viele und vielfältige, und nicht zuletzt das Leben auf der Terrasse, das im Juni beginnt und im September endet.

Der Patio wird immer als einer der besonderen Reize Südspaniens bezeichnet, aber wie viele meiner Leser, die das Land noch nie besucht haben, wissen genau, was das ist? Ich selbst hatte, bevor ich hierher kam, eine vage Vorstellung davon, dass es so etwas wie ein Hof war, und ich erinnere mich, dass ich beim Anblick eines riesigen *Viehpferches*, der an ein Bauernhaus in der Nähe von Tarifa angebaut war und so groß war, dass er vom Dampfer aus sichtbar war, als wir uns Gibraltar näherten, fragte, ob das ein Patio sei!

Das heutige andalusische Haus ist im Wesentlichen ein direkter Nachfahre des Hauses, das von den Griechen gebaut wurde, die Andalusien oder Tartessus, wie sie es nannten, etwa sechs oder sieben Jahrhunderte V. CHR. KOLONISIERTEN. Der *Pylon*, heute *Zaguan genannt*, ist der Vorraum, der von der Straßentür direkt ins *Peristyl führt*, den offenen Hof, um den das Haus gebaut ist, heute *Patio genannt*. Tagsüber ist der *Zaguan* zur Straße hin offen, aber der Zugang zum Patio ist durch ein großes Eisengitter versperrt, das nur von innen geöffnet werden kann. Die Römer führten die griechische Hausform mit leichten strukturellen Änderungen fort und fügten das *Solarium hinzu*, eine offene Galerie oder Arkade, die zum Sonnenbaden gedacht war. Dieses Merkmal ist heute in den älteren Häusern Andalusiens üblich, obwohl es in moderneren Häusern fehlt. Wenn die Bewohner sich sonnen möchten, gehen sie auf die *Azotea* , das flache Ziegeldach, auf dem normalerweise die Wäsche der Familie zum Trocknen aufgehängt wird. Die Namen *Azotea* und *Zaguan* sind beide arabischen Ursprungs. Dies zeigt, sofern es eines Beweises bedarf, dass weder die Westgoten noch die Araber bei ihrer Eroberung Andalusiens wesentliche Änderungen an der Struktur der Häuser vornahmen, die sie vorfanden.

Der Patio ist ein zentraler Hof, von dem aus sich zahlreiche Räume öffnen, darunter immer das Sommerspeisezimmer und die Sommerküche, während ihre Gegenstücke im Winter ein Stockwerk höher liegen. Es gibt auch eine *Sala* oder einen Empfangsraum, und in alten Häusern kann dieser wunderschön geschnitzte arabische Dachbalken haben, die mit schönen Glanzfliesen aus dem 15. oder 16. Jahrhundert ausgefüllt sind: denn während die oberen Stockwerke häufig modernisiert und manchmal in Sachen Badezimmer, große Fenster und wirksame Belüftung auf den neuesten Stand gebracht werden, wird der Patio mit den ihn umgebenden dunklen Räumen sehr selten rekonstruiert. Er dient nur als Zuflucht vor der Sommerhitze, und die Architekten von heute verzichten klugerweise darauf, das schattige Licht und die kühlen, erfrischenden Temperaturen zu beeinträchtigen, die das Leben angenehm machen, selbst wenn das Thermometer draußen im Schatten 110 oder mehr Grad anzeigt.

Große Türen – manchmal aus Mahagoni, Zeder oder Guajakholz, vier Zoll dick, mit großen Messing- oder Eisennägeln beschlagen und mit Eckstücken, Schloss, Schlüssel und Türklopfern verziert, alles reich verziert und passend dazu – trennen den *Zaguan* von der Straße. Den ganzen Tag stehen sie offen, als würden sie den Passanten einladen, einzutreten und den Innenhof zu bewundern, der vollständig durch die bereits erwähnte *Cancela* oder das Eisengitter zu sehen ist: Nachts jedoch sind sie geschlossen und mit einem riesigen Eisenriegel gesichert, der oft zwei oder drei Fuß lang ist. Das Geräusch, das diese Türen nachts machen, und das Kreischen der großen Riegel, die nie geölt werden, ist die ganze Straße entlang zu hören und kann den Schönheitsschlaf des Fremden erheblich stören. Aber wenn nicht gerade eine *Velada* oder *Tertulia* stattfindet, ist der Lärm um 23 Uhr oder früher vorbei, denn der Brauch verlangt, dass anständige Häuser eine volle Stunde vor Mitternacht ihre Gesichter dem Mondlicht zuwenden.

Wenn Sie fragen, wie das sein kann, wo doch jeder weiß, dass spanische Gentlemen es sich zur Gewohnheit machen, in ihren Cafés und Clubs die Nacht zum Tag zu machen, muss ich Ihre Aufmerksamkeit auf den *Postigo lenken* , ein kleines, niedriges Pförtnertor in einer der großen Türen. Der strenge Vater, der seine eigenen jugendlichen Eskapaden vergessen hat oder entschlossen ist, dass sein Sohn nicht in seine Fußstapfen tritt, kann anordnen, dass die Tür jeden Abend um elf Uhr verschlossen wird; doch es steht immer ein bestechlicher Diener oder eine weichherzige Schwester bereit, den Riegel des *Postigo zu öffnen* und den jungen Taugenichts vor dem Zorn des Vaters zu schützen.

Wir können davon ausgehen, dass die Schwester, wenn sie sich mit ihrem Bruder zu später Stunde einlässt, dies nicht tut, um ihm zu ermöglichen, in seinem Club zu spielen oder im Café mehr zu trinken, als ihm gut tut. Es muss eine Liebesaffäre sein, die die Sympathie der hübschen Amparo erregt und sie zu jeder Tages- und Nachtzeit aus dem Bett hält. Wahrscheinlich hat sie bis weit nach Mitternacht den Beteuerungen ihrer Hingabe an ihren eigenen verbotenen Liebhaber gelauscht, und so gilt ihre ganze Sympathie Manolo, der ebenfalls ohne Erlaubnis der Eltern sein Herz verloren hat.

In diesen Fällen muss das sanfte Nichts zwischen den Gitterstäben der dicken Eisengitter geatmet werden, die vor jedem Erdgeschossfenster angebracht sind, nicht nur als Vorsichtsmaßnahme gegen Übeltäter, sondern, wie mir ein junger Spanier einmal erzählte, „um die Mädchen drinnen und die Jungen draußen zu halten". Für englische Vorstellungen scheint dies eine ziemlich armselige Art zu sein, Liebe zu machen, aber in manchen ländlichen Städten wird nicht einmal das Gitter als ausreichender Schutz für die Jugend und Schönheit im Inneren angesehen, und ich kenne einen Fall, in dem der Großvater, ein blaublütiger alter Aristokrat und ein ziemlicher Zuchtmeister, Maschendraht über die Fenster im Erdgeschoss spannen ließ, um zu verhindern, dass seine Enkelinnen zwischen den Gitterstäben geküsst werden! Solche Schwierigkeiten sind mit *pelando la pava* (den Truthahn rupfen) oder *comiendo hierro* (Eisen essen) verbunden, wie diese Gitter-Balzereien genannt werden.

In alten Häusern, egal wie groß, ist es nicht ungewöhnlich, nur ein einziges Fenster mit dem unvermeidlichen Gitter im Erdgeschoss zur Straße hin zu sehen – ein Überbleibsel der orientalischen Vorstellung von der Abgeschiedenheit der Frauen, denn bis ins 16. Jahrhundert gingen in Südspanien überhaupt keine Fenster auf die Straße hinaus. Dieses eine Fenster, das normalerweise die Pförtnerloge beleuchtet, wird von der Tochter des Hauses in Besitz genommen, wenn sie einen heimlichen Verehrer fördert. Die Diener sind immer auf der Seite der Romantik und zögern nicht, den Liebenden mit allen ihnen zur Verfügung stehenden Mitteln zu helfen, und so hat der alte Pförtner, von dem seine Herrin erwartet, dass er darauf achtet, dass nach Einbruch der Dunkelheit keine unerlaubten Treffen stattfinden, keine Schwierigkeiten, in seinem Schaukelstuhl im Innenhof ein Nickerchen zu machen, während *la niña*, die er seit ihrer Wiege kennt und verwöhnt, an seinem Fenster sitzt und dem leidenschaftlichen Flüstern ihres Verehrers auf der Straße lauscht.

In der Zwischenzeit müssen sich die Dienstmädchen um ihre eigenen Liebsten kümmern, und wenn es kein zweites Fenster gibt, könnte es schwierig sein, in Kontakt zu kommen, denn die Töchter der anständigen Armen werden ebenso streng beaufsichtigt wie die Señoritas, und ein Mädchen würde seinen Ruf verlieren, wenn es einen „Abend auswärts" hätte, es sei denn unter der Obhut seiner Mutter oder einer Freundin reiferen Alters. Aber die Liebe lacht über Schlosser, und ein Freund von mir erzählte mir, wie er aus eigener Erfahrung gelernt hat, wie man in solchen Fällen das Werben handhabt, nachdem die Haustür geschlossen ist.

Er ging die Hauptstraße der Kleinstadt entlang nach Hause, in der sein Vater lebte. Die Nacht war dunkel und die Straßenlaternen spärlich und schwach, und er stolperte über etwas Weiches, das auf dem Bürgersteig vor der Tür eines großen Hauses lag. Ein zischendes Flüstern linderte seine erste Befürchtung, dass ein Mörder mit dem Messer im Einsatz gewesen war. Es war ein junger Mann, der der Länge nach auf dem Boden lag, mit den Lippen auf dem Türspalt, und der mit seiner Liebsten sprach , die drinnen auf dem Boden lag, während eine andere Dienerin und ihr Liebhaber das Schlüsselloch in Besitz hielten und die Señorita im vergitterten Fenster bescheiden den Vorhang zuzog, um sich vor dem Blick meines Freundes zu verbergen, als sie seine Schritte näher kommen hörte.

Das sind die Annehmlichkeiten des Sommers. Im Winter sieht man weniger Liebhaber auf den Straßen, denn junge Männer können sich schwere Erkältungen und Nackensteifheit einfangen – selbst wenn sie in den voluminösen Mantel gehüllt sind, der der Romantik so lieb ist – und viele Stunden draußen stehen, „Eisen essen", mit den Füßen in einer Pfütze, und zu ihrer Geliebten auf dem Balkon des ersten Stocks hinaufstarren, wo sie von Oktober bis Juni wohnt. Tatsächlich weiß ich von einer Liebesaffäre, die abgebrochen und nie wieder aufgenommen wurde, weil das Mädchen sich über die lange Abwesenheit ihres Verehrers ärgerte, der, der arme Kerl, mit Grippe im Bett lag und seiner Göttin die traurige Nachricht nicht an ihrem Fenster überbringen konnte.

In diesem Fall hatte der Widerstand der Mutter einen akuten Grad erreicht, und die Erklärung des liebeskranken Manolo fiel in die falschen Hände. Carmencita ließ durchblicken, ihr rechtmäßiger Verlobter fühle sich durch Manolos Aufmerksamkeiten beleidigt und sie seien daher unwillkommen. Da der unglückliche junge Mann auf seinem Krankenbett keine Möglichkeit hatte, direkt mit seiner Charmeurin in Verbindung zu treten, musste er so geduldig wie möglich seufzen, bis das Wetter besser wurde und er zu den Fenstergittern zurückkehren und eine Erklärung für diese grausame Botschaft verlangen konnte. Inzwischen wurde Carmencita erzählt, Manolos Abwesenheit sei auf die Reize einer neuen *Freundin zurückzuführen* . Da diese Lieben am Gitter so leicht aufgenommen und wieder fallengelassen werden wie eine Reisebekanntschaft, war das nichts Unwahrscheinliches. Sie weinte bitterlich über seine angebliche Unbeständigkeit, und als sie die Wahrheit erfuhr, griff sie zum letzten Mittel, das der untröstlichen Señorita noch blieb: Sie wurde hysterisch und drohte, das Essen zu verweigern (eine Methode, die Autoritäten unter Druck zu setzen, die hier unter rebellischen Töchtern schon lange in Mode war, bevor sie von den Suffragetten übernommen wurde) und sich aus der *Azotea* in den darunter liegenden Patio zu stürzen, wenn man ihr nicht erlaubte, Manolo zu schreiben und ihn ihrer ewigen Ergebenheit zu versichern.

Doch ach! Manolo, obwohl aus guter Familie, hatte weder Geld noch Aussichten, während der angesehene Señor Conde de las Patillas Blancas [1], obwohl er sein Leben als Gehilfe in einem Lebensmittelladen begonnen hatte, nach Kuba gegangen war, bevor der Krieg mit Amerika diese Fundgrube für Spanier zerstört hatte, die damit ihr Geld zu verdienen wussten, und als er reich zurückgekehrt war, hatte er einen Titel wiederbelebt, auf den er vielleicht einen Rechtsanspruch hatte, vielleicht aber auch nicht. So war er nun in jeder Hinsicht ein äußerst begehrter *Parti* für die schöne Carmencita.

Als Manolo also von seinem Krankenbett erhob, las er in der Lokalzeitung, dass „der aristokratische und wohlhabende Señor Conde de las Patillas Blancas um die Hand der wunderschönen jungen Señorita Carmen Perez y Dominguez, Tochter der Marquise s [2] von Campos Abandonados, angehalten hatte" – wörtlich „verlassene Felder", aber die beste Umschreibung dafür wäre vielleicht die bekannte englische Bezeichnung „Bareacres".

Wie Manolo genau wusste, war dies das Ende. Denn nicht nur ist die Mutter in Spanien die absolute Herrin, wenn es um die Heirat ihrer Tochter geht, sondern Carmencita selbst war sich, nachdem sie die üblichen Tränen über den Verlust ihres Geliebten vergossen hatte, ganz genau bewusst, auf welcher Seite ihr Brot gebuttert war. Diese beiden jungen Leute waren enge Freunde von mir, und wenn ich eingewilligt hätte, als Vermittler zu fungieren, als ich Carmencita zu ihrer Verlobung gratulierte und nebenbei einen Tränenstrom hervorrief, indem ich Manolos glückliche Genesung erwähnte, ist es durchaus möglich, dass sie einen neuen Versuch unternommen hätte, ihren Willen durchzusetzen. Aber es ist klug, sich nicht in spanische Liebesaffären einzumischen, die selten oder nie ganz das sind, was sie zu sein scheinen, und in ihrem unbeständigen kleinen Herzen dankte Carmencita mir sicherlich dafür, dass ich mich weigerte, irgendwelche Botschaften zu überbringen. Was Manolo betrifft, so tröstete er sich, indem er etwa ein Jahr später eine Erbin heiratete und aus dieser wahrheitsgetreuen Geschichte verschwindet.

KAPITEL II

Das gesellschaftliche Leben in einer Bergstadt – Moslemische Traditionen –
Die Etikette der Verlobung – Hochzeitsgeschenke – Die Aussteuer – Kleine
Tragödien Spaniens – Dramatische Carmencita – Entschädigungen für die
Gräfin.

Wenn ich den Ort der Hochzeit beschreiben sollte, an dem sie tatsächlich
stattgefunden hat, ist es durchaus möglich, dass sich einige der Beteiligten,
wenn sie dieses Buch lesen, darin wiedererkennen. Ich werde es daher in die
malerische Bergstadt Ronda verlegen, die zwar von Touristen besucht wird
und über zwei wirklich komfortable Hotels verfügt, aber dennoch einige
eigentümliche lokale Bräuche bewahrt.

Am auffälligsten ist dabei wohl die muslimische Tradition der
Geschlechtertrennung. Die zahlreichen Reisenden, sowohl Einheimische als
auch Ausländer, die im Frühling oder Herbst auf ihrem Weg von oder nach
Algeciras einen Tag in der Stadt verbringen, haben den Konservativismus
der Rondeños bisher nicht beeinflusst, und man muss nur an einem
Sonntagabend im Sommer den Paseo de la Merced auf und ab schlendern,
um zu sehen, dass die sozialen Gepflogenheiten in Ronda vom Kontakt mit
der Außenwelt völlig unberührt bleiben.

Die Hitze des Tages ist vorbei und ein kühler Westwind lässt die Blätter der
Platanenalleen rascheln. Der violette Gipfel von La Liba, der den *Mittelpunkt*
eines bezaubernden Bildes bildet, wird plötzlich ausgelöscht, als das
elektrische Licht eingeschaltet wird. In Sachen Straßenbeleuchtung ist
Spanien keineswegs hinter der Zeit zurückgeblieben. Die spanische Liebe zu
einem Lichtschein im Freien ist wahrscheinlich der Grund für die
Fortschritte, die die elektrische Beleuchtungsindustrie in den letzten Jahren
gemacht hat. Es stimmt, dass sich selbst wohlhabende Leute oft noch damit
zufrieden geben, ihre Häuser mit einer billigen Paraffinlampe oder sogar mit
einer *Messingkerze* mit einem winzigen Docht zu beleuchten, der mit Olivenöl
gespeist wird. Als diese Prunkliebhaber jedoch erkannten, dass ein paar
Bogenlampen entlang des Paseo die Nacht zum Tag machten und dass
Elektrizität es dem jungen Mann in Gold ermöglichte, seinen neuen
englischen Strohhut, seine schöne rote Krawatte und seine glänzenden
braunen Stiefel um Mitternacht ebenso gut zur Schau zu stellen wie am
Mittag, fanden die Städte scheinbar mühelos Geld für die
Straßenbeleuchtung, und heute gibt es selbst in den Ebenen, wo es keine
Wasserkraft gibt, kaum ein Dorf, das nicht mit Elektrizität beleuchtet wird.
Ich habe an jeder Straßenecke elektrische Lampen gesehen, und das an einem
Ort, der nur über einen Saumpfad erreichbar war und keinen Kontakt zur

Außenwelt hatte, außer einem Besuch des Postboten auf seinem Esel zwei- oder dreimal wöchentlich, wenn zufällig Briefe auszuliefern waren.

Ronda mit seinem wunderbaren Tajo, durch den der Guadalevin während der Winterregen reißend rauscht, war bei meinem ersten Besuch vor zehn oder elf Jahren mit elektrischem Licht ausgestattet. Damals fiel der Strom im Sommer schmählich aus, da zu dieser Jahreszeit das gesamte Wasser des geschrumpften Flusses in die Bewässerungskanäle geleitet werden musste, wie es den zahlreichen Gemüsegärtnern im Tal seit der arabischen Zeit gesetzlich zusteht. Jetzt wurde Dampf eingeführt, um die Wasserkraft zu ergänzen, und die Beleuchtung der wichtigsten Hotels und vor allem des Paseo ist so hell, wie man es sich nur wünschen kann.

Im Sommer ist es tagsüber zu heiß, um gemütlich umherzuspazieren, und die Jugend beiderlei Geschlechts hatte zu dieser Jahreszeit kaum Gelegenheit, die Reize des anderen zu bewundern, bis künstliches Licht zu Hilfe kam. Heute, besonders an Sonntagabenden, drängt sich die ganze Stadt auf dem Paseo, wo sich die jungen Leute unter starken Bogenlampen nach Herzenslust gegenseitig bewundern können.

Einer der merkwürdigen Bräuche des Ortes ist, dass alle hübschen Mädchen, von zwei bis sechs oder sieben, zusammen auf und ab marschieren, während ihre stämmigen Mütter und Tanten auf den Steinbänken und Stühlen sitzen und sich Luft zufächeln, die zu beiden Seiten der Allee stehen. Auch die jungen Männer marschieren auf und ab, ebenfalls in Gruppen, aber sie halten sich sorgfältig auf beiden Seiten des breiten Platzes in der Mitte auf, den die Mädchen einnehmen. Jede Stadt in Spanien hat in sozialer Hinsicht ihre eigenen Gesetze, und es scheint gegen die Etikette von Ronda zu verstoßen, wenn die Männer unter irgendwelchen Umständen mit den Mädchen gehen, obwohl dies an anderen Orten durch die Anwesenheit einer Duenna völlig korrekt ist.

Verlobte Paare dürfen den Paseo gemeinsam betreten (natürlich unter Aufsicht), aber sie dürfen nicht an der Promenade teilnehmen. Sie dürfen nur mit der Mutter oder der Tante unter den Bäumen sitzen und sich über ihren erzwungenen Rückzug hinwegtrösten, indem sie sich im Schutz des Schattens der überhängenden Zweige gegenseitig die Hände drücken. Kommt das Mädchen jedoch zu spät, bekommt ihr Verlobter die Gelegenheit, sich zu zeigen. Dann darf er so viel er will inmitten des Mädchenschwarms auf und ab gehen und so tun, als suche er nach seiner Liebsten. Ich sah Carmencitas älteren Liebhaber bei dieser Vorstellung an einem Sonntagabend, und jedes Mal, wenn er in den Brennpunkt einer der Bogenlampen geriet, blieb er abrupt stehen, während das Licht ihn voll traf, und blickte mit gespielter Besorgnis über den Verbleib der Dame hierhin und dorthin, obwohl er wusste und sie wusste und alle ihre Freunde und

Bekannten wussten, dass sein Charmeur erst um zehn Uhr erscheinen würde, wenn die Band zu spielen begann.

Carmencitas Hochzeit wurde für Juli angesetzt, zum Teil, weil der Sommer, wenn die Jungen von der Schule und der Universität zu Hause sind, hier die fröhlichste Zeit ist, aber hauptsächlich, weil der Anstand verlangt, dass die religiöse Zeremonie innerhalb einiger Wochen nach dem sogenannten „Anhalten um die Hand" stattfindet – mit anderen Worten, nach der Unterzeichnung des Ehevertrags. Der *noviazgo* , der streng genommen keine Verlobung ist, sondern eher eine langwierige Brautwerbung, die mit einer Hochzeit enden kann oder auch nicht, dauert manchmal Jahre und wird dann abgebrochen, ohne dass dem Verschmähten, sei er männlich oder weiblich, eine Schuld angelastet wird. Es ist völlig selbstverständlich, dass keine moralische Verpflichtung zur Heirat besteht, solange die Hand der Dame nicht formell „angehalten" wurde. Aber sobald dies geschehen ist, nicht vom Liebhaber, sondern von einem Verwandten der älteren Generation, wird die Heirat als notwendige Konsequenz angesehen, und ein Mann oder eine Frau, die sich weigerten, die Verlobung nach dieser Zeremonie zu erfüllen, wären *mal mirado* – schlecht angesehen –, was mehr oder weniger gleichbedeutend damit ist, nach Coventry geschickt zu werden.

Als ich also hörte, dass Carmen endlich verlobt war, wusste ich, dass es nicht lange dauern würde, bis ich eine Einladung zur Hochzeit erhielt, die zu gegebener Zeit in Silber auf einer hochglänzenden Karte gedruckt war. Streng genommen war es überhaupt keine Einladung, denn sie enthielt lediglich ausführlich die Namen und Titel der Braut und des Bräutigams und ihrer Eltern (und spanische Namen und Titel sind so lang wie eine Predigt der Presbyterianer) und gab Tag und Stunde der Hochzeit bekannt, ohne „um die Freude meiner Gesellschaft zu bitten". Die Rückseite der Karte enthielt eine identische Ankündigung des Bräutigams.

Am Tag vor der Hochzeit ging ich auf Carmencitas besonderen Wunsch hin, um mir ihre Aussteuer anzusehen, die für die andalusische Braut noch aufregender ist als die Hochzeitsgeschenke.

Sie empfing mich in einem zierlichen *Bata* , einem Kleidungsstück, das eine Kreuzung zwischen einem Teekleid und einer Schürze ist, mit offenem Haar, das ihr bis unter die Taille fiel, und ihre Augen waren so hell und ihr Lachen so fröhlich, dass ich sicher war, sie sei ebenso zufrieden mit der wohlhabenden Zukunft, die vor ihr lag, wie ihre Eltern. Sie führte mich in die Winterempfangsräume im oberen Stockwerk, die aussahen, als seien sie für einen Kunstverkauf vorbereitet. Auf einer Reihe von Tischen und Stühlen waren die Geschenke ausgestellt – unzählige Sofakissen, bestickte Nachthemdhüllen, gehäkelte Tischdecken, Schoner, Spitzen-D'oyleys und so weiter; die wertvolleren Gaben aus Glas, Porzellan und Tellern von älteren

Verwandten waren zwischen den handgemachten Geschenken von Carmencitas Schulkameraden und Freundinnen fast verschwunden.

Doch die Geschenke wurden von der weitaus wichtigeren persönlichen Ausstattung der kleinen Braut völlig in den Schatten gestellt. Die Mitte des langen Raumes war von einem Ende zum anderen mit Bocktischen gefüllt, die unter dem Schaum der brechenden Wellen wie Riffe aussahen, so bedeckt waren sie mit Haus- und Tischwäsche, Handtüchern und Bettdecken, die mit wunderbar komplizierten *Fleco Morisco* („arabische Fransen") eingefasst waren, und einem flauschigen und schaumigen Stoff aus feinem Batist, Spitze und Musselin, der ein Leben lang halten würde. Alles von Carmencita und ihren Schwestern und Freundinnen gefertigt und alles mit ihren Initialen in einer endlosen Vielfalt verschlungener Monogramme aufwendig bestickt. Die reichste englische oder amerikanische Braut wäre stolz, solche Dessous zu tragen, wie ich sie dort sah.

Sobald ihre kleinen Hände eine Nadel halten können, wird der spanischen Señorita von den Nonnen ihrer Schule das Nähen auf diese feine Art beigebracht, und von frühester Kindheit an widmet sie die Früchte ihrer Arbeit der Zusammenstellung ihrer Aussteuer; denn hierzu bringt die Braut die gesamte Hauswäsche als Teil ihrer Mitgift mit, und lange bevor sie alt genug ist, einen Liebhaber zu haben, wird ihre fürsorgliche Mutter für die riesigen Mengen feinsten Leinens und Spitzen und die Pfunde an Stickseide und Baumwolle sorgen, die nötig sind, um eine jener großen geschnitzten Truhen ordentlich auszustatten, in denen die Töchter des Hauses seit Jahrhunderten ihre Hochzeitskleidung aufbewahren.

Wenn die Tochter das Teenageralter erreicht, ohne verheiratet zu sein, ist die Truhe lange bevor sie benötigt wird voll, und manchmal wird sie tatsächlich überhaupt nicht benötigt; denn es sei denn, ein Mädchen ist reich oder stammt aus angesehener Familie oder ist, wenn es arm ist, auffallend schön, ist es ziemlich wahrscheinlich, dass niemand jemals um ihre Hand anhält.

Und manchmal bricht Armut über die Familie herein, und die Töchter, die verwaist und mittellos sind, wenn sie schon nicht mehr jung sind und nicht in der Lage sind, ihren Lebensunterhalt zu verdienen, sind gezwungen, eine nach der anderen all die Produkte so vieler Jahre harter Arbeit zu verkaufen, um ihren Hunger zu stillen oder, wenn das alte Haus verkauft wurde, die Miete für ein elendes kleines Zimmer zu bezahlen, das sie in ihren wohlhabenden Tagen kaum einem Dienstmädchen überlassen hätten. Ich habe rührende Szenen erlebt, als Damen von vornehmer Geburt in der Abenddämmerung zu mir kamen und fragten, ob ich eine zierliche Stickerei oder feine Spitzen kaufen wolle, „um einer Freundin zu helfen, die ihr Geld verloren hat". Und bis zum Schluss versuchen sie, ihren verletzten Stolz zu besänftigen, indem sie diese durchsichtige Täuschung aufrechterhalten, indem sie die Bettdecke oder den Kissenbezug verkehrt herum halten, in der Hoffnung, dass ich nicht bemerke, dass die darauf gearbeiteten Initialen ihre eigenen sind, bis sie mit dem Geld in der Tasche weggegangen sind. [3]

Doch dies sind die kleinen Tragödien, die unter der Oberfläche liegen, und wir dürfen nicht bei ihnen verweilen, denn wir sind mit der Aussteuer unserer Carmencita noch nicht fertig.

Sie war erst siebzehn, als sich ihr Schicksal entschied, und deshalb war ihre Brust nicht ganz voll. Glücklicherweise waren in denen ihrer jüngeren Schwestern jedoch genügend fast fertige Laken, Kissenbezüge usw. vorhanden, um alle Mängel auszugleichen. In den Wochen vor der Hochzeit hatten die drei kleinen *Marquesitas* und ihre Freundinnen jeden Nachmittag in ihrem kühlen Patio unter den Orangen- und Palmenbäumen im Schatten der schweren Markise aus Segeltuch zusammengesessen und um ihr Leben genäht, während unaufhörlich über Kleider und Liebhaber geplaudert und ununterbrochen Zimtpralinen gemampft worden waren.

Platz für die Initialen der unbekannten Brautjungfer gelassen worden, in diesem Fall musste jedoch nur die Krone des Grafen eingearbeitet werden, wodurch eine allzu große Beanspruchung der mädchenhaften Erfindungsgabe vermieden wurde, denn eine Krone bietet nicht viel Abwechslung, während es eine Menge Vorstellungskraft erfordert, einen Initialen mehrere Dutzend Mal zu variieren.

Merkwürdigerweise schien meine Bewunderung einiger wunderschöner Stickereien dieses heraldischen Ornaments Carmencitas Gleichmut zu stören, und im Nu verwandelten sich ihr strahlendes Lächeln und ihr heiteres Geplapper in einen Sturm aus Schluchzen und Tränen.

„Sie sind grausam und barbarisch, Doña Elena, mich an all das zu erinnern, was ich verliere! Wie können Sie sich einbilden, dass es mich tröstet, eine reiche Gräfin zu sein, wenn ich den Reichtum an Liebe verliere, mit dem mich mein angebeteter Manolo überschüttet hat? Ich bin eine Märtyrerin, ein Opfer der Ambitionen meiner Eltern! Selbst jetzt im letzten Moment denke ich, ich werde erklären, dass mein Herz Manolo gehört und ich nie einen anderen als ihn heiraten werde! *Madre mia de mi alma!* Wie schrecklich ist dieses Leben! Besser, ich hätte mich vom Dach gestürzt, wie ich es tun wollte, als man mir verboten hat, meinen Manolo zu sehen: dann wäre mir diese Qual erspart geblieben, dieses gebrochene Herz, das mich schließlich ins Grab schleifen wird!"

Ich war ziemlich sicher, dass der theatralische Ausbruch durch einen mehr oder weniger bewussten Wunsch ausgelöst wurde, die Situation auszunutzen und bis zum Schluss konsequent zu sein: denn Carmencita hatte mich, wie ich angedeutet habe, bereits zu ihrer Vertrauten gemacht, und Spanier sind geborene Schauspieler. Sie würde sich ihr Leben lang besser fühlen, wenn sie das Stück für ihr Ein-Personen-Publikum dramatisch abgerundet hätte, und ich würde den Höhepunkt nicht durch mangelndes Mitgefühl verderben.

„Stimmt, stimmt, mein Kind", antwortete ich, „du bist zwar eine Märtyrerin, aber es ist deine Pflicht. Denk an die Saison in Madrid, die du mit deinen Schwestern verbringen kannst – die Theater, die Empfänge, die Tänze! Mit deiner Geburt und dem Reichtum des Grafen wirst du bei Hofe sicherlich empfangen werden, und welches schönere Schicksal könnte dir angeboten werden, als Pura und Dolores aus diesem trostlosen Dorf in all die Freuden der Hauptstadt zu führen? Hab Mut, mein edles Mädchen, und unterdrücke die Gebote deines Herzens um ihretwillen, und glaube mir, das Glück wird dir gehören."

„Stimmt, Doña Elena; was für ein schönes Ideal Sie mir vor Augen führen! Und ich habe gehört, dass Manolo weggegangen ist und erst in sechs Monaten zurückkommen wird. Was hätte ich also davon, den Grafen zu heiraten? Und es wäre ein furchtbarer Skandal. Und haben Sie mein Hochzeitskleid gesehen? Es ist zu schön für Worte! Wissen Sie, es hat eine zwei Meter lange Schleppe! Cesar beharrte darauf; er sagt, ich bin so klein, dass ich eine Schleppe haben muss, um mir Präsenz zu verleihen. Ich habe in meinem Leben noch nie ein langes Kleid getragen und habe solche Angst, darüber zu stolpern. Wie schrecklich, wenn ich mich in der Kirche lächerlich machen würde, vor ganz Ronda! Doña Elena, hatte Ihr Hochzeitskleid eine zwei Meter lange Schleppe und war es für Sie schwierig, damit umzugehen?"

Das Melodrama war vorbei, Carmencita war wieder voller Lächeln und Fröhlichkeit, und mein Vorschlag, sie solle das Hochzeitskleid anziehen und darin für mich das Auf- und Abgehen auf dem Patio üben, brachte sie und ihre Gefährtinnen zum Lachen. Sie hatte ihre kleine Opfergabe an den Gott der Liebe dargebracht und war nun bereit, die materiellen Früchte ihres Opfers in vollen Zügen zu genießen.

Sie ließ mich versprechen, dass ich zu ihr nach Hause kommen und die Hochzeitsgesellschaft zur Kirche begleiten würde, die nur wenige Meter vom Stammsitz der Campos Abandonados entfernt ist. Ich sagte ihr, sie solle mich lieber hinten in der Kirche verschwinden lassen, da ich kein Hochzeitsgewand in meinem Koffer hätte und der Gesellschaft keine Ehre machen würde.

„Seien Sie nicht albern", erwiderte sie und küsste mich liebevoll. „Mit einer schwarzen Mantilla über Ihrem weißen Haar sehen Sie aus wie eine Herzogin, und wenn Sie Ihre hier nicht haben, wird Mama eine für Sie finden."

Wer konnte diesem hübschen Geschöpf widerstehen? Und sie meinte jedes Wort ernst, zumindest während sie sprach. Aber sie wollte mich wirklich als engen Freund und nicht als bloßen Bekannten begrüßen, und als ich an diesem ereignisreichen Nachmittag kurz vor zwei Uhr ankam, wartete die kleine zehnjährige Lola, auch Dolores genannt, an der Tür auf mich. Die Braut hatte ihr aufgetragen, dafür zu sorgen, dass ich besonders gut aufgehoben sei, „weil ich als Ausländerin vielleicht nicht genau wüsste, wohin ich gehen sollte, und mir deshalb vielleicht keinen Spaß machen würde."

Solche Rücksichtnahme überraschte mich wirklich. Man hätte es Carmen durchaus verzeihen können, dass sie an diesem großen Tag ihres Lebens vergaß, dass einer ihrer Gäste ein Ausländer war; doch sie hatte nicht nur auf mein Vergnügen geachtet, sondern, wie ich herausfand, auch mehr als eine ihrer alten Freundinnen gebeten, auf mich aufzupassen und dafür zu sorgen, dass ich einen Platz bekam, von dem aus ich die Zeremonie vor dem Seitenaltar der Virgen del Carmen, die sie während ihres kurzen Lebens angebetet hatte, gut sehen konnte.

DIE KIRCHE, IN DER CARMENCITA GEHEIRATET HAT.

KAPITEL III

Die Hochzeit – Unsere Liebe Frau vom Carmen: ihre Hofdame – Das Stammhaus der Campos Abandonados – Der Kussbrauch in Spanien – Muskateller und Manzanilla – Arabische Süßigkeiten – König Alfonso und die *Yemas des Klosters* – Der Tanz der Braut – Mantillas und ein Hut – Auf Wiedersehen, Carmencita.

Dieses Bild der Jungfrau von Carmen hat keinen besonderen künstlerischen Wert, aber Carmencita wurde nach ihrem Schulabschluss zu ihrer „Zauberin" befördert und war sehr stolz darauf, die Garderobe „ihrer" Jungfrau in perfekter Ordnung zu halten. Heute war sie sehr früh zur Messe gegangen und hatte das Bild zum letzten Mal in das Festgewand aus Brokat aus dem 18. Jahrhundert und den Tüllschleier gekleidet, den sie selbst bestickt hatte, um ihn ihrer Jungfrau bei ihrer Erstkommunion zu schenken. Sie hatte auch die silbernen Vasen mit den hohen, steifen Blumensträußen gefüllt, die hier so bewundert werden, und eine ganze Reihe vergoldeter Wachskerzen als Segen für ihre Hochzeit geopfert.

Und nun stand sie vor dem Altar – ihrem eigenen Altar –, ihr erstes langes Kleid hinter sich herschleifend (sie war nicht darüber gestolpert, sondern hatte einen höchst würdevollen Auftritt hingelegt) und legte ihre hilflos wirkende kleine weiße Hand in die des kräftigen, gewöhnlichen Mannes, der über dreißig Jahre älter war als sie, dessen Wort ihr von nun an Gesetz sein sollte (denn eine verheiratete Frau hat in Spanien praktisch keine Bürgerrechte) und der bereits deutlich gemacht hatte, dass er ein eifersüchtiger Ehemann sein würde. Es sei jedoch angemerkt, dass viele spanische Ehefrauen Eifersucht in der Ehe eher als Kompliment denn als etwas anderes betrachten, als Zeichen dafür, dass ihre Ehemänner sie für eifersüchtig halten.

Die Zeremonie war bald vorüber, und während Braut und Bräutigam, die Eltern und Paten der Braut sowie ihre Brüder und ihre nächste Schwester mit dem Priester in die Sakristei gingen, um das Register zu unterschreiben und zu bezeugen, legte die kleine Lola ihre Hand in meine.

„Carmencita hat mir aufgetragen, dich jetzt zu uns nach Hause zu bringen", sagte sie. „Ich bin zu klein, um ihre Trauzeugin zu sein, und sie hatte Angst, dass du weggehen würdest, und sie möchte, dass du sie in ihrem Hochzeitskleid tanzen siehst, bevor sie mit Cesar abreist."

Sie führte mich aus der Kirche und die schlecht gepflasterte Straße entlang, die von Zuschauern gesäumt war, die gespannt darauf warteten, die neue Gräfin zu sehen, die sie schon von Kindheit an kannten.

„Es gibt nur zwei Kutschen", sagte Lola, „Mamas und Cesars. Kannst du das glauben? Carmencita muss ganz allein mit Cesar in seiner Kutsche nach Hause kommen! Sie hat letzte Nacht geweint, und Pura und ich auch, wir haben alle zusammen geweint. Stell dir vor, du musst ganz allein mit diesem schrecklichen alten Mann zurückbleiben! Weißt du, sie hat Angst, dass er sie küsst und dass seine hässliche blaue Nase ihr Haar durcheinander bringt. Das ist das Einzige, wovor sie Angst hat – mit ihm allein zu sein."

Ein spanisches Mädchen wird unter keinen Umständen mit seinem Verlobten allein gelassen, bis sie tatsächlich mit ihm verheiratet ist. Es ist immer eine Mutter oder eine Tante oder eine andere weibliche Verwandte anwesend, die den Liebesakt beaufsichtigt. Kein Wunder, dass heimliche Gespräche am Gitter, bei denen nur der Mond zuhört, ihren Reiz haben. Und vielleicht sind die glücklichsten Ehen jene, die zwischen Liebenden zustande kommen, deren Liebeswerben auf diese Weise begann, manchmal nach jahrelangem Widerstand der Eltern. Sie haben zumindest die Chance, einander kennenzulernen, frei von den Zwängen der Aufsichtsperson, deren aufmerksames Ohr jedes echte Vertrauen unmöglich macht.

Das Haus der Campos Abandonados in Ronda ist eines der vollkommensten Beispiele seiner Art in Spanien. Rechts vom geräumigen *Zaguan* , so groß wie viele Patios, liegen die Ställe, die jetzt leer sind, bis auf die Maultiere der Marquise. Die sechzehn Futtertröge sind reine arabische Arbeit, in die Wand eingebaut, über jeder befindet sich ein Spitzbogen. Wenn wir an ihnen vorbeigehen, gelangen wir zum „modernen" Teil des Hauses, der im wohlhabenden 16. Jahrhundert renoviert und „restauriert" wurde, als Gold aus den neuen Kolonien jenseits des Atlantiks nach Spanien strömte. Hinter diesem Patio, dessen Wände mit Rosen, Jasmin und anderen in den Boden gepflanzten Kletterpflanzen bedeckt sind, erhaschen wir einen Blick auf den inneren Teil, der unter seinem weißen Vordach kühl und schattig ist. Dies ist das Sommerwohnzimmer, möbliert mit Sesseln und Lounges, ganz fröhlich mit bunten Kattunbezügen, Tischen mit Arbeitskörben, Fotografien und Nippes und den anderen Kleinigkeiten, die Damen von vornehmer Geburt auf der ganzen Welt um sich herum sammeln, Bücher und Zeitungen nur ausgenommen, denn es ist selten, dass man im Wohnzimmer einer spanischen Dame etwas zu lesen findet.

Dieser Innenhof ist noch genauso wie zu der Zeit, als die Araber in Ronda herrschten: Säulen, Kapitelle, geschnitzte Balken, Rundbögen – nichts wurde seit der Eroberung der Altstadt durch die katholischen Könige verändert. In den Bergen ist es üblich, jeden Ziegelstein in Reichweite mit einer Lösung aus rotem Ocker zu bemalen, und die Mägde hatten in ihrem Wunsch, dem Ort für die Hochzeit einen Hauch von zusätzlichem Glanz zu verleihen, die

Bögen sowie die Ziegelböden bemalt. Auf einer Seite des Bogens, der der Treppe am nächsten ist, befindet sich ein grob behauener Stein, der aus einem Sockel entspringt, der viel älter ist als die arabische Invasion, und dieser wurde in seiner eigenen gelben Steinfarbe belassen, so dass sein hohes Alter sichtbar war. Denn dies ist eines jener griechisch-römischen Häuser, von denen ich gesprochen habe, und jede der nachfolgenden Rassen, die es bewohnten, nutzte die Überreste der Gebäude und Schnitzereien ihrer Vorgänger, als sie ihrerseits daran etwas hinzufügten. Dahinter befand sich ein dritter Innenhof, von dem aus man steil in die 500 Fuß unter ihm liegende Schlucht blickte, vorbei an gewölbten Öffnungen, die Licht und Luft in unterirdische Kammern unter dem Haus brachten, die oft als Gefängniszellen bezeichnet werden, in Wirklichkeit aber *Mazmorras* zur Lagerung von Getreide, Wein und Öl sind. Tatsächlich existieren in einem dieser Keller, halb gebaut, halb aus dem Fels gehauen, noch immer eine Anzahl riesiger Ölkrüge, die groß genug waren, dass sich die Vierzig Räuber darin verstecken konnten.

Als ich mit Lola das Haus erreichte, fand ich den Innenhof verwandelt vor. Alles Bewegliche war weggeräumt worden, und die Arkaden an allen vier Seiten waren mit Stühlen besetzt; das Klavier war an die Seite geschoben worden, die ganze Mitte des Hofes war leer, und der blinde Organist einer der Kirchen, ein paar Gitarristen und ein Mann mit einer *Bandurria* (einer Tenorgitarre) waren damit beschäftigt, ihre Instrumente zu stimmen, begleitet vom schrillen Pfeifen eines halben Dutzends Kanarienvögel und den aufgeregten Schreien des Papageis der Marquise.

Zwei große Spiegel aus dem 17. Jahrhundert in schönen, geschnitzten Rahmen, die rot und gold bemalt waren, waren nach unten gebracht und an zwei einander gegenüberliegenden Säulen aufgehängt worden, und Lola steuerte, kaum dass wir hereinkamen, schnurstracks auf einen von ihnen zu, um zu sehen, sagte sie, ob das Licht richtig reflektierte, aber eigentlich, um ihr eigenes Aussehen zu studieren.

„Carmencita war entschlossen, sie herunterzunehmen", erzählte sie mir: „ *Papaito* [Verkleinerungsform von Papa] hatte Einwände, weil er sagt, sie seien so alt, dass die Rahmen zerbrechen könnten, und sie seien seit ihrer Herstellung nie bewegt worden; aber Carmen sagte, sie *müsse* sehen, wie sie aussehe, wenn sie in ihrer Satinschleppe *Seguidillas tanze, und Mama sagte, natürlich solle sie bekommen, was sie wolle, jetzt, wo sie so brav und gehorsam gewesen sei und den Conde geheiratet habe. Ay de mi de mi alma!* Ich frage mich, wie mein Mann sein wird, wenn *ich* an der Reihe bin! Ich hoffe wirklich, er wird nicht ganz so alt und hässlich sein wie Cesar."

Ihre weiteren Vertraulichkeiten wurden durch die Ankunft ihres Vaters und ihrer Mutter in ihrer alten Familienkutsche unterbrochen, die anstelle von

Fenstern Ledervorhänge hatte und von zwei großen schwarzen Maultieren gezogen wurde, deren Glocken so laut bimmelten und deren Messinggeschirr so glänzend war, dass es den beklagenswerten Zustand des Leders fast verbarg. Die beleibte Marquise hatte kaum Zeit, nach der Anstrengung des Aussteigens wieder zu Atem zu kommen und ihren Ehrenplatz im Innenhof einzunehmen, als Braut und Bräutigam erschienen. Er war fast so dick und kurzatmig wie seine Schwiegermutter. Sie sah mit ihren geröteten olivfarbenen Wangen und ihren sonst düsteren, schwerlidrigen Augen, die vor Aufregung und Freude über die offen zum Ausdruck gebrachte Bewunderung der Menge entlang der Straße von der Kirche her leuchteten, äußerst hübsch aus.

Sobald sie hereinkamen, erwachte der ganze Ort zum Leben, denn jede Ecke war von der Anzahl der eingeladenen Gäste und der noch größeren Anzahl der nicht eingeladenen Gäste überflutet. Den wohlhabenden Freunden und Verwandten folgten die armen, dann kamen die Hausangestellten, alt und jung, mit ihren Freunden und Verwandten, und dann alle, ohne Unterschied, die die Braut sehen und ihr Glück wünschen wollten. Und da diese letzteren die halbe Stadt zu sein schienen, waren wir für kurze Zeit wie Sardinen zusammengepfercht, während die neue kleine Condesa, die an der Seite ihrer Mutter stand, von jeder Frau, jedem Kind und jedem alten Mann in der Menge laute Küsse auf beide Wangen erhielt , wobei die jungen Männer anscheinend die einzigen waren, die dieses Privileg nicht für sich beanspruchen durften.

Die Häufigkeit des Küssens in Spanien ist außergewöhnlich. Kinder strecken ganz selbstverständlich ihr Gesicht dem kleinsten Fremden entgegen, der mit ihnen spricht, Damen mittleren Alters, die sich notorisch schlecht verstehen, würden es als schweren Verstoß gegen die Höflichkeit betrachten, sich bei einem Nachmittagsbesuch beim Treffen und Abschied nicht laut zu küssen, junge Mädchen umarmen sich überschwänglich an den öffentlichsten Orten, Väter sitzen mit ihren Babys auf dem Schoß und murmeln stundenlang mit ihren dicken kleinen Händen, und alle Dienstboten erwarten, von den Damen der Familie geküsst zu werden, wenn sie eine Reise antreten oder von ihr zurückkehren – ein äußerst peinlicher Brauch, wenn die Herrin eine Engländerin ist. Mehr als einmal war ich in einem Laden, als eine Frau hereinkam und ihr Baby auf den Ladentisch legte, woraufhin der Ladenbesitzer mich verließ, um das Kind zu küssen, das er wahrscheinlich noch nie zuvor gesehen hatte. Fremde bleiben oft vor einem hübschen Kind stehen, rufen „ *Qué mono!* " (was für ein hübsches kleines Ding) und geben ihm ein paar Küsse, die man die ganze Straße hinunter hören kann. In letzter Zeit hat man in Madrid auf Betreiben der Königin versucht, dieses wahllose Küssen zu unterbinden, und zumindest eine Saison lang war es Mode, Babys beim Spazierengehen ein Schild um den Hals zu hängen, auf dem stand:

„Bitte küsst mich nicht." Aber auch außerhalb der Hauptstadt nehmen die Umarmungen nicht ab.

Sobald jeder, der Anspruch auf Carmencitas Wangen erhoben hatte, zufrieden war, gingen die ungebetenen Gäste fast so plötzlich weg, wie sie gekommen waren, und der Rest der Gesellschaft begab sich in den Innenhof und widmete sich Tabak, Wein und süßen Kuchen. Die Söhne des Hauses und ihre Freunde trugen in der einen Hand ein Tablett mit Gläsern und in der anderen eine Flasche Malaga, Manzanilla oder Muskateller herum, und von jedem Gast wurde erwartet, dass er sein Glas sofort leerte und es auf das Tablett zurückstellte, damit es sein Nachbar benutzen konnte. Dann kamen die Schwestern der Braut und ihre Freunde mit Tabletts voller Süßigkeiten und Gebäck aus Mandelpaste, Kokosnusspaste, Schokolade, Vanillepudding mit verschiedenen Geschmacksrichtungen und anderen Süßigkeiten arabischen Ursprungs mit unübersetzbaren Namen, deren Rezepte in einigen Klöstern sorgfältig aufbewahrt werden, deren Insassen manchmal nur wenig zum Leben übrig haben, außer dem, was sie durch den Verkauf ihrer Kuchen verdienen können. Darunter gibt es eine beliebte Sorte namens *Yemas*, da sie aus Eigelb (*Yemas*) hergestellt wird. Sie sehen aus wie das Eigelb eines hartgekochten Eies und sind mit transparentem Karamell von überraschender Klebrigkeit überzogen.

Und hier kann ich es mir nicht verkneifen, abzuschweifen und eine kleine Geschichte über König Alfonso zu erzählen.

Das erste Mal, dass er und die Königin nach Sevilla kamen, war, als ihr erstes Baby, der kleine Prinz von Asturien, ein paar Monate alt war. Der König, dessen aktive Lebensweise und Missachtung von Zeremoniell bekannt sind, machte am Morgen nach ihrer Ankunft einen Spaziergang durch das sogenannte „maurische" Viertel der Altstadt, ein Labyrinth aus engen Gassen, die kaum von Touristen besucht werden. Hier machte er an einem gewissen Kloster Halt, das für seine Süßigkeiten berühmt war, und bat die „Mutter", die das kleine Gitter in der Straßentür öffnete, um „ein Päckchen *Yemas* für seine Frau und sein Kind". Die gute Nonne zögerte: Sie hatte nicht die leiseste Ahnung, wer ihre Kundin war, und sie wusste, dass die Mutter Oberin das Beste der letzten Ladung beiseite gelegt hatte, um es dem kleinen Thronfolger als Opfergabe zu schicken.

„Verzeihen Sie, Señor", stammelte sie, hin- und hergerissen zwischen ihrem Wunsch, keine Peseta zu verlieren und der Schwierigkeit, eine Ablehnung mit ihrer natürlichen Höflichkeit zu vereinbaren. „Ich fürchte – heute – ist es unmöglich – wir – wir", und dann, mit einer brillanten Eingebung, „wir verkaufen nicht an Ausländer."

„Oh, das ist in Ordnung", sagte der König, „ich bin von Geburt und Erziehung her Spanier und meine derzeitige Wohnadresse ist der Alcazar von Sevilla."

Der Abschluss des Kaufes darf der eigenen Fantasie überlassen bleiben.

Ich habe nie mehr als zwei dieser köstlichen Süßigkeiten auf einmal geschafft, und die kleine Lola war ganz verzweifelt, als ihre sechste Aufforderung, immer mehr von dieser süßen Köstlichkeit zu essen, erfolglos blieb.

„Ich weiß, was dir gefallen wird", sagte sie schließlich. „Ich bin sicher, dass es dir gefallen wird, denn unser nordamerikanischer Freund [4] meinte, es sei das Beste in Ronda. Jetzt ist es Zeit, die Tabletts zu reichen, also werde ich gleich losgehen und dir meins holen."

Und im nächsten Moment war Lola wieder an meiner Seite und drückte mir Scheiben von rohem, geräuchertem Schinken auf, die ich anbieten und mit den Fingern essen sollte, genau wie es heute mit Leckereien bei Hochzeitsfeiern in Konstantinopel und Beirut gemacht wird.

Zweifellos ist der andalusische Schinken aus Eichelmast ausgezeichnet, aber es war schon ein ziemlicher Schock, sich an Schinken, noch dazu Rohschinken, gewöhnen zu müssen, wenn man bereits zu viele Süßigkeiten gegessen hatte.

„Magst du keinen *Schinken* ?", sagte die arme Lola mit vor Enttäuschung hängendem Mund. Und dann kam ihr eine brillante Idee. Sie stellte ihr Tablett auf einen freien Stuhl und rannte in die Küche. Sie kam triumphierend mit der Hälfte eines dieser eisenharten Brötchen zurück, die man *Roscas nennt* . Sie drückte es mir in die Hand und legte eine Scheibe Schinken darauf. Mit einem Seufzer der Erleichterung sagte sie:

„Ich weiß, dass du das willst, denn die nordamerikanische Dame würde niemals Schinken ohne Brot essen. Ich *bin* so froh, dass ich daran gedacht habe, denn erst vor ein paar Minuten hat Carmencita mir gesagt, ich solle dir unbedingt alles besorgen, was du möchtest, bis sie Zeit hat, zu dir zu kommen und mit dir zu reden. Aber jetzt gehen wir tanzen, also wird sie noch keine Zeit zu verlieren haben."

Rohen Schinken mit den Fingern zu essen, wie es alle Damen um mich herum ganz einfach und selbstverständlich taten – und die Reste, die übrig blieben, auf den Boden unter ihre Stühle warfen –, mag unseren Vorstellungen von Tischetikette seltsam erscheinen; aber niemand würde über diese „ländlichen Manieren" lachen, der wie ich die angeborene Höflichkeit dahinter sah. Dass die Braut bei einer vornehmen Hochzeit eine ihrer Schwestern ermahnte, einer älteren Dame ohne besondere Bedeutung besondere Aufmerksamkeit zu schenken, nur und allein, weil „sie sich als

Ausländerin merkwürdig vorkommen könnte", veranschaulicht die traditionelle Höflichkeit wohlerzogener Spanier. Und vielleicht erklärt dieser lustige kleine Vorfall einigen meiner Leser, warum ich das echte Spanien und die echten, unkonventionellen Spanier liebe.

Seguidillas an , woraufhin Carmen und ihre Schwester Pura sofort aufstanden, um zu tanzen. Der Zweck der beiden Spiegel wurde deutlich, denn bei jeder Wendung des Tanzes konnte sich die Braut in einer neuen Haltung sehen, und ihre kindliche Freude an den Falten ihrer langen Schleppe, als sie zusah, wie sie hinter ihr her und um sie herum wehte, war ein hübscher Anblick. Sie hatte den Ruf, die beste Tänzerin ihrer Heimatstadt zu sein, und laute Rufe von *Muy bien* und *Olé* begrüßten den Abschluss der Vorstellung.

Alle diese Tänze bestehen aus sogenannten *Coplas* (Reiben), da die Tanzbewegungen ursprünglich Zwischenspiele beim Singen oft traditioneller Verse waren, zwischen denen improvisierte Hinweise auf die Geschehnisse des Augenblicks eingefügt wurden. Wenn die Mädchen also ohne Gesang tanzen, folgen nacheinander eine Reihe von Bewegungen, die je nach Anzahl der *Coplas* , die sie aufführen, zwanzig Minuten oder länger dauern. Dem Uneingeweihten scheinen alle Tänze und noch mehr alle *Coplas* ziemlich gleich zu sein, wenn sie nur von Mädchen getanzt werden. Aber wenn man diese Tänze professionell von einem Mann und einer Frau zusammen aufgeführt sieht, wird einem klar, dass jeder Schritt, jede Kopfdrehung und jede Körper- und Armbewegung ihren Ursprung in einem Drama der Leidenschaft, der Koketterie oder der Brautwerbung hat. Man versteht auch, warum es Jugendlichen und Mädchen nicht gestattet ist, diese Tänze gemeinsam zu tanzen, außer im vertraulichen Rahmen einer Familienzusammenkunft, und warum der Mann selbst dann sozusagen nur so tun muss, als würde er mitmachen, indem er mit den Fingern schnippt, um auf das Rasseln der Kastagnetten zu reagieren, wenn das Mädchen sie über seinem Kopf schwenkt, und sich starr aufrecht hält, während seine Partnerin sich wiegt und beugt, während sie vor ihm und um ihn herumwirbelt.

Das Ganze hat einen orientalischen Charakter und es bedarf nur eines Augenaufschlags oder einer Handbewegung, um die anmutigen Bewegungen einer Dame in einem Salon in eine Zurschaustellung der Sinnlichkeit zu verwandeln.

Seguidillas mit Männern statt mit Mädchen als Partnern erlauben .

Coplas singen und die Mädchen dazwischen tanzen. Nachdem Carmencita ihren Auftritt beendet hatte, stimmten die Gitarristen die rasselnden Akkorde an, die den *Peteneras vorangehen* . Nach langem Drängen der Mädchen ließ sich Carmencitas ältester Bruder Paco, auch Francisco genannt, zum Singen überreden. Hier ist eine Übersetzung seiner ersten und letzten Strophe, die er zu dieser seltsam bebenden Melodie ohne Melodie oder Rhythmus sang, die voller merkwürdiger Intervalle und merkwürdiger Wendungen und Schnörkel war, die dieser Art von Musik so eigen sind, während das Publikum ihn mit einer Salve von Händeklatschen und Applausrufen begleitete, die bei jeder Pause erklangen.

„Meine *Novia* hat mich verlassen,

Kind meines Herzens;

Ich dachte, ich müsste um sie trauern,

Kind meines Herzens.

Ich bin nicht sicher, ob ich mir jetzt noch eine Liebste nehmen soll,

Oder warte und schaue dich den Sommer über um.

Wenn ich auf dem Sterbebett liege,

Kind meines Herzens,

Setze dich an mein Betthaupt,

Kind meines Herzens.

Bring mir ein gutes Kalbsschnitzel,

Zwei Hühner und ein schönes Beefsteak,

Und wenn dir das nicht genug erscheint,

Bring mir alles, was dir sonst noch einfällt."

Die Hochzeitsgesellschaft fand das zum Totlachen und rief „ *Otra copla! Otra copla!*" (noch ein Vers), als er fertig war. Doch er gab seiner zweiten Schwester Pura ein Zeichen und den Musikern ein weiteres, und der Tanz begann erneut.

Die *Peteneras* sind dramatischer und haben eine knackigere Bewegung als die *Seguidillas* , und Bruder und Schwester klatschten und stampften viel rhythmisch in die Hände , was seltsamerweise im Widerspruch zum sentimentalen Refrain des Liedes stand. Als es vorbei war, ließ sich Pura auf den nächsten Sitz fallen, keuchte und fächelte sich heftig Luft zu, während Paco sich davonschlich, um sich zu den Männern zu gesellen, die von Anfang bis Ende im Außenhof saßen und sich für das Geschehen drinnen nicht zu interessieren schienen, außer wenn sich gelegentlich einer von ihnen in den Eingang stellte, um ein Mädchen zu loben, dessen Tanz er bewunderte.

Im Laufe des Nachmittags wurde es immer lebhafter, obwohl der Anstand nie nachließ. Es wurde immer heißer und die Luft unter dem Sonnensegel wurde stickig, aber der Tanz machte keine Pause. Sobald ein Mädchenpaar fertig war, trat ein anderes hervor, und manchmal tanzten ein halbes Dutzend zusammen. Alle erwachsenen Mädchen trugen hohe Kämme und weiße Mantillas, die nie aus der Fassung zu geraten schienen, und Unmengen natürlicher Blumen auf Kopf und Brust, hauptsächlich Jasminblüten, die von ihren Stielen abgerissen und zu großen Rosetten zusammengebunden waren – ein weiteres Überbleibsel arabischer Bräuche. Man hätte erwartet, den Boden im Laufe des Tanzes mit Blumen übersät zu sehen, aber ich wusste, dass jedes Mädchen mindestens eine Stunde damit verbracht hatte, seinen Kopfschmuck zu ordnen, bevor es zur Hochzeit aufbrach, und gut darauf geachtet hatte, dass alles fest saß. Und wie lebhaft der Tanz auch sein mag, er ist immer anmutig und es kommt nie zu ruckartigen oder heftigen Bewegungen, was erklärt, warum die aufwendigen Kopfbedeckungen am Ende genauso hübsch aussehen wie am Anfang.

Irgendwann musste alles zu Ende gehen, und bald darauf erschien der Bräutigam, der sich den Damen nie mehr genähert hatte, seit er und seine Frau das Haus betreten hatten, am Eingang des Innenhofs. Seine Nase war etwas blauer als sonst und er roch stark nach Rauch. Er sagte Carmencita, dass es Zeit sei, sich für die Schleppe umzuziehen.

„ *Por Dios!* “ rief das Mädchen, „ich hatte ganz vergessen, dass ich wegging. Komm, Pura; komm, Lola, noch ein paar *Seguidillas* : wer weiß, wann wir wieder zusammen tanzen werden!“

Die sechzehnjährige Pura in ihrer ersten Mantilla, Lola mit wallendem Haar und knappen Unterröcken knapp unter den Knien und Carmencita mit ihrer zwei Meter langen Schleppe bildeten ein sehr ungleiches Trio; aber sie kümmerten sich nicht um die Gesamtwirkung. Sie tanzten nicht weniger als sechs *Coplas* zusammen, wobei die letzte einige seltsame kleine Sprünge vom Boden mit beiden Füßen beinhaltete, die bei weitem unanmutigste Darbietung, die ich je gesehen hatte, und für eine lange Schleppe höchst unpassend. Und dann hörten die drei zu einem Refrain von *Olé* auf zu tanzen, warfen sich die Arme um den Hals, brachen in Tränen über den bevorstehenden Abschied aus und wurden alle schluchzend von ihrer Mutter und verschiedenen mitfühlenden Freunden weggetragen.

Die beiden jüngeren Schwestern weinten noch immer, als sie eine Stunde später mit der Braut in ihrem Reisekleid, einem wirklich bezaubernden Arrangement aus weißem Musselin und blauen Bändern, die Treppe herunterkamen, aber Carmencitas Gesicht war fast unter einem überwältigenden Strohhut verborgen, der mit riesigen Rosen bedeckt war.

Jetzt war sie wieder ganz Lächeln und strahlte jeden unvoreingenommen an, als sie sich unter einer wahren Salve explosiver Küsse auf die großen Türen zubewegte. Wie sie es schafften, ihr Gesicht unter diesem Hut zu erreichen, konnte ich nicht verstehen, aber ich hörte sie mehrere Male „ *Cuidado con mi sombrero* " (Pass auf meinen Hut auf) sagen, während sie auf mich zuging; und als sie mich umarmte, wurde mir klar, warum sie ihr Haus lächelnd verließ und nicht in einer Flut hysterischer Tränen, wie es spanische Bräute normalerweise tun.

„Ist mein Hut nicht bezaubernd?", flüsterte sie mir ins Ohr. „Weißt du, es ist der erste Hut, den ich in meinem Leben hatte, und Cesar hat ihn tatsächlich aus Gibraltar für mich bestellt! Ist er nicht ein Engel? Und wir fahren nach Madrid und dann nach Paris, und er wird mir noch so viele weitere kaufen! Aber erzähl es niemandem. Ich möchte so tun, als wäre ich es gewohnt, einen Hut zu tragen."

Die faszinierende Neuheit trug sie durch den ganzen Abschied und sicher in die Kutsche mit ihrem Bräutigam, und das Letzte, was wir von Carmencita sahen, war ihr lachendes Gesicht, als sie die Monstrosität gerade rückte, die sie beim Einsteigen fast gegen die Kutschentür gestoßen hätte.

AUF DEM MEHLMARKT.

KAPITEL IV

Die „Badesaison" – Möblierte Apartments ohne Betten – Die Annehmlichkeiten des *Balneario* – Meerblick zum Sonderpreis – Badeanzüge: Volants und Rüschen – Die Kraft des Beispiels – Glückliche Schwimmer.

Die „Badesaison", wie die Sommerferien hier genannt werden, ist in der Tat eine sehr ernste Angelegenheit. In den mondänen Badeorten wie San Sebastian, Santander, Malaga usw. kann man für ein paar Wochen eine komfortabel möblierte Villa oder Wohnung bekommen, allerdings nur zu einem ruinösen Preis; in den kleineren Orten war es bis vor kurzem jedoch schwierig, außerhalb des *Balneario* oder Hotels für Badegäste überhaupt eine Unterkunft zu bekommen, es sei denn, man nahm ein sogenanntes möbliertes Haus und schickte die fehlenden Notwendigkeiten von zu Hause per Kurier oder Zug nach; denn die Einrichtung in solchen Häusern bestand im Allgemeinen hauptsächlich aus mehr oder weniger wackeligen Stühlen.

Persönliches Gepäck begleitet den Reisenden natürlich, aber Dinge, die nicht in diese Kategorie fallen (und davon gibt es viele), müssen separat gebucht und bezahlt werden. Was genau persönliches Gepäck ist, hängt stark vom Geschmack und der Fantasie des Buchungsbeamten ab. An einem Bahnhof beispielsweise weigerte man sich rundweg, meine *Jamugas* (einen zusammenklappbaren Eselssattel, der auf S. 66 beschrieben wird) anzunehmen, und an einem anderen band ein zuvorkommender Gepäckträger sie an meinen Koffer und sie gingen ohne Probleme durch. Aber im Allgemeinen werden nur Koffer, Taschen und dergleichen zugelassen, mit einer bemerkenswerten Ausnahme. Mit Bettzeug gibt es nie Probleme. Eine Matratze für jedes Mitglied der Gruppe mit Kissen, Laken und Decken wird als persönliches Gepäck mitgenommen, aber da das Gewichtslimit nur 60 Pfund pro Kopf beträgt, müssen Sie für Übergepäck möglicherweise eine beträchtliche Summe zahlen. Sie können Ihr Bett und Ihre Bettwäsche (die Sie auch in ein „möbliertes Haus" in einem der kleineren Küstenorte mitnehmen können) zusammen mit anderen Dingen des täglichen Bedarfs auch per *Grande Vitesse buchen, wenn Sie mit demselben Zug reisen und bei Ihrer Ankunft sofort zur Verfügung stehen sollen. Wenn sich am Abfahrtsbahnhof jedoch ein Gedränge bildet, ist es sehr wahrscheinlich, dass die per Grande Vitesse* gebuchten Dinge zurückbleiben.

So erging es auch einigen spanischen Bekannten von mir eines Sommers. Sie hatten alles gebucht, bis auf das Mittagessen für die Kinder und die Kleinigkeiten, die sie mitnehmen konnten, und kamen spät abends und todmüde ohne Gepäck in dem Dorf an, in dem sie und wir die Ferien verbringen wollten. Die Nachbarn machten sich an die Arbeit und improvisierten Betten für die kleinsten Kinder, und die Mütter, Tanten und Schwestern saßen die ganze Nacht in Schaukelstühlen.

„Was soll man denn sonst tun?", sagten sie philosophisch. „So etwas passiert immer, wenn man in der Modesaison ins Bad geht und alle auf einmal dort sein wollen."

Keiner von ihnen war verärgert oder deprimiert, obwohl sie sehr dankbar waren, als wir den müden Babys ein oder zwei Matratzen zum Zubettgehen zur Verfügung stellten.

Reisende, die die spanische Badesaison in vollem Gange erleben möchten, können im *Balneario absteigen* , das in jedem kleinen Badeort vorhanden ist. Sie müssen sich jedoch darauf einstellen, dass sie während ihres Aufenthalts weder Schlaf noch Ruhe finden, denn der Lärm ist unvorstellbar. Es werden dort zwischen fünfzig und zweihundert Männer, Frauen und Kinder – aber hauptsächlich Kinder – jeden Alters sein, die alle darauf brennen, die sieben, vierzehn oder einundzwanzig Badetage, die der Hausarzt verordnet hat, voll auszunutzen. Denn man sollte wissen, dass wir in Spanien nicht baden, wie es uns gefällt, sondern auf ärztliche Anweisung und ausschließlich zum Wohle unserer Gesundheit, und viele Menschen glauben, dass die ganze Wirkung des Salzwassers verloren ginge, wenn sie ein Bad zu viel oder zu wenig nähmen. Und vom Aufwachen am Morgen bis der letzte Gast der Hotelbar irgendwann in den frühen Morgenstunden zu Bett geht, hört der Stimmenlärm und das Getrappel der Füße auf den Ziegelsteinböden keinen Augenblick auf.

Die meisten Spanier haben außergewöhnlich laute Stimmen. Natürlich ist es in jedem Land üblich, einen Ausländer anzuschreien, weil man glaubt, er würde einen besser verstehen, wenn man ihn von vornherein taub macht. Aber in Spanien wird nicht nur der Ausländer angebrüllt, denn alle Spanier schreien sich im Kreis ihrer Familien so laut an, dass ich, als ich hierherkam, den Eindruck hatte, sie würden sich ständig streiten. Männer und Frauen haben diese unangenehme Angewohnheit gleichermaßen, und obwohl viele von ihnen wissen, wie laut sie sind, und sagen, es sei eine schlechte Angewohnheit, scheinen sie von Natur aus nicht in der Lage zu sein, ihre Stimme zu senken.

Wenn ich vor lauter Überanstrengung meiner Ohren fast verrückt werde, tue ich so, als sei ich über das Gesagte verwirrt und stelle höflich fest:

„Ich kann furchtbar wenig Spanisch, aber ich werde es besser verstehen, wenn Sie freundlicherweise etwas langsamer sprechen würden."

„Langsamer" (*mas despacito*) ist ein Euphemismus für „leiser", und die Aufforderung löst stets ein freundliches Lächeln und einen halb flüsternden Kommentar über die schrillen spanischen Stimmen aus. Doch nach zwei

Sekunden siegt wieder die Gewohnheit, und der Lärm wird immer lauter, bis man das Gefühl hat, dass die Flucht die einzige Zuflucht ist, wenn man nicht für Bedlam infrage kommen möchte.

Die Kinder der Wohlhabenden sind - anders als die der Armen - völlig undiszipliniert und dürfen schreien und brüllen, wie es ihnen gefällt. Ihre Eltern stört ihr Lärm nicht, sie nehmen ihn als selbstverständlich hin, und es kommt ihnen nie in den Sinn, dass er irgendjemand anderen stören könnte. Wenn sich Dutzende von Kindern jeden Alters in einem *Balneario* versammeln , ist der Lärm so groß, dass er Dante auf die Idee eines zehnten Kreises in seiner Hölle hätte bringen können. Wenn man meint, ein zwei- oder dreijähriges Wesen mit bleichem Gesicht und schweren Augen sei im Bett besser aufgehoben als in der Halle eines Hotels, die um zehn oder elf Uhr abends von elektrischem Licht erhellt wird, antworten die Eltern bloß „ *No quiere* " (Er will nicht), was als völlig ausreichender Grund dafür gilt, ihr kränkliches Kind bis in die frühen Morgenstunden aufbleiben zu lassen.

speisen die Kinder meist an der Table d'hôte des *Balneario* , und wenn die endlose Mahlzeit endlich vorbei ist, beginnt jemand, Tanzmelodien auf einem kaputten Klavier zu hämmern, und die kleinen Mädchen im Alter von sechs bis vierzehn Jahren strömen ins gemeinsame Wohnzimmer und beginnen zu tanzen. Wenn es Mitternacht wird und die Kinder vor lauter Müdigkeit einschlafen, die Bänke füllen und sich ihren Eltern auf die Knie fallen lassen, betreten die erwachsenen jungen Damen und ihre Begleiter die Tanzfläche und sorgen dafür, dass der Spaß bis 2 oder 3 Uhr morgens weitergeht. Dies ist nicht eine Nacht, sondern jede Nacht so, und nicht in einem *Balneario* , sondern in jedem *Balneario* , den ganzen August über.

Ich habe einmal einen Tag und eine Nacht in einem dieser Hotels verbracht, die oft hübsch sind und manchmal einen wunderschönen Meerblick und andere Vorteile bieten, die sie außerhalb der Saison wirklich attraktiv machen würden, wenn sie nicht alle schließen würden, sobald die Saison vorbei ist. Zu meiner Sünde war ich mitten im Sommer im *Balneario* Unserer Lieben Frau vom Rosenkranz. Ich floh am nächsten Morgen mit dem frühesten Zug, den ich bekommen konnte, und der Wirt war sehr bereit, mich gehen zu lassen, denn er hatte ein Ehepaar mit drei Kindern, das bereit war, sich in das winzige Zimmer zu drängen, das ich gemietet hatte und das an Möbeln nichts enthielt außer einem Spiegel, einem Stuhl, einem kleinen emaillierten Waschbecken und einem riesigen Bett.

Das Meer scheint den Spaniern in der Badesaison am allerwenigsten wichtig zu sein. Das *Balneario* Unserer Lieben Frau vom Rosenkranz blickte direkt auf den Atlantik, dessen blaue Wellen den Fuß der niedrigen Klippe umspülten, auf der das Dorf stand. An dem Abend, als ich dort war, sah ich nie etwas Schöneres als den Sonnenuntergang über dem Meer, und der

Speisesaal des Hotels öffnete sich zu einer breiten Terrasse mit zahlreichen Stühlen und Tischen, auf denen die Leute saßen und *Refrescos tranken* – ein mildes Getränk, das größtenteils aus Zucker und Wasser besteht. Von all den Leuten, die so beschäftigt waren, war ich der einzige, der sich umdrehte, um den Sonnenuntergang zu betrachten. Und als ich nach dem Abendessen zur Post ging, fand ich alle Bewohner all der schönen neuen Häuser, die sie selbst gebaut hatten, um dort während der kurzen Badesaison zu wohnen, auf unbequemen Stühlen auf dem Gehweg in der engen, schmutzigen Straße sitzend, und alle mit dem Rücken zum Meer. Ihre Häuser hatten alle Terrassen, die bei Flut bis ans Wasser reichten, wie die des *Balneario* , aber als ich im Mondlicht am Ufer entlang zurück zum Hotel schlenderte, bemerkte ich, dass auf keiner dieser Terrassen ein einziger Mensch zu sehen war. Ich hätte nie gedacht, dass man so eine Gelegenheit vergeudet oder dass die Idee, das Meer zu genießen, so merkwürdig ist. Aber seitdem war ich an vielen spanischen Badeorten und wurde immer für einen harmlosen Irren gehalten, weil ich lieber mit dem Gesicht zum Meer saß, als an meiner Haustür zu sitzen und die Passanten zu beobachten.

Tannenzapfen und Feigenkaktus.

Das Baden in diesem Dorf war ausgezeichnet, das beste, das ich je erlebt habe, glaube ich, wenn auch ein wenig gefährlich für jeden außer guten Schwimmern, wenn ein stürmischer Tag starkes Rollen und Unterströmungen verursachte. Das *Balneario* , das das Monopol auf die Badehäuser für etwa eine halbe Meile Strand hatte, stellte ausreichend mit Bojen befestigte Seile zur Verfügung, und für den Fall von Unfällen lag den ganzen Sommer über hundert Meter entfernt ein undichtes altes Boot vor Anker. Dieses Boot konnte nur schwimmend erreicht werden, da es weit und breit kein anderes gab, und es hatte keine Ruder, so dass sein genauer Einsatz im Notfall nicht ersichtlich ist. Es füllte sich und sank, wenn der Seegang stieg, aber es wurde stets herausgezogen, geleert und von den diensthabenden Männern wieder an seinen Platz zurückgebracht, wenn das Meer wieder ruhig genug war, damit die Besucher baden konnten.

Obwohl wir nie im *Balneario übernachteten* , verbrachten wir mehrere Sommer im Dorf, wo wir uns ein kleines Häuschen nahmen und es mit einer Einrichtung ausstatteten, die unsere spanischen Freunde für sehr geschmacklos hielten, denn es gab jede Menge Bücher und Tische, aber nicht einen einzigen Pierspiegel. Hier erregten wir viel Aufmerksamkeit, indem wir zu jeder Tageszeit, wenn die Sonne nicht zu heiß schien, unter einem auf einem Sandhügel mit Blick auf das Meer aufgespannten Sonnensegel saßen und mit einer Belustigung, die ebenso groß war wie ihr Erstaunen über unsere Exzentrizitäten, die Annehmlichkeiten spanischer Familien beim Baden beobachteten.

Im ersten Jahr, als wir dort waren, trugen alle Frauen schwere Sergekleider bis zu den Füßen, die meist mit einer breiten Rüsche aus dem gleichen Material eingefasst waren. Seltsamerweise gelang es einer von ihnen, in diesem höchst ungeeigneten Kleidungsstück zu schwimmen, und zwar gut. Ihr Mann, der lahm war und nur mit einem Stock gehen konnte, schwamm ebenfalls gut. Er warf seinen Stock an Land, sobald er bis zur Hüfte im Wasser war, und er und seine Frau schwammen zu dem alten Boot, wobei sich ihr wallendes Gewand weit hinter ihr bauschte. Später lernten wir sie und ihre Familie kennen, und der älteste Sohn, ein netter Junge von etwa sechzehn Jahren, erzählte uns so höflich er konnte, wie schrecklich schockiert die spanischen Damen in diesem ersten Sommer über unsere unfeine Badebekleidung gewesen waren, die aus Blusen mit kurzen Ärmeln, Unterhosen und einem Rock bis zu den Knien bestand. Unsere keineswegs moderne Badekleidung überraschte sie zweifellos, obwohl wir damals noch keine Ahnung davon hatten, denn in jenem Jahr trugen sogar die Männer lange Hosen, manchmal mit kleinen Rüschen an den Knöcheln besetzt, während Mäntel ihre Arme bis zu den Handgelenken bedeckten. Die so gekleideten Männer versuchten zwar nicht zu schwimmen, sondern trieben mit ihren Frauen und Töchtern auf und ab, wobei sie sich alle verzweifelt am Seil festhielten und sich keinen Zentimeter von der Stelle wegbewegten, an der der Bademeister sie hingelegt hatte, bis er zurückkam, als er dachte, sie seien lange genug im Wasser gewesen, und Laken mitbrachte, um die Damen einzuhüllen und sie wieder ans Ufer zu bringen.

Ja, alle Damen wurden sorgfältig in Laken gehüllt, als sie herauskamen, obwohl kein menschliches Auge die Gestalt erkennen konnte, die so sorgfältig unter ihren voluminösen Gewändern verborgen war. Die einzigen Lebewesen, die irgendeinen Teil ihres Körpers dem direkten Kontakt mit dem Wasser aussetzen durften, waren die Babys. Sie, die armen kleinen Elenden, wurden splitternackt zum Wasserrand getragen und den Bademännern übergeben. Diese nahmen, zweifellos in den besten Absichten, das schreiende Kind in eine Hand und tauchten es mit dem Kopf voran in eine große Welle, während sie mit der freien Hand den verzweifelten Griff der verängstigten Wesen lösten, als diese in qualvollem Schrecken aus ihrem

Untertauchen auftauchten und sich, erstickt und geblendet vom Salzwasser, für ein zweites Bad auf den Kopf gestellt wiederfanden. Diese Brutalität wiederholte sich jeden Tag dreimal, und wenn die jämmerlichen Schreie beim dritten Mal leiser wurden, gratulierten sich die Eltern, die das Geschehen vom Ufer aus beobachteten, dazu, dass das Kind anfing, sein Bad zu genießen.

Mir schien es eher so, als ob er daran zu sterben begann, und tatsächlich vergeht kaum ein Sommer, ohne dass mindestens ein oder zwei kleine Kinder in den *Balnearios ein vorzeitiges Ende finden* . Aber nichts kann die Mütter davon überzeugen, dass eine solche Behandlung für Babys zu brutal ist. Sie selbst haben ihre ersten Meeresbäder unter diesen Bedingungen genommen, und ihre Eltern vor ihnen auch, und deshalb muss es das Richtige sein und auf lange Sicht gute Ergebnisse bringen, egal wie sehr der Kleine im Moment gesundheitlich und nervlich leiden mag.

Die Kindersterblichkeit ist in Spanien immer hoch. Im Sommer ist sie, soviel ich weiß, höher als zu jeder anderen Jahreszeit, und das wundert mich nicht.

In diesem ersten Sommer waren der lahme Don Basilio und seine Frau außer uns die einzigen Schwimmer. Doch im nächsten Jahr baten ihn mehrere Schulmädchen, ihnen das Schwimmen beizubringen, und im Laufe der Saison machten sie Fortschritte in ihrer neuen Fähigkeit und tauschten die weiten Röcke gegen Hosen, und die Hosen wurden allmählich kürzer, bis man eine angemessene Menge nacktes Bein sehen konnte. Ein oder zwei der Mädchen schafften es, bis zum Boot hinauszuschwimmen, bevor ihre einundzwanzig Bäder zu Ende waren, und tatsächlich wurde die mystische Zahl in diesem Jahr mit ungewöhnlicher Respektlosigkeit behandelt, und das Limit wurde oft weit überschritten.
Und als wir im folgenden Jahr etwas später im Sommer ankamen als üblich, fanden wir alle Mädchen in Badeanzügen vor, die ihren Gliedmaßen beim Schwimmen freie Bewegung ließen, und das alte Boot war der tägliche Treffpunkt einer Menge lachender und schwatzender junger Leute, die mit so viel Energie an Bord kletterten und wieder abtauchten, als wären sie Engländer.
Ich behaupte immer, dass die Spanier nur einen Anstoß brauchen, um moderne Sitten und Annehmlichkeiten anzunehmen, denn kein Volk ist schneller oder geschickter darin, neue Sitten nachzuahmen, wenn es einmal erkannt hat, dass sie eine Verbesserung gegenüber den alten darstellen. Die einzige Schwierigkeit besteht darin, ihnen klarzumachen, dass jede solche Neuheit eine Verbesserung *darstellt* , und das ist, das gebe ich zu, schwierig. Die Andalusier haben ein Sprichwort gegen sich selbst, dass sie „ *muy amarrados à la cola del borrico* " sind – sehr fest am Eselsschwanz hängen –, was bedeutet, dass sie in einem dummen Trott ererbter Konventionen verharren, aus dem sie nur schwer wieder herauskommen.

Ich denke jedoch, dass die rasche Einführung von Badehöschen anstelle von weiten Röcken und die rasche Kürzung dieser Höschen, sobald die praktische Erfahrung ihre Bequemlichkeit bewiesen hat, dafür sprechen, dass die heranwachsende Generation mehr gesunden Menschenverstand und weniger Konventionen besitzt als ihre Älteren und für die Zukunft des Leichtathletiksports in Spanien vielversprechend ist. Aber trotzdem sitzen die jungen Leute, obwohl sie gelernt haben, das gemeinsame Baden im Meer an Sommermorgen zu genießen, nach dem Abendessen immer noch mit ihren Eltern vor ihren hässlichen Haustüren, wenden der Schönheit des Meeres, des Sonnenuntergangs und des Mondes den Rücken zu, während sie den Passanten zuschauen und über Liebhaber und Kleider reden.

KAPITEL V

Reisen in Spanien: vier Zugklassen, aber nur ein Preis – Zehn Meilen pro Stunde – Gefährliche Geschwindigkeit – Die Dorfbewohner belustigen – Eine langsame Nachtfahrt – Einen Erzähler unterdrücken – „Sollen wir gehen?" – Heißes Wasser, während wir warten – Der Gelähmte – Ein Foto machen – Die Schönheit am Fenster – Ein unhöflicher Brauch – Leere Köpfe – Der Zahnstocher – Ein Gentleman der alten Schule – Gastfreundschaft in Antequera – Ein spanischer Esstisch – Herrliche Erinnerungen.

Reisen in diesem Land ist wirklich eine Geduldsprobe. Zwar sind die Hauptstrecken inzwischen bequemer geworden, mit Durchgangswagen, gut gepolsterten Sitzen und guter Beleuchtung in den Nachtzügen, aber die Unpünktlichkeit und die sinnlosen Verspätungen entlang der gesamten Strecke machen selbst eine kurze Fahrt ermüdend und eine lange unerträglich, es sei denn, man beschließt, nur die komische Seite der Dinge zu sehen.

Es gibt vier Klassen von Personenzügen, und wir können die Fahrt von Madrid nach Sevilla als typisch für den Rest nehmen. Diese Linie wird vom König, dem Hof und den herrschenden Klassen im Allgemeinen benutzt und von fast jedem Touristen genutzt, der nach Spanien kommt, denn jeder möchte Sevilla, Córdoba und Granada sehen, während natürlich die Hauptstadt mit ihrer hervorragenden Gemäldegalerie das Ziel aller an Kunst interessierten Ausländer ist.

EIN ALTES TOR.

Der langsamste dieser Züge ist der *Mixto* , eine Art Kreuzung zwischen Personen- und Gepäckzug. Die Entfernung von Madrid nach Sevilla beträgt 358 Meilen, und der *Mixto* bewältigt die Strecke in 24 Stunden und 20 Minuten oder mit einer Geschwindigkeit von beinahe 15 Meilen pro Stunde, wenn er pünktlich ankommt, was selten oder nie der Fall ist. Als nächstes haben wir den *Correo* oder Postzug, der nominell 18 Stunden für die eine und 19 Stunden für die andere Strecke braucht – die schnellere Fahrt beträgt knapp unter 20 Meilen pro Stunde. Dann kommt der *Expreso* , der elfeinhalb Stunden für die eine und zwölf Stunden für die andere Strecke braucht und dabei eine Geschwindigkeit von ungefähr 30 Meilen pro Stunde erreicht; und dann der *Expreso de Lujo* , der die Strecke in elf Stunden und 40 Minuten bewältigt und damit einen Tick schneller ist als der *Expreso* . Diese beiden

Letztgenannten sind *Züge de luxe* mit Speisewagen und den Waggons der Gesellschaft und sind normalerweise ziemlich pünktlich. Man sollte nicht vergessen, dass diese Züge auf einer der wichtigsten Hauptstrecken Spaniens verkehren.

Auf den Nebenstrecken werden diese Geschwindigkeiten nicht erreicht. Auf einer dieser Strecken, so erzählte mir ein Freund, der oft damit fahren musste, betrug die übliche Geschwindigkeit zehn Meilen pro Stunde, und der Bezirk beantragte bei der Eisenbahn, die Geschwindigkeit zu verringern, da dies als äußerst gefährlich angesehen wurde. Der Antrag wurde abgelehnt, mit der Begründung, dass eine langsamere Fahrt des Zuges aufgrund des erhöhten Kohleverbrauchs zu teuer würde.

In wahrhaft spanischer Inkonsequenz werden für alle diese Züge die gleichen Fahrpreise verlangt, mit Ausnahme der *Luxuszüge*, bei denen ein Aufschlag von 10 % auf die Fahrpreise der ersten Klasse erhoben wird. In diesen Zügen gibt es keine zweite Klasse und in einem davon nur einen einzigen Wagen der dritten Klasse. Der *Mixto* ist schrecklich unbequem und die Wagen aller Klassen sind normalerweise schmutzig, aber man braucht keine Unhöflichkeit oder Grobheit von seinen Mitreisenden zu befürchten.

Mixto von einer Raststation aus zu reisen, wo ich nach einem langen Ritt auf Eseln quer durchs Land den Express verpasst hatte. Meine Männer waren nie dort gewesen, aber als sich herausstellte, dass ich den Zug, den ich nehmen wollte, auf keinen Fall erreichen konnte, erklärten sie mir in ihrem Wunsch, mich zu beruhigen, dass es in der Nähe des Bahnhofs eine anständige *Posada* gäbe, wo ich bequem übernachten könnte. Als wir ankamen, fanden wir nicht einmal eine Hütte vor, sondern nur eine *Choza oder Hütte, aus Steinen gebaut und mit Schilf gedeckt, und eine Kantine, bestehend aus der Bar und einem winzigen Raum daneben, wo die Eisenbahner ihre Mahlzeiten einnahmen, denn es war ein ziemlich wichtiger Knotenpunkt, und mehrere Männer waren dort beschäftigt. Mir blieb nichts anderes übrig, als mit dem Mixto* weiterzufahren, und ich saß sieben tödliche Stunden in diesem Zug, der insgesamt 84 Meilen zurücklegte. Es war etwa drei Uhr morgens, als ich eine Stadt erreichte, die mit einiger Wahrscheinlichkeit über eine Art Hotel verfügen dürfte, und mindestens die Hälfte der Zeit verbrachten wir an Bahnhöfen, die alle beleuchtet und voller Dorfbewohner waren, als wäre es Tag.

Ich muss sagen, dass ich, obwohl die Sitze so hart und schmutzig waren und der Zug so unaufhörlich ruckelte, dass ich nicht schlafen konnte, weder etwas Anstößiges hörte noch sah, obwohl meine Mitreisenden alle Männer waren und sich unter ihnen kein einziger Gentleman im herkömmlichen Sinne des Wortes befand. Ein Mann begann zwar eine lustige Geschichte, die ich wahrscheinlich auch gut nicht verstand, aber bevor er zur Sache kam, brachten ihn seine Freunde zum Schweigen, mit der Begründung, sie hätten das alles schon einmal gehört, woraufhin der witzige Mensch so schnell einschlief, dass ich vermutete, er habe zu lange auf den Weinbecher geschaut, bevor er loslegte. Mir wurde nichts gesagt, aber ich verstand durchaus, dass der Erzähler aus Rücksicht auf meine Anwesenheit zum Schweigen gebracht wurde.

Der *Correo* auf den Hauptstrecken ist viel besser als der *Mixto*; die erste und zweite Klasse haben sogar Durchgangswagen, und diese sind geräumig und bequem gepolstert. Wenn die Zeit absolut keine Rolle spielen würde – was in Spanien tatsächlich der Fall zu sein scheint –, brauchte man sich über den *Correo* überhaupt nicht zu beschweren. Aber für Leute, die es vorziehen, ihr Reiseende zu erreichen, anstatt im Zug zu sitzen, sind die endlosen Verspätungen und das sinnlose Trödeln äußerst ärgerlich. Der Zug hält an jeder kleinen Station, anscheinend um die Dorfbewohner zu unterhalten, denn oft steigt niemand ein oder aus, obwohl sich zwanzig bis hundert Faulenzer auf dem Bahnsteig befinden. Nach langem Warten hört man einen Schaffner fragen: „Sollen wir gehen?" (*Vamonos?*); ein anderer Beamter sagt: „Los geht's!" (*Vamonos!*); ein dritter klingelt und ruft: „Meine Herren, die Reisenden zum Zug!" (*Señores viajeros, al tren!*); jemand hupt, der Motor pfeift zwei- oder dreimal, und wir driften ebenso unbestimmt hinaus, wie wir zehn, zwanzig oder dreißig Minuten zuvor angekommen sind.

Auf einer sehr langweiligen Fahrt, die ich oft mache, scheint man an einem Bahnhof eine zusätzliche Verzögerung eingeplant zu haben, um den Frauen des Bahnhofsvorstehers, des Kantinenwirts und des einen Gepäckträgers die Möglichkeit zu geben, sich mit heißem Wasser aus dem Kessel der Lokomotive zu versorgen, denn jedes Mal, wenn ich dort fahre, sehe ich eine Gruppe dieser Damen, die Kannen und Eimer aus einem dampfenden Düsenflugzeug füllen, das sicherlich nirgendwo anders abgelassen wird.

An einem anderen Bahnhof verbringen wir endlos Zeit damit, die Lokomotive zu wässern. Dieser Bahnhof liegt nur eine halbe Stunde von einem Knotenpunkt entfernt, an dem der Zug planmäßig dreißig Minuten wartet, und warum das Wasser dann nicht aufgenommen werden kann, weiß nur der Dämon der Unentschlossenheit, der über die spanischen Eisenbahnen herrscht. Dies geschieht, wie die Verteilung von Warmwasser, nicht nur einmal. Ich bin für meine Sünden achtmal über die Strecke gefahren und habe jedes Mal die gleichen Vorfälle gesehen.

Einmal wartete unser Zug zehn Minuten länger, während eine arme, gelähmte alte Frau aus einem Zug neben uns vor die Lokomotive zum Ausgang des Bahnhofs gebracht wurde, wo ein Esel auf sie wartete. Der Gepäckträger trug sie wie einen Sack Kartoffeln über der Schulter, mit dem Kopf nach unten. Wir dachten alle, sie sei tot, bis wir ihre Hände wedeln sahen und ihre schrille Stimme hörten, die den Mann aufforderte, sie in eine bequemere Lage zu bringen, was er tat, keineswegs unfreundlich. Sie war eine sehr arme Frau, und ihr alter Mann stapfte hinter ihr her und trug ein paar abgenutzte Kissen und eine Tüte mit Lebensmitteln. Es war klar, dass kein Geld da war, um dem Gepäckträger ein Trinkgeld zu geben. Niemand murrte über die Zeit, die unser Zug verlor, der schon fast eine Stunde Verspätung hatte, obwohl man sie genauso gut hinter sich hätte tragen können, um uns weiterfahren zu lassen. Sie sagten nur: „Armes Geschöpf! Sie scheint sehr krank zu sein." Andererseits kam niemand auf die Idee, Peseten oder auch nur Kupfermünzen zu beschaffen, um ihr Leid zu lindern, obwohl die meisten meiner Reisegefährten wahrscheinlich etwas dazu beigetragen hätten, wenn ich geistesgegenwärtig genug gewesen wäre, es vorzuschlagen. Den Spaniern fehlt in solchen Fällen seltsamerweise die Vorstellungskraft, aber wenn ich die Geistesgegenwart hatte, eine so offensichtliche Wohltätigkeit wie die oben genannte vorzuschlagen, folgten sie mir schnell und drückten ihre Bewunderung für unsere englische Initiative aus.

Das komischste Beispiel für offizielle Gleichgültigkeit gegenüber dem Fahrplan, das ich je erlebt habe, ereignete sich auf einer Fahrt von Algeciras nach Bobadilla. Während einer langen Pause an einem Rastplatz stieg einer aus unserer Gruppe aus, um eine Gruppe pittoresker Bettler zu fotografieren – denn bei den andalusischen Eisenbahnen sind Bettler gecharterte Libertins, denen es gestattet ist, an die Fenster zu klettern und die Reisenden um Geld anzubetteln. Bevor er fertig war, läutete die Glocke zur Abfahrt des Zuges, doch als der Bahnhofsvorsteher sah, dass er beschäftigt war, wandte er sich höflich an den Schaffner.

„Warten Sie noch einen Moment", sagte er. „Sehen Sie nicht, dass der Herr ein Foto macht?"

Man darf jedoch nicht annehmen, dass spanische Reisende ihre langsamen Züge als eine solche Qual empfinden wie wir. Die Männer plaudern, rauchen, essen, trinken und schlafen, und die Frauen essen und schlafen – das heißt, die Älteren. Die jüngeren verbringen die meiste Zeit damit, am Fenster zu stehen. Dies ist eine sehr beliebte Beschäftigung aller spanischen Reisenden in den Abteilen der ersten Klasse. Sobald der Zug in einen Bahnhof einfährt, ist jedes Fenster des Durchgangswagens von einer mehr oder weniger beleibten Person beiderlei Geschlechts besetzt, die Kopf und Körper so weit wie möglich herausstreckt, um die äußerst uninteressante Menge anzustarren, die sich versammelt hat, um den Zug einfahren zu sehen. Außer an Sonn- und Feiertagen, wenn der Bahnhof für das Dorf das ist, was die mondäne Promenade für die Stadt ist, sind die Leute, die auf dem Bahnsteig herumlungern, keineswegs die Elite der Bevölkerung, sondern lediglich diejenigen, die nichts anderes zu tun haben. Dies scheint jedoch das Interesse des spanischen Reisenden an ihnen nicht zu schmälern, und er wird die

Fenster bis zur allerletzten Minute verdecken und den Dorftrottel oder den kranken Bettler beobachten, bis dieser ganz außer Sichtweite ist, als hinge seine ganze Hoffnung auf Glück davon ab, auch noch den allerletzten Blick auf dieses unschöne Schauspiel zu erhaschen.

Man muss zugegebenermaßen, dass die Mädchen auf Reisen noch einen anderen Grund haben, wenn sie sich ans Fenster setzen, während der Zug im Bahnhof steht. Sie wollen nicht so sehr sehen, als gesehen werden, und „*faute de mieux*", die offene Bewunderung des Dorfbummlers, hilft ihnen, sich die Zeit zu vertreiben. Einmal reiste ich viele Stunden in Begleitung der Frau und der Tochter eines Mannes, dessen Amt bei der Regierung für eine gute gesellschaftliche Stellung und ein gewisses Maß an Bildung zeugte. Die Mutter sprach nur von dem hervorragenden Essen in der Stadt, die wir beide besucht hatten, und das Mädchen sprach überhaupt nicht, außer dass sie mich von Zeit zu Zeit fragte, wo wir seien und wie weit der Zug inzwischen verspätet sei. An jedem Bahnhof setzte sie sich ans Fenster, und da sie auffallend hübsch war und eine ungewöhnlich leuchtende Hautfarbe hatte, versammelte sich regelmäßig eine Gruppe von Bauerntölpeln vor unserem Abteil und starrte sie aus vollem Halse an.

„Ich kann mir nicht vorstellen", bemerkte die Mutter einmal zu mir, „warum dort so viele Leute stehen."

„Nun", sagte ich in aller Aufrichtigkeit, „wahrscheinlich haben sie nicht oft ein so hübsches Mädchen zum Anschauen wie Ihre Tochter."

Die Mutter zügelte sich, lächelte und erzählte dem Mädchen sofort, was ich gesagt hatte.

Danach verließ unsere junge Schönheit das Fenster kein einziges Mal mehr – vermutlich, damit kein Verehrer die Gelegenheit versäumte, ihre Reize zu bestaunen –, und zwar von dem Moment an, in dem der Zug in einen Bahnhof einfuhr, bis zu seiner nächsten Abfahrt. Später rechnete ich aus, dass sie volle drei Stunden am Stück im Gang gestanden hatte und ihre Position nur dann änderte, wenn sie zu meinem Fenster am anderen Ende des Abteils ging, wenn wir an einem Bahnhof hielten, wo sich der Bahnsteig auf dieser Seite befand.

Diese unhöfliche Angewohnheit, die bei Männern und Frauen gleichermaßen verbreitet ist, die Fenster der ersten Klasse ohne Rücksicht auf den Komfort und die Bequemlichkeit der anderen Passagiere zu blockieren, ist in gewisser Hinsicht das unangenehmste Merkmal des Reisens in Spanien. Sie ist jedoch praktisch auf die Wohlhabenden beschränkt, und ich muss sagen, dass ich auf kurzen Reisen, auf denen ein wenig Müdigkeit nichts ausmacht, oft lieber in der zweiten oder sogar dritten Klasse fahre, damit ich meinen angemessenen Anteil an Aussicht und Luft bekomme, was unmöglich ist, wenn man mit Spaniern reist, die sich die höheren Fahrpreise leisten können. Da sie andererseits anscheinend nicht in der Lage sind, sich auf andere Weise zu unterhalten (denn nur sehr wenige von ihnen lesen jemals im Zug oder sogar zu Hause), sollte man ihnen vielleicht die angenehme Ablenkung und die umfassende Aufklärung nicht missgönnen, die sie durch einen Blick aus dem Waggonfenster erlangen.

Auf andere Weise werden viele kleine Höflichkeiten gezeigt. Essen wird zum Beispiel immer angeboten, auch wenn Sie gerade Ihren eigenen Lunchkorb auspacken. Dies ist in der Regel ein Formular, das nichts weiter bedeutet als das Angebot seines Hauses, in einer bestimmten Nummer einer bestimmten Straße, das Ihnen Ihr Reisebekannter macht, wenn er an seinem Bahnhof aussteigt, wohl wissend, dass Sie und er sich in dieser Welt nie wiedersehen werden. Aber manchmal ist das Angebot, mit Ihnen zu teilen, ganz aufrichtig, wie im Fall eines stämmigen katalanischen Commis Voyageur, der, nachdem ich dreimal höflich abgelehnt hatte, sein Mittagessen zu teilen, gerade mein eigenes vor seinen Augen aufgegessen hatte, zwei elegante Zelluloidzahnstocher aus seiner Tasche nahm und einen auf mein Knie legte und sagte: „Das werden Sie wenigstens annehmen!"

Später erzählte er mir, dass er für eine deutsche Firma „gereist" sei, die Zelluloidschmuck herstellte, und ich bedauere es immer noch, dass ich ihm seinen Zahnstocher zurückgab, ohne die darauf gedruckte Anzeige zu lesen. Ich dachte, er würde ihn vielleicht haben wollen, und ich wusste, dass das nicht der Fall war, aber ich glaube, er wollte wirklich, dass ich sein Geschenk annahm – und mir seine Firma notierte.

Wenn man das Glück hat, die Bekanntschaft eines spanischen Edelmannes der alten Schule zu machen, wird einem klar, welchen Verlust sein Rückzug aus der Welt der Gesellschaft zufügt, denn Männern seiner Art missfällt die neue reiche Aristokratie und sie scheuen den Wettbewerb mit den *Cursileria* der großen Städte ebenso sehr, wie es Don Quijote selbst getan hätte.

Auf meinem Weg nach Granada hatte ich an einem schönen Maitag das seltene Glück, mit einem dieser Herren zu reisen. Ich wurde von einem alten Freund begleitet, den ich seit vielen Jahren nicht mehr gesehen hatte, und wir gratulierten uns, als wir in den Zug stiegen, ein leeres Abteil vorgefunden zu haben. Kurz bevor wir losfuhren, kletterte jedoch ein schlanker, gut gekleideter Mann von etwa vierzig Jahren die steilen Stufen in den Waggon hinauf, mit einem Topf Nelken unter jedem Arm. Das allein hätte einen schon zu seinen Gunsten beeinflusst, denn der männliche Spanier jeder Klasse über dem Arbeiter findet es normalerweise erniedrigend, gesehen zu werden, wie er etwas in den Händen trägt, und überlässt die Päckchen seiner Frau, wenn kein Diener zur Hand ist. Unser Mann trug nicht nur seine eigenen Nelken, sondern ging auch viel vorsichtiger mit ihnen um als mit seinem hübschen persönlichen Gepäck, und schließlich, nachdem er um Erlaubnis gebeten hatte, klemmte er sie in das Gestell zwischen seinem und meinem Koffer und erklärte, er habe sie im letzten Moment gekauft, um sie seiner Frau zu bringen, und sei darauf bedacht, dass ihnen kein Schaden zugefügt werde.

Nachdem das Eis gebrochen war, kamen wir bald ins Gespräch und als er erfuhr, dass wir in Antequera übernachten würden, schien er recht erfreut.

„Das ist meine eigene Stadt", sagte er. „Ich kann Ihnen versichern, dass sie einen Besuch wert ist, und ich wünschte, mehr Ausländer wüssten, wie schön die Lage ist und wie viele interessante Sehenswürdigkeiten sie bietet. Es gibt auch ein ganz passables Hotel, und die Leute von Antequera haben gute Manieren und belästigen keine Touristen auf der Straße, obwohl sie verhältnismäßig wenige englische Damen sehen oder – was für sie noch interessanter ist – englische Damenhüte."

Er sagte, er sei sehr unglücklich, er selbst werde nur einige Stunden zu Hause sein, da er am nächsten Morgen früh nach Malaga weiterreisen müsse, aber er interessiere sich sehr für Archäologie, und als er feststellte, dass meine Interessen in diese Richtung gingen, sagte er, er müsse, egal, welche Geschäfte er verschieben müsse, das Vergnügen haben, mir einige sehr merkwürdige Säulenkapitelle zu zeigen, die kürzlich aus einer Klostermauer aus dem 14. Jahrhundert ausgegraben worden waren, deren Entstehungszeit er jedoch nicht bestimmen konnte. Ich nahm die Einladung mit Freude an, denn ich wusste nicht nur aus Erfahrung, dass Objekte, die „in Klostermauern gefunden wurden", oft großes Interesse wecken, sondern ich wusste auch, dass dies für meinen Freund die einmalige Chance war, das Innere des Landhauses eines spanischen Herrn zu sehen.

Nachdem er die Uhrzeit unseres Besuchs festgelegt und uns seine Adresse gegeben hatte, begann unser Freund, seine Sachen auf drei Sitze zu verteilen, da wir uns einer Kreuzung näherten, und erklärte, dass er nicht wolle, dass jemand anders einsteigt, da er die ganze Nacht schlecht geschlafen habe und ein gutes Nickerchen machen wolle.

Der Bahnhof war überfüllt und viele Leute kamen und schauten in unser Abteil, schüttelten den Kopf über die stark besetzten Sitze und gingen, um sich in die überfüllten Abteile anderswo zu verkriechen. Unser Freund lächelte freundlich und zeigte schöne weiße Zähne unter einem kurzen blonden Schnurrbart – denn er war so blond wie ein Däne, mit braunem Haar und blauen Augen – und schlug vor, dass der Bahnhofsvorsteher einen anderen Wagen einladen sollte, als eine hartnäckige Dame mit mehreren Kindern vergeblich versuchte, sich trotz seines höflichen Widerstands hineinzudrängen.

Und als wir sicher aus dem Bahnhof heraus waren, zog er seine drei Sitze aus, um ein Sofa zu bilden, wie es gemacht wird, wenn diese Abteile nachts in Schlafwagen umgewandelt werden, und schlummerte ruhig, bis wir etwa drei Stunden später in Bobadilla ankamen. Dies ist das Clapham Junction in Südspanien, und es war unserem Mitreisenden trotz all seiner feinen Manieren und seines allgemein großartigen Auftretens unmöglich, unser ganzes Abteil länger in Anspruch zu nehmen; aber, wie er bemerkte, er hatte genug geschlafen und brauchte die zusätzlichen Sitze jetzt nicht mehr. Andere Reisende waren also willkommen, einzusteigen, und das umso mehr, als wir alle drei an der übernächsten Station aussteigen würden.

„Sie werden eine halbe Stunde brauchen, um Ihre Zimmer im Hotel zu reservieren, und eine halbe Stunde, um sich auszuruhen“, sagte er, als wir uns trennten, wir in einem Omnibus und er in einem anderen, und entschuldigte sich vielmals, dass er uns seinen Wagen nicht anbieten konnte, da seine Rückkehr unerwartet war und niemand gekommen war, um ihn abzuholen. „Aber ich hoffe, Sie werden mein Haus bequem um sechs Uhr erreichen können, damit ich Ihnen meine Frau und meine Kinder vorstellen und Ihnen meine Hauptstädte in einem guten Licht zeigen kann.“

Er hatte uns natürlich seine Karte gegeben, aber der Name sagte uns nichts, außer dass er kein Mann von Titel war. Also nutzten wir im Omnibus die Gelegenheit, ein paar Informationen über ihn zu erhalten. Wir fanden heraus, dass er der Alcalde oder Bürgermeister war, was bedeutet, dass er in der Stadt so etwas wie ein König war, denn der Alcalde hat hier eine soziale, politische und kommunale Stellung inne, die erheblich höher ist als die eines Lord Mayor in England. Tatsächlich haben wir zu Hause keine Autorität, mit der der spanische Alcalde verglichen werden könnte, denn er wird von der Regierung ernannt und kann nach Belieben jeden der zahlreichen ihm unterstellten bezahlten Beamten ernennen und absetzen. Alcaldes haben daher während ihrer Amtszeit im Allgemeinen ebenso viele Feinde wie Freunde, aber unser Alcalde von Antequera schien die Zuneigung seiner Stadtbewohner nicht durch politische Bevorzugung, sondern durch seine persönlichen Qualitäten gewonnen zu haben.

„Er ist der reichste und beste Mann der Stadt“, sagte der ehrbare Kaufmann, mit dem wir im Omnibus sprachen. „Und ich würde das nicht sagen, wenn es nicht wahr wäre, denn er ist ein Konservativer und ich bin ein Liberaler. Ich verlor meine Stelle im Rathaus, als man ihn zum Alcalde ernannte, und habe daher immer ein wachsames Auge auf alle Fehler, die er machen könnte.“

Wie versprochen machten wir uns um sechs auf den Weg zum Haus des Alcalde und wurden von einem lächelnden Diener, der offensichtlich nach uns Ausschau hielt, über einen von Geranien übersäten und vom Duft von

Rosen, Heliotrop und Jasmin erfüllten Innenhof durch eine lange, schattige Galerie mit edlen Möbeln aus dem 18. Jahrhundert an den Wänden in einen bezaubernden kleinen Empfangsraum geführt, der mit hell gestrichenem Holz eingerichtet und mit den üblichen Jalousien, Stuhllehnen und Tischdecken aus exquisiter Handarbeit geschmückt war, die mit edler Spitze und Stickerei eingefasst und eingelegt waren.

Hier erschien uns unser Alcalde mit seiner hübschen Frau am Arm und seinen beiden hübschen Kindern. Wir waren etwas spät dran und er entschuldigte sich, dass die Familie beim Abendessen sei; aber wenn wir ins Esszimmer kämen und sie ohne Umstände und als Freunde bei ihrer Mahlzeit „begleiten" würden, wären er und die Señora bald mit dem Essen fertig und bereit, uns durch ihr – und unser – Haus zu führen und uns jedes kleine interessante Objekt zu zeigen, das uns für die Mühe des Anschauens entlohnen würde.

Natürlich stimmten wir zu, entschuldigten uns jedoch für unsere Unpünktlichkeit und bedauerten den Ärger, den wir in der Familie verursachten.

Als wir jedoch das große und gut ausgestattete Esszimmer betraten, stellten wir fest, dass unser gastfreundlicher Bekannter die ganze Sache geplant hatte, um uns dazu zu bewegen, mit ihm zu speisen. Denn die Tische für uns waren bereits gedeckt, und sie hatten noch nicht einmal mit dem Essen begonnen. Wir hatten also keine andere Wahl, als uns hinzusetzen und die vorzüglich zubereiteten Gerichte zu akzeptieren, die uns vorgesetzt wurden, oder das Gefühl zu haben, dass wir, wenn wir nicht mit der Familie aßen, unsere Freunde dazu zwangen, ihr Essen hastig hinunterzuschlucken, während sie uns unbequem warten ließen.

Der Tisch war gut gedeckt mit gutem Silber und Glas und Porzellan mit dem Wappen des Alcalde. In der Mitte stand eine Vase mit erlesenen Rosen und an den Wänden hingen Familienporträts. Wir hätten wirklich auf einer englischen Dinnerparty sein können, wenn da nicht die unzeremonielle Anwesenheit von weiblichen Bediensteten mit Seidentüchern auf den Schultern und Blumen im Haar gewesen wäre, die lässig mit großen Schüsseln ein- und ausgingen, die sie immer zuerst ihrem Herrn, dann ihrer Herrin und anschließend den Gästen anboten. Das ist Etikette im alten Spanien, aus der Zeit, als das Essen vielleicht vergiftet war und der Gastgeber sich zuerst selbst bediente, um zu zeigen, dass es gefahrlos gegessen werden konnte.

Auch die Gerichte waren, obwohl verlockend und gut gekocht, etwas anders als unsere. Zuerst kam eine weiße Suppe, die mit Fadennudeln angedickt war und stark nach Geflügel schmeckte. Dann ein Gericht mit *Frituras* , eine Masse aus Milchsoße, angedickt mit Mehl und gehacktem Schinken, die abkühlen gelassen und dann in Birnenform gebracht, in feinem Paniermehl gewälzt und mit einer Kunstfertigkeit ausgebraten wurde, die ein Gericht dieser Art zu einem der appetitlichsten auf der spanischen Speisekarte macht. Dann kam kalter gekochter Fisch, frisch aus Malaga, serviert mit einer Soße aus Eigelb und Öl und garniert mit rohen Tomaten, rohen Zwiebeln und grünen und roten *Pimientos* , einer Art Paprika ohne Schärfe. Es folgte ein Geflügel, dessen fehlender Geschmack zeigte, dass es in der Suppe gekocht worden war; dann das unvermeidliche *Puchero* oder *Cocido* , ebenfalls in der Suppe gekocht und bestehend aus *Kichererbsen* , Schinken, Speck, Rindfleisch, weißen Bohnen und den Stängeln einer essbaren Distel. Dann eine ausgezeichnete Vanillecreme mit winzigen Baisers oben drauf. Danach Kekse, Obst, Quittenkäse, frischer Ziegenkäse und verschiedene Süßigkeiten. Rot- und Weißwein standen auf dem Tisch und zum Schluss kam eine Tasse ausgezeichneten schwarzen Kaffee. Das war die Alltagskost der Familie des Alcalde, aber nicht die des Alcalde. Er erzählte uns, dass sein Magen empfindlich sei und er nichts als ein paar pochierte Eier und ein Glas heiße Milch zu sich nehme – was seine elegante Schlankheit völlig erklärte, die so anders war als die enorme Fettleibigkeit, die die meisten Spanier seines Reichtums und seiner Stellung nach etwa zwanzig Jahren der oben beschriebenen Ernährung befällt.

Am bemerkenswertesten an seinem Haus war jedoch die Zierlichkeit und der Luxus der Esszimmereinrichtung, denn selbst in den Häusern wohlhabender Leute ist es nicht ungewöhnlich, gerade genug Messer, Gabeln und Teller für alle zu finden, während Blumen auf dem Tisch oder sonst wo im Haus unbekannt sind. Vielleicht hat die übermäßige Knappheit des Bestecks und Geschirrs viel damit zu tun, dass es keine Einladungen zum Mittag- und Abendessen gibt, die bei uns gängige gesellschaftliche Praxis sind. Die Idee, dass ein hübscher und gut ausgestatteter Tisch zum Komfort und zur Vornehmheit des Lebens zu Hause beiträgt, scheint der breiten Masse der spanischen Mittelklasse nie in den Sinn gekommen zu sein; und natürlich ist ein Gast bei Mahlzeiten nicht willkommen, wenn sich die Familie ein Glas teilt und drei oder vier Gänge vom selben Teller isst.

Zweifellos gibt es viele Menschen in der Position unseres Alcalde, die ein ebenso elegantes Leben führen wie er, doch es ist eine große Ausnahme, wenn man einmal als Gast an ihrer Tafel Platz nehmen darf. Und seine Gastfreundschaft, die Schönheit der Stadt, die herrliche Aussicht auf die Berge ringsum, die Fülle der Wildblumen auf den Hügeln und die vielen Überreste antiker Gebäude haben dazu beigetragen, dass Antequera in der Erinnerung meines Freundes und mir wie ein weißer Stein geblieben ist.

Wir sehen jetzt, dass, obwohl das „Angebot des Hauses" seitens eines reisenden Bekannten in neunundneunzig von hundert Fällen zu einem bloßen leeren Kompliment verkommen ist, die Wurzel, aus der diese Blume einer feinen Höflichkeit wuchs, in dem Boden gedeiht, aus dem sie stammt. Denn es gibt immer noch spanische Herren, deren Gastfreundschaft ebenso anmutig wie instinktiv ist, und die, wenn sie Ihnen sagen, dass Sie in dieser und jener Straße „Ihr Haus und einen Freund haben", wirklich hoffen und erwarten, dass Sie sie bei Gelegenheit beim Wort nehmen und ihre offenen Einladungen annehmen.

IM BURGBERG DER BURG ARCOS.

TEIL II.
HERBST

KAPITEL VI

Ein Sattel für die Weiblichkeit – Septembermärkte – Drei Arten von Gasthäusern – Eine Nacht vor der Haustür – *Buñolitos* – Mücken und Weihwasser – Der ganze Spaß des Jahrmarkts – Die Etikette des Bettelns – Ein spanischer Zirkus – Ein Kinematograph – Betrunken, aber immer noch höflich – Der Fleiß.

Es gibt drei ideale Monate, um die Berge zu erkunden und abgelegene Hügel, Täler und Dörfer auf gemächliche Art und Weise zu besuchen, und zwar nur auf dem Rücken von Pferden, Maultieren oder Eseln. Einer ist April, aber dann sollte man in Sevilla sein, um den typischsten Jahrmarkt Westeuropas zu sehen; ein anderer ist Mai, aber dann muss man in Granada sein, um die Nachtigallen und Rosen zu sehen, die die Alhambra zu einem Traum der Wonne machen; der dritte ist September, wenn Trauben, Pfirsiche und Melonen in voller Blüte stehen, wenn das Wetter zwar strahlend sonnig, aber nicht mehr drückend heiß ist und die Hauptstraßen von wimmelnden Tierherden bevölkert sind, die von Jahrmarkt zu Jahrmarkt ziehen und mit ihren Besitzern eine Reihe lebendiger Bilder bilden, die auch die längste Reise angenehm machen.

Für eine Frau, die nicht mehr jung ist, ist ein Esel mit *Jamugas* und einem Packesel das ideale Transportmittel über die Berge. Wenn Sie wie ich Ihre eigenen *Jamugas besitzen* , mit den Lederriemen, die sie an drei Seiten stützen und auf Ihre Maße zugeschnitten sind, gibt es keinen bequemeren Reitsitz. Aber vielleicht sollte ich erklären, woraus die *Jamugas* bestehen, denn heutzutage sieht man sie nur noch selten, außer in Bergstädten, und wenn man sie nicht sieht, kann man sie sich nicht leicht vorstellen.

Laut dem Wörterbuch der Spanischen Akademie ist das Wort vom baskischen „ *zamucac"* *abgeleitet* , „einem Sitz, der dazu bestimmt ist, dass die Weiblichkeit auf jedes Lasttier steigt". Obwohl der Name ursprünglich baskisch sein mag, ist das Gerät orientalisch, denn man sieht genau dasselbe in Marokko und im Osten, nur dass es dort mit einer Kapuze versehen ist, um die Weiblichkeit vor neugierigen Blicken zu verbergen.

Die Basis ist einfach ein zusammenklappbarer Bock, wie der für einen Tisch, mit Querriemen, um zu verhindern, dass der Bock zu weit geöffnet wird. Dieser wird auf das *Aparejo* des Lasttiers gelegt, wobei es sich bei dem *Aparejo* um ein robustes Strohpolster handelt, das dazu dient, zu verhindern, dass die *Jamugas* oder die Körbe den Rücken des Tieres aufreiben. Es wird mit unzähligen Drehungen und Wendungen einer fest verknoteten Kordel fest befestigt, und eine gefaltete Decke wird über den Rücken des Esels gelegt, um den Sitz weich zu machen. Tatsächlich spürt man die Kordel normalerweise durch die Decke, aber um dies zu vermeiden, kann man ein

Kissen verwenden, das auf Wunsch mit dem Esel samt Kissenbezug und allem geliefert wird. Zur Information meiner Mitweiblichkeit möchte ich hinzufügen, dass ich persönlich ein eigenes Kissen zum Sitzen mitnehme und das Kissen an den Riemen binde, der die Rückseite der *Jamugas bildet*, und mich so vor Stößen und Erschütterungen auf unebenem Boden vermeide, was auf einer langen Reise kein geringer Vorteil ist. Zwischen Decke und Kissen ist ein bunter Baumwollstoff angebracht, der den *Aparejo* und den Großteil des Esels bedeckt und bei Wind nach hinten und um einen herum weht. Die älteste und zarteste Weiblichkeit kann in diesem Sessel reiten, denn das ist er, und ich bin den ganzen Tag auf meinen *Jamugas* über Berg und Tal gereist, und mein trittsicherer kleiner Esel ist nie gestolpert oder hat sich um die eigene Achse gedreht.

Man kommt zwar nur langsam voran, aber was soll das schon bedeuten, wenn sich mit jedem neuen Schritt neue Schönheit offenbart und Ihr Führer Sie auf dem ganzen Weg mit seinen Reden unterhält oder mit seinem Lied das Echo der Echos weckt, denn er singt die meiste Zeit des Weges „um Glück zu bringen".

Das Schlimmste daran ist, dass man heutzutage eine lange Strecke mit der Bahn und auf der Straße zurücklegen muss, bevor man ein Land erreicht, das abgelegen genug für *Jamugas* ist: Man kann froh sein, wenn man die Hälfte einer reizvollen Tour auf einem Esel zurücklegen kann. Dieses Glück hatte ich an einem sonnigen Septembertag, und nie war es mir so leid, als ich nach zwei Wochen in den Bergen wieder zur Bahn musste. Aber der erste Teil der Reise verlief nicht ohne Zwischenfälle, wie ich jetzt erzählen werde.

Ich verließ den Zug in Jerez, der Sherry-Stadt mit ihren riesigen Bodegas voller wertvoller Weine, ihren kosmopolitischen Hotels und ihren zahlreichen Millionären. Von dort aus dauert die Fahrt mit dem Bus etwa zwei Stunden nach Arcos, das dreißig Kilometer entfernt liegt, entlang einer Bergstraße, die immer schöner wird. Arcos ist eine Stadt mit 20.000 Einwohnern, die auf einem sehr steilen Hügel thront, mit einer tartessisch-römisch-arabischen Burg auf dem Gipfel, die wie viele andere in diesem Land von den großen Herzögen von Arcos umgebaut und restauriert wurde, die im 15. Jahrhundert die Familie Medina Sidonia in Bezug auf Reichtum und politische Macht rivalisierten.

Von einer arabischen Loggia aus, die hier *Mirador genannt wird*, was wörtlich „Aussichtspunkt" bedeutet, bietet sich uns ein herrliches Panorama der Berge mit einer Vogelperspektive auf ein fruchtbares Tal im Vordergrund, das vom gewundenen Fluss Guadalete umgeben ist. Es ist wirklich eine Vogelperspektive, denn die *Vega*, wie das kultivierte Tal genannt wird, liegt volle 150 Meter unterhalb der steilen Klippe, auf der die Burg steht, und wer darauf läuft, sieht aus, als wäre er etwa 15 Zentimeter hoch. Die Klippe ist so steil, dass an vielen Stellen nicht einmal die allgegenwärtigen Kakteen Halt finden können, und hier bauen Geier und Adler sicher ihre Nester, denn kein kleiner Junge darf in ihre Nähe Steine werfen. Sogar die Ziegen können am Fuße nur ein kleines Stück hinaufklettern, wo der Schutt der Jahrhunderte einen steilen Anstieg gebildet hat, der sich vom Fluss und der neuen Hauptstraße, die von Arcos nach El Bosque führt, 15 bis 20 Meter in die Höhe erstreckt. Allein dieser Anblick ist einen Halt in Arcos wert, aber es ist bei weitem nicht die einzige „Sehenswürdigkeit", denn die alte Stadt ist voller römischer, arabischer und Renaissance-Überreste, und die Hauptkirche aus dem 14. Jahrhundert enthält einen wundervollen goldenen Kelch, der von einem Mitglied der herzoglichen Familie beim Bau der Kirche geschenkt wurde – eine Reliquie, die sich niemand entgehen lassen sollte, der sich für Goldschmiedearbeiten interessiert. Diese Kirche , die die Menschen ihre Kathedrale nennen, überblickt einen Platz am Fuße der Burg, und dieser Platz ist im Mai ein Meer aus goldenen Mimosen. Ich habe noch nie ein solches Leuchten der Farben gesehen oder eine so überwältigende Süße von Bäumen dieser Art gerochen.

Ein Teil der Burg wurde im 16. Jahrhundert dem Stadtrat als Saal überlassen und in einem der Räume, der ehemaligen Kapelle der Herzöge von Arcos, sind nicht weniger als elf Schenkungen an die Stadt erhalten, die die Unterschrift von Alfons dem Gelehrten tragen, der die Burg im Jahr 1284 mit Hilfe seines Verbündeten Al Ahmar, des arabischen Königs von Granada, von den almohadischen Mauren eroberte.

Die Herzöge von Arcos herrschten hier über zweihundert Jahre, bis alle Erinnerungen an die Freundschaft von Alfonso und seinem Vater St. Ferdinand mit den Moslems von Granada in Vergessenheit gerieten, als die „katholischen Könige" Ferdinand und Isabella ein vereinigtes Königreich Spaniens errichten wollten. Dann, als Andalusien in einem erbarmungslosen Krieg brannte, fielen für Arcos schlimme Zeiten an, denn da es an der Grenze des Königreichs Granada liegt (daher sein voller Name, Arcos de la Frontera), ergriffen die Moslems natürlich die Gelegenheit, immer wieder zu versuchen, diesen starken Außenposten ihrer früheren Herrschaft zurückzuerobern. Bis fast zum Ende des Krieges hielt die Burg stand, aber 1484 nahmen die Moslems die Stadt ein, und die Herzogin, die die Burg verteidigte, war so unter Druck, dass eine Kapitulation unvermeidlich schien. Der Herzog war auf Befehl der Königin zur Belagerung von Alhama unterwegs, und obwohl es der Herzogin gelang, ihrem Mann eine Nachricht zukommen zu lassen, in der sie ihn über ihre Notlage informierte, konnte Isabella ihn und seine Truppen nicht einmal für die Rettung seiner Frau entbehren.

Der einzige Ritter, der helfen konnte, war der Herzog von Medina Sidonia, von dem man wusste, dass er sich irgendwo in der Gegend aufhielt, auf dem

Weg aus Sevilla mit Verstärkung für die Königin. Doch Medina Sidonia und Arcos lagen schon seit Generationen im Clinch. Die Fehde war beinahe so erbittert und langwierig wie die der Guelfen und Ghibellinen, und niemand aus der Arcos-Fraktion dachte auch nur im Traum daran, Medina Sidonia um Hilfe zu bitten.

Medina Sidonia war jedoch ein sehr ritterlicher Herr. Die Nachricht von der Notlage der Dame erreichte ihn, als er vor Setenil lag (so genannt, weil die Römer es laut lokaler Etymologie sieben Mal belagerten – *septem = sete* – und nichts einnahmen – *nil* !), etwa dreißig Kilometer von Arcos entfernt. Er kehrte sofort mit der Hälfte seiner Truppen um, vertrieb die Moslems aus der Stadt, ließ eine starke Wache bei der geretteten Dame zurück und kehrte dann zurück, um die Belagerung der noch stärkeren Festung Setenil fortzusetzen und seinen Teil zur Einnahme von Alhama beizutragen.

Hätte Medina Sidonia die Fehde zwischen den beiden Familien nicht auf diese dramatische Weise beendet, hätte Arcos kapitulieren müssen, wie es bereits sein Nachbar Zahara getan hatte. Und nachdem die Moslems die vier strategischen Punkte Arcos, Zahara, Setenil und Ronda zurückerobert hätten, hätte der Krieg gegen Granada möglicherweise ein anderes Ende genommen.

In den veröffentlichten Geschichtsbüchern von Ferdinand und Isabella ist diese Geschichte nicht zu finden, sie steht jedoch in den Archiven der Stadt Arcos und in denen der Familie Arcos und verrottet heute leider in einem verschlossenen Raum in einem der großen Türme des Schlosses, das verfällt, weil seine Besitzer sich die Instandhaltung nicht leisten können.

Mit Bedauern riss ich mich von der Burg los, deren einst kriegerischer Bergfried heute ein Garten mit Rosen, Orangenbäumen, Jasmin und Geranien ist, die im Alter zu Büschen gewachsen sind. Aber ich musste weiter nach Bornos und Villamartín auf dem Weg nach Algodonales, wo ich die Postkutsche gegen den Esel tauschen sollte.

Über diesen Abschnitt der Straße sollte man nicht viel sagen. Die meiste Zeit war es langweilig, alles war staubig und die Postkutsche war bis zum Rand voll, denn es war der Vorabend der Septembermesse in Villamartín, und der klapprige alte Shandridan, der für insgesamt acht oder zehn Passagiere gebaut war, hatte fünf statt drei Pferde, und nicht weniger als siebenundzwanzig Menschen waren darin, auf dem Bock und auf dem Dach verstaut. Jeder erklärte, dass es extrem gefährlich sei, und machte einen großen Witz daraus; und da spanische Fahrer es sich zur Aufgabe machen, ihre Pferde anzutreiben, wenn sie sich dem Fuß eines Hügels nähern, um den nächsten Anstieg im Laufschritt zu nehmen, und die überladene Maschine bei jeder solchen Gelegenheit wie ein Schiff im Sturm schwankte, grenzte es an ein Wunder, dass wir lebend in Villamartín ankamen.

Doch als wir ankamen, waren wir sofort mitten im Jahrmarktstrubel.

Die einzige *Fonda* des Ortes lag auf den Hauptplatz. Der höfliche Name für *Fonda* (das arabische *fondak*) lautet auf Englisch Hotel, und die *Fonda* gibt vor, ihren Kunden Essen und Betten zur Verfügung zu stellen; anders als der *Parador* (Unterkunft), der nur Betten an Reisende vergibt, die selbst für Verpflegung sorgen, und die *Posada* (Rasthaus), die eigentlich kaum mehr als ein Stall für Tiere mit einer Art Unterstand für die Menschen ist, die zu ihnen gehören. Unser „Hotel" in Villamartín hatte nur drei oder vier Schlafzimmer und überhaupt kein Wohnzimmer; das Essen wurde in einem Gang serviert, durch den man von der Straße zur Treppe oder man könnte eher Trittleiter sagen, die zu einer offenen Galerie hinaufführte, in der eines der praktischen und bequemen Klappbettgestelle, *catres genannt* , ohne Matratze, ein Stuhl mit gebrochener Rückenlehne und sonst nichts stand. Von hier führte eine schmale Tür in ein winziges Schlafzimmer, in dem gerade ein Bett und ein Waschtisch standen.

Wir hatten keine andere Wahl, als hier zu bleiben. Die bescheidenen spanischen Freunde, mit denen ich zu ihrem Haus in Algodonales reiste – eine Mutter und ihr Sohn – bestanden darauf, dass ich das Schlafzimmer übernachtete, obwohl sie meine Einladung, den Waschtisch zu teilen, gerne annahmen. Die Mutter sagte, sie könne auf dem *Catre* mit einem Kissen aus meinem Bett schlafen, und der Junge auf dem Boden daneben, mit seinem Kopf auf meiner Reisetasche. Jede andere Ecke des Hauses war wegen der Messe belegt, und selbst diese bescheidene Unterkunft war nur für eine Nacht zu haben. So ärmlich es auch war, das Bettzeug und die Bettwäsche waren sauber, und wir schätzten uns glücklich, überhaupt ein Zimmer zu bekommen.

Aber wir haben voreilig ein Kissen und eine Decke für Rosario auf dem *Catre* *zurechtgelegt* , bevor wir loszogen, um uns die Stadt anzusehen, und als wir zurückkamen, waren der *Catre* , das Kissen und sogar der Stuhl mit der kaputten Lehne für einen anderen Kunden weggebracht worden, und meine armen Freunde mussten einfach unten an der Haustür sitzen und sich so gut wie möglich amüsieren, bis es Zeit war aufzubrechen. Das war jedoch nicht ganz so hart, wie es klingt, denn alle Spanier machen die Nacht gerne zum Tag; und ihre größte Sorge war, dass ich mich nicht wohlfühlen könnte.

Wir sollten um 3 Uhr morgens mit der Postkutsche nach Algodonales, unserem Endziel, aufbrechen, und die hübsche Rosario hatte sich bereit erklärt, mich bis zwei Uhr schlafen zu lassen – wenn ich das könnte, was angesichts des unaufhörlichen Lärms auf der Hauptstraße, auf die mein kleines Fenster hinausging, zweifelhaft schien. Trotz des Lärms schlief ich tatsächlich und als ich aufwachte, strömte die Sonne herein und die Stadt war voller Ziegenhirten und ihrer Herden, Esel, die mit Obst und Gemüse beladen waren, Frauen mit Körben voller Eier und lebenden Hühnern, die an den Beinen zusammengebunden waren und quälend gackerten, und ein ständiger Strom von Ponys, Maultieren, Kühen, Kälbern, Schweinen, Schafen und Ochsen, die vom Land zum Jahrmarkt kamen; während entlang der Gehwege kleine, mit Segeltuch bedeckte Süßigkeitenstände wie Pilze aus dem Boden geschossen waren. Ich hatte den ganzen Lärm der frühen Morgenstunden verschlafen, und die Postkutsche war entweder um 3 Uhr morgens noch nicht abgefahren oder ohne mich.

Ich sprang auf und öffnete meine Tür. Ich fragte mich, ob Rosario die vereinbarte Zeit auch verschlafen hatte. Da stand sie mit einer Tasse Kaffee für mich und lächelte so strahlend wie immer, aber ihr lockiges Haar war zerzaust und sie sah insgesamt ungepflegt aus. Die Postkutsche war nicht weggefahren. Irgendetwas stimmte nicht mit den Rädern, dem Geschirr, den Pferden oder dem Kutscher, niemand wusste genau, was; aber Rosario dachte, die Wahrheit sei wahrscheinlich, dass der Kutscher auf dem Jahrmarkt etwas erledigen wollte. Jedenfalls fuhr die Postkutsche nicht ab, und Rosario und ihr Junge hatten die ganze Nacht in ihren Stühlen gesessen, mit verschiedenen anderen Besuchern der Stadt, die wie sie kein Bett bekommen hatten.

Mutter und Sohn waren nicht mehr besorgt, dass ich mich über die Verzögerung ärgern könnte, und ihre Stimmung besserte sich schnell. Wir waren uns einig, dass wir, da wir den ganzen Tag dort bleiben mussten, so viel Spaß wie möglich haben würden. Rosario sah nach dem Waschen und Bürsten in meinem Zimmer so frisch aus, als hätte sie in ihrem eigenen bequemen Bett geschlafen, und was den Jungen anging, so war er in einem Alter, in dem er alles genießen konnte.

Der Wirt lehnte es rundweg ab, uns Kaffee oder sonst etwas zum Frühstück anzubieten, also gingen wir hinaus und aßen *Buñolitos* , eine besondere Leckerei, die man vor allem auf diesen Jahrmärkten findet, wo ganze Stände nur für den Verkauf dieser Leckereien aufgebaut sind. Meine Freunde führten mich in das größte und fröhlichste der beiden bereits geöffneten Zelte, das weiße Musselinvorhänge hatte, die in der Mitte mit Bändern aus rotem und gelbem Kattun zusammengebunden waren, genau wie die Süßwarenstände in Syrien. Ein überwältigender Geruch von kochendem Öl stieg uns in die Nase, als wir näherkamen, und das Gezwitscher und der Rauch waren so stark, dass wir die *Buñolera kaum sehen konnten* , eine stämmige Dame in braunem Rock, weißer Schürze und blauem Überwurf, mit einem malerisch um den Kopf geknoteten roten Tuch. Sie sah uns jedoch und drehte sich sofort um, um uns das seltsame Produkt ihrer Kochkünste zu servieren – eine Mischung aus Mehl und Wasser, die durch einen Trichter in eine riesige Bratpfanne gepresst und beim Braten immer wieder aufgerollt wurde, bis das Ganze geschickt und intakt auf den Teller geworfen wurde.

Buñolitos sind knusprig und verlockend und wirklich köstlich zu essen, vorausgesetzt nur, das Öl ist gut und vom letzten Jahr, denn das neue Öl hat einen abscheulichen Geruch und Geschmack, den nur ein Einheimischer ertragen kann.

Das war gutes Öl und die *Buñolera* war eine Künstlerin. Wir aßen so viel wir konnten und ich muss sagen, dass ich etwas weniger aß als meine Begleiter. Wir zahlten einen Penny pro Person für unser Frühstück und schlenderten dann den Hügel hinauf zur Pfarrkirche, denn es war Sonntag und eine Festmesse war im Gange.

Es waren nur sehr wenige Leute anwesend. Ein paar Nonnen, ein paar Damen in schwarzen Gazeschleiern, die ihnen über die Schultern und bis zu den Knien fielen – ein anmutiges orientalisches Überbleibsel, das auch der kräftigsten alten Witwe Würde verleiht –, zwei oder drei Bauern mit Kopftüchern und die übliche Gruppe von Bettlern vor der Tür.

Diese letzten habe ich ohne Probleme überstanden, indem ich die üblichen Formeln verwendete: „Verzeih mir, Bruder, um Gottes willen" oder „Möge Gott dir beistehen". Beides bedeutet, dass man sie der Gnade der Vorsehung übergibt, weil man selbst kein Erbarmen mit ihnen hat. Und wenn das etwas hartherzig erscheint, möchte ich darauf hinweisen, dass in abgelegenen Gegenden, wo man von einem Jahr zum anderen keine Fremden zu Gesicht bekommt, das Geschenk eines Pennys an einen einzelnen Bettler wie ein Drachenzahn ist, der wie durch Zauberei einen Schwarm von zwanzig bis fünfzig weiteren Bettlern aufsteigen lässt, die einen mit erbärmlichen Appellen verfolgen, die sich in Verwünschungen und sogar Steinwürfe verwandeln, wenn man nicht anfängt, allen Pennys zuzuteilen. Man kann daher dankbar sein, dass die oben zitierte zeremonielle Antwort selten ihre Wirkung verfehlt, da es in spanischen Bettlerkreisen eine Frage der Etikette ist, die althergebrachte Höflichkeit höflich anstelle von Münzen des Landes anzunehmen. In meiner eigenen Erfahrung hat es oft wie ein Zauber gewirkt, und ich kann mich an brutal aussehende Männer erinnern, die an irgendeinem Leiden litten, das ihre körperliche Kraft zur Gewaltanwendung jedoch keineswegs beeinträchtigte, und die abrupt stehen blieben und sich mit einem sanften „Geh mit Gott" abwandten, anstatt rüde zu erwidern, wenn ich auf ihre Bitten mit „ *Perdóneme, hermano* " antwortete .

Die Messe endete wenige Minuten, nachdem wir hineingegangen waren, und als ich an der Haupttür stand und die nicht sehr interessante Architektur der Kirche betrachtete, spürte ich plötzlich einen nassen Finger auf meiner Stirn. Es war eine der Nonnen, die bemerkt hatte, dass ich vergessen hatte, mich mit Weihwasser zu bekreuzigen, und dies für mich tat. Ich schätzte ihre gute Absicht, aber dieses spezielle Weihwasser schätzte ich nicht, denn das Marmorgefäß wimmelte von Mückenlarven, deren Vorfahren um uns herumschwirrten, wo wir standen. Ich wusste, dass das Weihwasser in diesen Landkirchen selten gewechselt wurde , aber ich hatte noch nie ein so schmutziges gesehen.

Ein Lärm von Blechblasinstrumenten lockte uns hinaus. Es war die Stadtkapelle, die ihre Runde durch die Hauptstraßen drehte, um den Beginn des Jahrmarkts anzukündigen. Es war eine viel bessere Kapelle, als wir sie in vielen englischen Landstädten ähnlicher Größe finden würden, und tatsächlich ist das Niveau der Blaskapellen hier ziemlich hoch – eine Tatsache, die ich mir nicht erklären kann, denn unter Laien hört man praktisch nie konzertierte Musik, und selbst wenn zwei Künstler in den kleineren Theatern gemeinsam auf der Bühne singen, geschieht dies fast immer im Gleichklang. Diese Kapelle hatte die Stadt bereits bei ihrer ersten Runde um 6 Uhr morgens geweckt, als die Kirchenglocken zur Frühmesse läuteten, und jetzt, sobald ihre Vorstellung zu Ende war, begann eine Art dröhnendes Gebrüll eines Karussells, das in Abständen den ganzen restlichen Tag über anhielt. Niemals hatte ich mir den Lärm dieses Jahrmarkts tagsüber vorgestellt, geschweige denn gehört; aber noch schlimmer war für die Nacht reserviert.

Es vergingen jedoch noch viele Stunden, bis es Nacht wurde, und ich muss sagen, die Nacht war nicht schwer zu ertragen, denn die Menschen und ihre Tiere bildeten eine Abfolge bewegter Bilder, denen um gerecht zu werden, hätte man den Pinsel eines Sorolla oder Zuloaga gebraucht. Eines hatte es mir besonders angetan. Zwei hübsche Mädchen (und die Bergbewohner sind in der Regel bemerkenswert hübsch), gekleidet in wunderschön gewaschene, bedruckte Kleider und mit Blumen im glatten schwarzen Haar, ritten zusammen auf einem weißen Pferd, das mit dem prächtig bestickten Schmuck bedeckt war, den wir von Bildern des letzten Jahrhunderts kennen und der in den Sierras noch immer allgemein üblich ist. Das eine Mädchen saß in die eine, das andere in die andere Richtung gewandt, ihre Arme um die Taille des anderen gelegt, und ein schlanker Junge mit einem runden Hut aus Cordovese, einer braunen Samtjacke und einem reich bestickten Lederoverall [5] führte das Pferd an einem purpurweißen Halfter aus gedrehten Aloefasern. Auf einem Esel daneben waren die weltlichen Güter der Mädchen verteilt, bestehend aus einer Kiste, die fast so groß war wie der Esel, leuchtend gelb mit frischer Farbe, die in der Morgensonne golden schimmerte, und einem großen Bündel, das in eine purpurrote Hülle eingewickelt war, und einem Bündel blasser Maisstängel, das während des Jahrmarkts das Futter des Esels sein würde. Es war ein Aufruhr aus Jugend, Schönheit, Farbe und Fröhlichkeit, der für einen Maler die Chance seines Lebens gewesen wäre, aber leider war kein Maler da, um die Szene zu verewigen.

Am Nachmittag gingen wir in die Stierkampfarena, um uns einen Zirkus anzusehen, und wie es sich für den vornehmen und vornehmen Bürger der

Stadt gehörte, zahlten wir eine Peseta pro Person für etwas, das im Programm als „Stall" beschrieben wurde. Die „Ställe" waren ehrliche Stühle mit Sitz aus Schilf, wie sie neu für zwei Peseten verkauft werden, aber bei dieser Gelegenheit liehen wir sie uns von den freundlichen Nachbarn und brachten sie zu einem halben Dutzend auf einmal herein, da der aristokratische Teil des Publikums zunahm.

Die Show war für fünf Uhr angekündigt, begann aber erst gegen sechs. Zu diesem Zeitpunkt war die Schattenseite der Manege überfüllt und die Zuschauerränge hatten den sehr kleinen Kreis, der für die Darsteller abgesperrt und mit Sand bedeckt war, fast vollständig umringt. Zuerst hatten wir einen Akrobaten mit einem Wochenbart, der in karmesinroten Satin und rote Baumwollstrümpfe gekleidet war und bei seinen Kunststücken normalerweise zu Misserfolgen kam, aber immer Applaus erntete. Es folgte eine sehr geschminkte junge Dame, die wir an der Tür beim Kartenkauf gesehen hatten und die jetzt mit Messern und Holzwürfeln jonglierte, die ausnahmslos auf dem Boden statt auf dem Tisch landeten; ein Clown, in demselben karmesinroten Satin und roten Baumwollstrümpfen, der ganz gut Geige spielte, aber von einem anderen Clown mit einer Federbürste unterbrochen wurde, der die Musik immer stoppte, indem er dem Geiger beim dritten oder vierten Takt die Nase kitzelte, zur großen Freude des Publikums; und dann eine andere sehr geschminkte Dame, die ihre ersten Jahre hinter sich hatte und drei ziemlich traurige kleine Hunde vorführte.

Ein Akrobat, wieder in karmesinrotem Satin und roten Baumwollstrümpfen, kam nun nach großen Vorbereitungen und Tests der Drähte, um eine Trapeznummer vorzuführen. Es schien eine Art Problem beim Start zu geben, was sich erklärte, als der Akrobat mit einem süßen Lächeln anzeigte, dass wir von den Betreuern direkt unter seiner Absprungplattform platziert worden waren, was wir tatsächlich waren, ohne dass wir es wussten. Also nahmen wir und unsere unmittelbaren Nachbarn unsere Stühle und zogen uns zurück, während der Akrobat einige ziemlich hübsche Schwünge vorführte.

Dann tauchte der unrasierte Akrobat wieder auf, jetzt mit Pilotenmantel und brauner Hose bekleidet, aber immer noch unrasiert, und wir erfuhren, dass gleich das stattfinden würde, was in der Werbung als „Automobilrennen" bezeichnet wurde. Tatsächlich handelte es sich um eine furchtbar billige „Looping-Veranstaltung", und der Athlet wirkte vor Nervosität abgezehrt, als er seine Drähte und Seilrollen untersuchte.

Als wir uns vom Trapez zurückzogen, hatten wir uns unbewusst genau dort hingestellt, wo das „Automovil" unweigerlich mit uns allen zusammenstoßen musste; es wurde kein Versuch unternommen, auf eine Gefahrenzone hinzuweisen. Diesmal wartete niemand darauf, dass man uns aufforderte, uns zurückzuziehen. Sobald wir den mutigen Chauffeur auf sein Gerüst klettern sahen und erkannten, was passieren würde, sprangen wir einfach auf und rannten wie die Kaninchen los, alle genauso verängstigt, wie der Chauffeur aussah. Wir versäumten es jedoch nicht, unsere Stühle mitzunehmen. Die Band stimmte einen unpassenden Zigeunertanz an, der Darsteller wirbelte herunter und wir ließen uns mit einem Seufzer der Erleichterung, dass er und wir mit dem Leben davongekommen waren, auf unseren Plätzen nieder.

Aber selbst das war nicht das letzte Mal, dass wir weitergezogen wurden, denn das Finale war ein Pantomimenstück, in dem die Dame mittleren Alters die Heldin spielte, in einer langen Schleppe, die sie die ganze Zeit sorgfältig hochhielt; die andere Dame spielte den jungen Liebhaber in gelben Strumpfhosen und einem roten Umhang; der Akrobat, die Clowns und der Direktor, alle mit russischen Mützen und mit Kaninchenfell besetzten Blusen über ihren Alltagshosen, störten auf ihre Art den Lauf der wahren Liebe ; und der stämmige Akrobat mit einer scharlachroten Hörnerhaube über dem unvermeidlichen karmesinroten Satin und den roten Strümpfen erschien als freundlicher Teufel und ließ alle Bühnenmöbel tanzen, um die Aufmerksamkeit der übrigen Gesellschaft von den Mätzchen der Liebenden abzulenken. Der Teufel beendete das Ganze, indem er direkt vor dem „Parkett" eine Menge Feuerwerk zündete, und dieses Mal standen wir auf und rannten los, ohne Rücksicht auf unsere Stühle. Es war allerdings nicht so gefährlich, wie es aussah, denn das Feuerwerk verpuffte prompt, und ich für meinen Teil war mittlerweile so schwach vor Lachen, dass ich nicht einmal anfangen konnte, als ein Böller direkt vor meiner Nase explodierte.

Die ganze Mitte der Manege war von einem Schwarm junger Männer und Burschen aus der Bauernklasse überfallen worden, die offensichtlich nicht eine Peseta für dieses Privileg bezahlt hatten. Der Direktor, der einen monströsen Kaiser-Wilhelm-Schnurrbart trug, der sich bis zu seinen Augenbrauen hochzog, hatte sie in Abständen höflich gebeten, sich zurückzuziehen und die Damen nicht zu belästigen. Sie zogen sich immer mit vollkommener Höflichkeit zurück und kehrten sofort wieder zurück, sobald er ihnen den Rücken zuwandte. Als der Zirkus vorbei war, blockierte dieser Teil des Publikums sofort den einzigen Ausgang und gab uns Zeit, die Rückseite der Kulisse der Pantomime zu betrachten, was bemerkenswert war. Ein Blatt bemalter Leinwand stand aufrecht und wurde durch ein mysteriöses Gesetz der Kohäsion an Ort und Stelle gehalten, denn sichtbare Stützen hatte es nicht; und wie der rote Teufel, der gut 15 Stone gewogen haben muss, es schaffte, durch das Fenster hinein- und hinauszuspringen, ohne das ganze Ding zum Einsturz zu bringen, wird für mich immer ein unlösbares Rätsel bleiben.

die *Fonda* weniger einem Hotel denn je, und wir wurden gewarnt, dass wir wohl oder übel mit der Nachtkutsche abreisen müssten, da ein *Viajante* (Reisekommissar) mein Zimmer gebucht habe und zu Bett gehen wolle, wenn die Messesitzung des Handelsklubs gegen 2 Uhr morgens ende. Aber der Messespaß war für uns noch nicht vorbei, und das kleine Fenster mit Blick auf den Hauptplatz wurde für mich nun zu einer Art Königsloge bei der Oper mitsamt Musik.

Um neun Uhr nahm die Band ihre Position unter meinem Fenster ein und das Feuerwerk begann. Ein weiterer Punkt, den ich nie ganz verstanden habe, ist, warum spanische Feuerwerke selbst in abgelegenen Kleinstädten wie Villamartín immer gut sind und wie es kommt, dass jede abgelegene Kleinstadt ihren eigenen Feuerwerkshersteller hat. Aber die Fülle an Motiven in verschlungenen Arabeskenkreisen lässt mich vermuten, dass dieses wie so viele andere beliebte Vergnügungsfeste in Spanien einen arabischen Ursprung haben.

Das Feuerwerk in Villamartín war wunderschön und unterschied sich von dem in den großen Städten nur in der Quantität, nicht aber in der Qualität. Die Bühnenbilder waren für die Zuschauer, deren angeborener Instinkt ganz klar auf die Arabeske in der Kunst gerichtet ist, mit Abstand die attraktivsten.

Nach dem Feuerwerk kam ein Kinematograph, immer noch begleitet von der Band, deren Repertoire aus sechs sehr gut gespielten Stücken bestand, die sie den ganzen Tag über in Abständen wiederholt hatten. Die Leute waren von den bewegten Bildern begeistert und schrien und lachten und klatschten wie Kinder über den Ausreißer, der jeden, der ihm begegnet, in Verlegenheit bringt, während er seinen Verfolgern ausweicht, über den unerlaubten Liebhaber, der sich unter dem Esstisch versteckt und ihn umdreht, sodass die Suppe in den Schoß der Dame tropft, und über all die anderen abgedroschenen alten Witze, die diesen unkultivierten Südstaatlern brandneu zu sein schienen. Es bestand überhaupt keine Gefahr, dass wir jetzt einschliefen und unseren Fleiß vergaßen. Niemand außer einem Taubstummen hätte in dieser Nacht auf dem Hauptplatz von Villamartín ein Auge zudrücken können.

Nach Mitternacht, als der Kinematograph zumachte, legte ich mich in der Hoffnung hin, ein wenig Schlaf zu bekommen, doch das Stimmengewirr ließ keineswegs nach. Im Gegenteil, im Laufe der Nacht wurde es immer lauter, bis es zu einem regelrechten Brüllen wurde. Ab und zu verstummte es für ein paar Minuten, bis eine jungenhafte Stimme etwas rief, das ich nicht verstand, und dann begann es noch schlimmer als zuvor, immer noch gutmütig, aber immer ungeduldiger, als ob die Selbstbeherrschung der Menge rasch erschöpft wäre.

Schließlich, etwa um halb zwei, war ein fernes Geräusch wie Donner zu hören, das den ganzen menschlichen Lärm übertönte, und dann schien die Menge völlig verrückt zu werden, sie schrie und brüllte, als ob Bedlam losgebrochen wäre. Es war sowieso Zeit, sich zum Aufbruch fertig zu machen, also erhob ich mich aus meinem schlaflosen Bett und ging zum Fenster.

Dann verstand ich, was das alles bedeutete. Es war der *Encierro* , das Einbringen der Stiere für den Stierkampf am nächsten Tag. In diesem Fall waren es keine ausgewachsenen Stiere, sondern nur einjährige Ochsen, und von diesen gab es nur zwei, während die übrigen zukünftigen Opfer Färsen waren. Denn Kampfstiere kosten eine Menge Geld, und Villamartín ist eine kleine Stadt und nicht besonders reich: Die Sportler der Arena müssen sich also mit der billigen Färse und dem „Yarlin"", wie man in Devon sagt, zufrieden geben.

Wenn man die Freudenschreie hörte, die erschallten, als sie in Sicht kamen, hätte man meinen können, ganz Villamartín sei unterwegs, um die Ochsen und ihre Lockvögel zu empfangen: aber in Wirklichkeit war ganz Villamartín, bis auf die Abschaum, längst nach Hause gegangen, und der johlende Mob bestand nur aus ein paar Männern in reifem Alter, die an der Stierkampfarena finanziell interessiert waren, und einer Menge Jungen und Burschen, dem zusammengewürfelten Haufen der Arbeiterklasse, denn die anständigen Arbeiter und ihre Familien billigen den „Sport" nicht. Diese beiden Elemente des spanischen Sozialsystems bilden heutzutage die überwältigende Mehrheit derjenigen, die noch immer den sogenannten „Nationalsport" unterstützen. Und doch scheinen die Touristen zu glauben, sie würden die Nation repräsentieren! Die herrschenden Klassen sind sich so sehr darüber im Klaren, dass der Stierkampf niemanden mehr anzieht, außer den Pöbel und jene, für die er in irgendeiner Form eine Einnahmequelle darstellt, dass man gesetzliche Versuche unternommen hat, die Stierkämpfe an Sonntagen zu verbieten, denn wenn sie nur an Wochentagen stattfänden, wäre es für den besagten Abschaum der Arbeiterklasse schwierig, auf Kosten eines Tageslohns daran teilzunehmen, und das ganze brutale Geschäft wäre bald zu Ende. Aber die Interessen der Eigentümer sind ungeheuer stark, und das Kapital hat in Spanien große Macht; also findet der Stierkampf immer noch statt, und die Touristen kommen, um ihn anzusehen, und spanische Sozialreformer zucken mit den Schultern, wenn ihnen Ausländer sagen, dass der erste Schritt zur Sozialreform in Spanien die Schließung der Stierkampfarena sein müsse, zu deren Erhalt das Eintrittsgeld der Ausländer größtenteils beiträgt und deren bloße Anwesenheit nach Ansicht von Amateuren eine Billigung darstellt.

Aber das ist eine weitere Tragödie Spaniens, und Rosario und ihr Junge, die schon den Namen Stierkampf hassen, obwohl sie bloße Bauern sind und noch nie von der Gesellschaft zur Verhütung von Tierquälerei gehört haben, sprachen an jenem Abend nicht mit mir darüber, als wir dem stürmischen Marsch einer besonders lebhaften Färse über den Platz unter meinem Fenster zusahen. Wenn man humanitäre Erwägungen beiseite lässt, war es ein recht malerischer Anblick, denn den Opfern des nächsten Tages, umgeben und gelenkt von einem halben Dutzend sturer alter Kühe mit Glocken um den Hals, gingen vor und hinter ihnen die *garrochistas* , diese Hirten der Wildrinder, mit den hochspitzigen Sätteln und großen quadratischen Steigbügeln und langen Stangen mit Eisenspitzen, die auf Postkarten, die angeblich das spanische Alltagsleben darstellen, eine so wirkungsvolle Gruppe bilden. Einige aus dem Pöbel waren der Prozession mit Fackeln entgegengekommen, und diese flackerten noch immer, als die Menge vorbeiströmte, und bildeten merkwürdige gelbe Querlichter, als sie in das grelle Licht der Bogenlaternen der Stadt fielen.

Man hat mir erzählt, dass einst vorgeschlagen wurde, in Madrid eine Zweigstelle der Gesellschaft zur Verhütung von Tierquälerei zu gründen, und dass zur Beschaffung von Geldern ein großer Stierkampf organisiert wurde. Ich weiß nicht, ob Ben Trovato für diese Geschichte verantwortlich ist, aber ich habe selbst ein Mitglied dieser Gesellschaft getroffen, eine englische Dame in reifem Alter, die sich weigerte, für eine Veranstaltung in Spanien zu zahlen, weil diese an einem Sonntag stattfinden sollte, und dann heftig mit ihrem Ehemann stritt, weil er sich weigerte, für sie Karten für den Stierkampf am Ostersonntag anzunehmen! Dies ist eine wahre Geschichte, obwohl der bekannte italienische Erzähler stolz darauf sein könnte, sie zu schreiben. Ich erinnere mich auch an einen britischen Vikar mit extrem evangelischen Ansichten, der bei einem Mittagessen einen vollständigen, wahren und detaillierten Bericht mit realistischen Details über die Ausweidung eines Pferdes und die Verwundung eines *Toreros gab* , deren Zeuge er gewesen war, ausgeschmückt mit den üblichen Ausdrücken des Entsetzens über die angeborene Erniedrigung einer Nation, die solche Barbareien unterstützte. Ein unfreundlicher Anwesender bemerkte, dass der Bischof von Gibraltar vermutlich etwas dagegen habe, dass seine Geistlichen beim Stierkampf anwesend seien. Der aufrichtige Vikar erwiderte darauf: „Ach, sehen Sie, ich bin ohne meinen Priesterkragen hineingegangen.“ Die alberne Unmoral dieser Bemerkung beendete das Gespräch.

Ich war nicht gerade traurig, als die Zeit kam, nach Algodonales aufzubrechen. Ich hatte noch nie zuvor so lang anhaltenden und unkontrollierten Lärm von Menschen gehört, und obwohl mich die ganze Sache amüsiert hatte, ist es mir egal, ob ich so einen Lärm nie wieder höre. Als wir auf den hell erleuchteten Platz hinausgingen, schien der Großteil der Menge betrunken zu sein, aber obwohl sie nur Pöbel waren, waren sie bis zuletzt höflich und machten gutmütig in einer Gruppe Platz, damit wir in die relative Dunkelheit der Straße gelangen konnten, wo die Postkutsche auf uns wartete. Wir waren natürlich die einzigen Passagiere, die die Stadt gerade verlassen wollten.

EIN VORHISTORISCHES WEHR.

KAPITEL VII

Bergphilosophie – Mutter und Kind von Rembrandt – Ägyptische Baumwollfelder – Der Kalif und die *Cañeria* – Meine Unterkunft in einer Bäckerei – Peinliche Gastfreundschaft – Ein arabisches Banner – Unterirdische Stauseen – Der Kreuzweg.

Es war stockfinster und der Himmel war bewölkt, als wir von Villamartín losfuhren, und das Knarren und Ruckeln des verrückten Gefährts auf dem steilen Abhang von der Stadt zur Brücke über den Guadalete hätte mir das Herz bis zum Hals getrieben, wenn ich nicht zu müde und schläfrig gewesen wäre, um mich darum zu kümmern, was passierte. Rosario lächelte über meine Ängste. Da sie von Geburt an eine Serrana (Bergfrau) war, war sie nicht im Geringsten beunruhigt, als die Postkutsche kopfüber ins Verderben zu stürzen schien. „Selbst wenn wir kentern würden", sagte sie, „würden wir nicht zu Schaden kommen, denn die Straße war so schmal und die Böschungen so steil, dass wir nicht weit fallen konnten." Sie erzählte mir auch, dass es auf der anderen Seite eine viel bessere Straße gab, aber da wir spät losfuhren und nur wenig Ladung hatten, hatte der Fahrer, ein alter Bekannter von ihr, eine Abkürzung gewählt, die im Winter ein Wasserlauf ist.

Geschützt durch die Vorsehung, die auf Narren aufpasst, landeten wir bald mit einem letzten, knochenerschütternden Ruck auf der Hauptstraße und fuhren von dort mehrere Meilen in relativem Komfort weiter, so sehr, dass wir alle drei einschliefen und der Junge so fest, dass er kaum aufwachte, bis wir in Reichweite seines Heimatdorfes waren: denn dies ist die Königsstraße und wird, wie alle ihrer Art, von staatlichen Straßenarbeitern gut instand gehalten. Ich wurde jedoch durch einen Halt und Stimmen an einer Venta am Wegesrand geweckt , einer Bauernkneipe mit einer tiefen Veranda und weinberankten Pfosten davor, die Schutz vor der Sonne bieten. Als ich herausfand, dass wir zehn Minuten dort bleiben würden, erfrischte sich der Fahrer mit *Aguardiente* (sein Angebot, da es sich um einen starken Schnaps handelt, der in seinen billigeren Formen größtenteils aus Kartoffeln hergestellt wird, lehnte ich höflich ab), und ich stieg ab, um meine durchgefrorenen Glieder durch Bewegung aufzuwärmen, denn wir waren jetzt ziemlich hoch oben und die Luft war kalt.

Hinter uns, schon weit entfernt, funkelten die Lichter von Villamartín noch so fröhlich, als wäre die Nacht noch jung. Die schwarzen Wolken hatten sich aufgelöst, und der junge Mond streckte ein schlankes Horn aus ihrer Mitte, während in der Nähe ein Fleck brennenden Unkrauts einen rembrandesken Schein auf eine hübsche junge Frau warf, die vor einer *Choza* aus Bambus und Maisstängeln saß und ein Kind an ihrer Brust hielt. Man fragte sich, warum in aller Welt sie um vier Uhr morgens wach und auf den Beinen war, aber eine Stimme neben mir erklärte es:

„ *Señora, por Dios, una perilla pa' pan!* " [„Dame, um Gottes Willen, ein Hündchen (½d.) für Brot!"]

Der allgegenwärtige Bettler, in diesem Fall ein zerlumptes Kind von acht oder neun Jahren, hielt Ausschau nach einem möglichen Penny von einem müden Reisenden, der ihm die Münze vielleicht geben würde, um von dem unmusikalischen, professionellen Gejammer befreit zu werden.

Ich gab die *Perilla schwach* her. Es waren keine anderen Bettler in der Nähe, die es sehen konnten, und das Bild war es wert. Wenn ich durch Spanien reise, bedauere ich immer wieder, dass ich nicht als Maler geboren wurde.

war es für mich wieder eine *Nuit Blanche* . Jeder, der die Freude und die Herrlichkeit des Tagesanbruchs und des Sonnenaufgangs über den Hügeln kennt, wird verstehen, dass man keinen Augenblick des leuchtenden Wechsels vom dunkelsten Schatten zur leuchtenden Morgendämmerung verpassen würde. In diesen Breitengraden ist es im September erst um sechs Uhr ganz hell, und die Schönheit des Morgens erreicht erst gegen acht Uhr ihren Höhepunkt. Der Junge schlief traumlos, und die arme, müde Rosario döste mit ihrem Kopf auf seiner Schulter, aber ich saß da und starrte, bis meine Augen von der Pracht der Sonne auf den ewigen Hügeln geblendet waren.

Gegen 7.30 Uhr erreichten wir eine *Venta* an einer schönen neuen Brücke mit einem Bogen über dem Fluss. Sie wurde erst vor ein paar Jahren gebaut, als die Hauptstraße nach Algodonales verlängert wurde. Bis dahin hatte dieses blühende Dorf mit etwa 7000 Einwohnern und einem großen Handel mit Obst, Gemüse und Walnussholz keine Verbindung zur Außenwelt außer über einen Saumpfad. Jetzt liegt es an einer der Hauptstraßen von Ronda nach Jerez, und ich habe gehört, dass es seit meinem Besuch einen Motorservice von Jerez gibt. Von der Brücke nach Algodonales ist es ein schattiger Anstieg, die Landschaft wird mit jeder Biegung schöner; und Algodonales selbst ist eines der hübschesten Dörfer, die ich in Spanien gesehen habe, mit Obstgärten und Walnusshainen, und wohin man auch geht, hört man die Musik von fließendem Wasser.

Es hat noch immer seinen arabischen Namen, der „Baumwollfelder" bedeutet, und die Tradition, dass dort „ *en tiempos antiguos* " Baumwolle angebaut wurde. Man kann verstehen, dass der Baumwollanbau eine der Hauptindustrien der Araber war, die aus Ägypten hierher kamen, denn die Täler in der Umgebung sind gut geschützt und eine unerschöpfliche Wasserversorgung wird von den Hügeln darüber herbeigeführt und durch einen arabischen Brunnen mit vierzehn Mündungen verteilt. Selbst im heißesten Sommer versiegt dieser nie und die Stadt und die *Huertas* werden noch immer gemäß den Bewässerungsgesetzen aus arabischer Zeit versorgt, in einer strengen Rangfolge, die niemand auch nur im Traum in Frage stellen würde.

Man zeigte mir den winzigen Garten eines armen alten Mannes, der voller grüner Gemüse und reifender Früchte war. Er erzählte mir, wie er eine Klage gegen eine Getreidemühle einreichte, die ein reicher Mann kürzlich errichtet hatte, weil sie ihm Wasser wegnahm. Der Fall wurde sofort zu seinen Gunsten entschieden, weil seine kleine *Huerta* an der alten *Cañeria* (Bewässerungssystem) lag und daher für alle Zeit unveräußerliche Rechte besaß. Es erinnerte mich an die Geschichte eines armen Mannes in Cordoba, dem der große Kalif Abderrahman III. einen enormen Preis für ein paar Fuß Land am Flussufer zahlte, weil der arme Mann zeigte, dass die Wasserrechte seiner Huerta *beeinträchtigt* würden, wenn er dieses Land verlöre.

Entlang der *Cañerias* , die überall außer auf den Straßen offen sind, wächst Frauenhaarfarn in Massen, und alle Ufer sind grün mit wilder Vegetation. Hier wie an vielen anderen Orten sieht man, dass Spanien nichts weiter als Bewässerung braucht, um eines der reichsten Getreide- und Obst produzierenden Länder Europas zu werden, denn in diesem Klima folgt, sobald man Wasser hat, das ganze Jahr über eine Ernte der anderen.

Rosarios Ankunft war im Voraus angekündigt worden, und es schien mir, als ob das ganze Dorf darauf wartete, sie willkommen zu heißen. Es war schön zu sehen, wie sehr sie und ihre Freunde darauf achteten, dass ich mich nicht im Stich gelassen fühlte, und ehe ich mich versah, fand ich mich als Gast im Haus der jüngsten, aber wohlhabendsten ihrer Schwestern untergebracht und war, ohne wirklich unhöflich zu sein, nicht in der Lage, wie beabsichtigt ein paar Zimmer an der Hauptstraße aufzusuchen, von wo aus ich einen Blick auf die Walnussbäume, die *Huertas* und die Hügel hätte haben können.

Der Mann der Schwester war der führende Bäcker des Ortes, und seine alte Bäckerei im arabischen Stil mit ihren riesigen dunklen Kornspeichern und höhlenartigen Öfen schien sich über einen Hektar Land zu erstrecken. Sie hatten ihr eigenes Schlafzimmer für mich eingerichtet, mit wunderschön bestickter Bettwäsche auf ihrem eigenen schönen Messingbettgestell und dem einzigen Waschbecken im Haus, einem sehr kleinen aus emailliertem Eisen, das auf einem der zahlreichen Stühle stand, die das Hauptmöbelstück eines spanischen Schlafzimmers bilden, egal ob reich oder arm. Sie entschuldigten sich, die Schubladen nicht für mich ausgeräumt zu haben, da sie voller Kinderkleidung waren, und sie hatten nicht gewagt anzunehmen, dass ich ihnen die Ehre erweisen würde, indem ich ihre Gastfreundschaft annahm, bis ich sah, ob ich es mit einem so ärmlichen Haus aushalten konnte.

Ich hatte nur zwei Einwände dagegen. Erstens war der geräumige Eingang der Lieblingstreffpunkt aller Frauen der Nachbarschaft mit ihren Babys, die viel weinten; und zweitens ging das einzige kleine Fenster des Schlafzimmers auf einen Schweinestall hinaus. Rosario entschuldigte sich dafür und sagte, sie wisse, dass englische Damen Gerüche nicht mögen, aber wenn ich mich hier sonst wohlfühlen könne, sollte der Schweinestall während meines Besuchs jeden Tag ausgemistet werden, statt – wie üblich – einmal im Monat.

Mir gefiel dieser Schweinestall wirklich nicht, aber es war unmöglich, das Feingefühl einer ganzen Familie, die so voller echter Gastfreundschaft war, durch die Ablehnung des Zimmers zu verletzen, und ich wusste, dass ich als Bewohner der *Tahona* [6] mehr vom Bauernleben sehen würde , als mir in einer Unterkunft außerhalb von Rosario möglich gewesen wäre. Also erlaubte ich der hübschen blauäugigen Dolores gnädigerweise, auf dem Boden des Getreidespeichers Betten für sich, ihren Mann und ihre Kinder zu machen, und überredete sie, mir den Gefallen zu tun, ihre einzige Kommode nicht für mich auszuräumen.

Und dort schlief ich eine Woche lang, mit den Schweinen vor mir, dem Geflügel hinter mir und einem Pony in einem Stall rechts von mir, das regelmäßig jede Nacht ausbüxte und mich zwang, meine Gastgeber zu rufen, um es einzufangen, damit es sich nicht die Knie über einem Futtertrog und einem Wassergefäß aus Stein brach, die eine vergessene Generation im Hof zurückgelassen hatte. Denn ich wusste, dass sie den Lärm selbst hören würden, wenn sie mir ihr Zimmer nicht überlassen hätten, und ich konnte nicht zulassen, dass ihr Pony zu Schaden kam, weil sie mir gegenüber zu gastfreundlich waren. Indem ich mein Fenster und die Fensterläden schloss, konnte ich den Geruch der Schweine größtenteils aussperren, und es herrschte kein Luftmangel, denn die schwere Tür hatte sich mit dem Alter halb aus den Angeln gerissen und ließ sich nicht innerhalb von 15 cm schließen. Sie musste mit einem Stuhl gesichert werden, aber wie Rosario betonte, brauchte ich nicht im Geringsten nervös zu sein, wenn sie sich irgendwann von selbst öffnete, „weil ich unter Freunden war; nicht in einer *Fonda* , wo man nie wusste, wer nachts vorbeikommen und es an der Tür versuchen könnte.“

Es ist üblich, dass ganze spanische Familien, selbst aus einer viel reicheren Klasse, einen Toilettentisch und einen Waschtisch gemeinsam benutzen. Tatsächlich fanden wir in einer möblierten Wohnung, die wir eines Sommers am Meer zu einer hohen Miete mieteten, nur einen kleinen Waschtisch für unsere ganze Gruppe, bestehend aus drei Erwachsenen und einem Dienstmädchen. Daher kam Rosario oder Dolores nie in den Sinn, dass es mir etwas ausmachen könnte, bei halb offener Tür zu waschen, und ich überwand die kleine Unannehmlichkeit, indem ich meinen Morgenmantel über den Spalt hängte, während mein Gastgeber und seine Lehrlinge draußen saßen und rauchten.

Die Familie schien nur daran zu denken, wie sie mir den größtmöglichen Spaß verschaffen könnte, und so wurden jeden Tag Expeditionen geplant. Das ganze Dorf war immer da, um uns aufbrechen zu sehen: ich auf meinen *Jamugas* , mein Gastgeber führte den Esel, Rosario auf einem anderen Esel oder einem Maultier, das von ihrem Sohn geführt wurde, und saß oben auf dem *Serón* (Körbchen), in dem sich unser Essen für den Tag sowie meine Werkzeuge und meine Fotoausrüstung befanden; denn (obwohl das etwas abseits vom Thema ist) der Hauptzweck meiner Bergexpeditionen ist die Archäologie, und ich halte immer Ausschau nach Burgruinen oder anderen interessanten Überresten, in denen es sich zu graben lohnt. Dadurch wird das Gepäck ziemlich schwer, aber es ist eine große Genugtuung, so zu tun, als würde man seine Vergnügungsreisen im Dienste der Wissenschaft unternehmen.

Einer unserer Ausflüge von Algodonales führte uns nach Zahara, der starken Festung, die ich bereits erwähnt habe. Mein Gastgeber hieß Salvador Malo (böser Retter!) und er hörte gern, dass er zwar dem Namen nach böse sei, aber nicht von Natur aus. Ich drängte ihn in Zahara auf, dieses brillante *Jeu de Mots zu spielen* , und er zog mich mit aller Gewalt auf die Spitze der Burgruine. Sie scheint durch ein Erdbeben zerstört worden zu sein, so zersplittert und durcheinandergewirbelt sind die Massen des eingestürzten Mauerwerks. Die Christen sollen Zahara während des Granada-Krieges wegen Wassermangels aufgegeben haben, und man kann das gut glauben, denn sie schienen nie die Notwendigkeit begriffen zu haben, die bewundernswerten arabischen Systeme der Wasserspeicherung oder Bewässerung aufrechtzuerhalten; und als sie die großen unterirdischen *Aljibes* [7] verfallen ließen, muss die Garnison von Zahara dem Feind ausgeliefert gewesen sein, da die einzigen Quellen außerhalb der alten Stadtmauern liegen, zwei- oder dreihundert Fuß unter der Festung.

Die Aussicht von den bröckelnden Türmen ist herrlich, und die kleine Stadt, die sich den steilen Hügel hinaufzieht, ist voller interessanter Überreste, von denen das wichtigste vielleicht ein Quadratmeter roter Seide arabischer Herstellung ist, *Tafetán genannt* , mit den Überresten einiger arabischer Schriftzeichen in Weiß. Dies war das Banner der Moslems, das nach dem Fall Granadas an Ferdinand und Isabella übergeben wurde. Es wird jetzt als religiöse Reliquie angesehen und einmal im Jahr in einer Prozession nach dem Bild des Schutzheiligen von Zahara durch die Straßen getragen. Ich darf nicht vergessen zu erwähnen, dass der einzige Zugang zu Zahara mit seinen 1700 Einwohnern ein Reitweg ist. Hier, wie auch in Algodonales, werden sehr schöne Holzschnitzereien aus Walnussholz gemacht, aber der Zahara-

Stil ist deutlicher arabisch, und ich sah einige Konsolen und eine Gewürzdose mit geschnitzten „Stalaktiten"-Ornamenten, die aus einer Moschee stammen könnten. Sie waren vom Dorfschreiner als Hochzeitsgeschenk für seine Frau angefertigt worden.

Für mich waren längere Reisen geplant, immer zu Orten, die für Fahrzeuge unzugänglich sind, wie Grazalema, das im Schatten von San Cristóbal liegt, dem höchsten Gipfel der Sierra de Ronda. Hier werden noch immer wunderbare Stoffe von Hand gewebt, die im ganzen Land einen guten Preis erzielen, da sie den Ruf haben, unzerstörbar zu sein. Die einst blühende Stadt ist heute zu einem Dorf verkommen und viele ihrer schönen Häuser liegen in Ruinen.

Die meiste Zeit meines Aufenthalts in Algodonales verbrachte ich jedoch in der unmittelbaren Umgebung, die so waldreich und wasserreich ist, dass sie einen höchst malerischen Kontrast zu dem düsteren Berg bildet, der den Einheimischen zufolge 700 Meter über dem Dorf aufragt. Ich glaube nicht, dass er so hoch ist – ich würde sogar vermuten, dass die düstere Klippe, die senkrecht von meinem Schweinestall in den blauen Himmel emporragt, vom Schweinstall bis zur Spitze nicht mehr als 400 oder 500 Fuß misst. Aber die Dorfbewohner meinen, sie müssten es wissen, denn auf diesem kahlen Felsen thronen drei Eisenkreuze, und jedes Jahr mühen sich die jungen Männer und Mädchen im Rahmen der religiösen Übung, die als Kreuzweg bekannt ist, einen Pfad hinauf, der nur für Ziegen geeignet scheint. Die Älteren und die Kinder sind entschuldigt, denn nur aktive Jugendliche können diesen steinigen Weg sicher bewältigen. Für sie steht auf halber Strecke ein bescheidener Altar, an dem sie beten, während der Priester eine Messe für die sichere Rückkehr der abenteuerlustigen Pilger liest.

Die Straße, die zu diesem Bergpfad führt, heißt Kalvarienberg, und die gesamte Zeremonie ist ein Überbleibsel vergangener Tage, als in jedem Bergdorf die Passionsspiele stattfanden, mit lebenden Schauspielern anstelle der heute in Prozessionen mitgeführten Bilder, und jeder Büßer auf seinen nackten und blutenden Füßen den Kreuzweg entlanggehen musste, bevor er auf Vergebung seiner Sünden hoffen konnte.

„EIN SATTEL FÜR WEIBLICHKEIT."

KAPITEL VIII

Feines Brot und Sonnenanbetung – Prähistorische Sandalen – Eine Laube aus Oleander – Ein andalusischer Johannes – Mode und Fußwege – Der *Mauvais Pas* – Die Mittagsruhe – Ein Bergsturm – Donner, Blitz und Flut – Gutherzige Eseltreiber – Ein willkommener Unterschlupf.

Viel zu schnell war meine Zeit zu Ende, und um sieben Uhr an einem herrlichen Septembermorgen verabschiedete ich mich von meinen lieben Freunden, um eine 30 Kilometer lange Fahrt über die Berge zum Bahnhof in Morón de la Frontera anzutreten. Mein Gastgeber überreichte mir als Abschiedsgeschenk ein eigenartiges Brot, das er selbst gebacken hatte, mit einem sogenannten *Caracól-* Muster – einem primitiven Sonnensymbol ägyptischen Ursprungs, hätte er es nur gekannt. Ich fragte ihn, woher er das Muster habe, und er sagte: „Von seinem Vater: Es war nichts, aber da ich *Cosas Antiguas* (alte Dinge) mochte, kam er auf die Idee, es zu backen." Ich habe inzwischen herausgefunden, dass diese Form des „kleinen Brotes" den Algodonales eigen ist, und mein Abschiedsgeschenk wird in einer Glasvitrine zusammen mit anderen interessanten Relikten der Sonnenanbetung im Tartessus der Griechen, der Baetica der Römer und dem heutigen Andalusien aufbewahrt.

Dies war eine der längsten und schönsten Touren, die ich je gemacht habe, und auch die abenteuerlichste. Ich hatte meinen Besuch tatsächlich um ein paar Tage verkürzt, da es Anzeichen dafür gab, dass das Wetter umschlagen würde, und dieser Bergpfad – oft nicht mehr als ein Ziegenpfad – ist nach Regenfällen unpassierbar, da Teile davon in den Hunderte von Metern tiefer gelegenen Fluss Guadálporcón gespült werden können.

Wir kletterten ein paar Stunden lang immer höher, bis wir Weinreben und Olivenhaine hinter uns ließen und Wälder aus immergrünen Eichen, die mit Eicheln bedeckt waren, ihren Platz einnahmen. Diese Eiche, die fast bis zur Grenze wächst, wo manchmal bis Juni Schnee liegt, ist auf Berggütern nur der zweitwichtigste Wert nach dem Olivenbaum, denn sie kostet sehr wenig Arbeit und ihre Eicheln sind das beste Futter, das man den Herden brauner langhaariger Schweine geben kann, die diese hochgelegenen Einsamkeiten heimsuchen.

Weiter ging es, mal den Hügel hinauf, mal hinunter in den Schatten der Eichen, mal an einem Wasserlauf entlang durch Dickichte aus Brombeersträuchern und rosa Oleander, die in diesem Klima fast zu Bäumen heranwachsen, wenn ihre Wurzeln einen Bach erreichen. Über einem solchen Dickicht hatte eine wilde Rebe, die aus einem Felsen darüber wuchs, ihre verschlungenen Zweige ausgebreitet, und die Ziegenhirten hatten sie abgeschnitten und zu einem sonnenundurchlässigen Schutz geformt. Eine

Herde Ziegen graste herum, bewacht von einem Mann und einem Jungen, die breite Strohhüte, blaue Baumwolljacken und kurze Hosen mit gestreiften Socken und Sandalen aus gedrehtem *Espartogras trugen* , genau wie sie vor dreitausend Jahren oder mehr bei ihren tartessischen Vorfahren getragen wurden. Sie lagen halb schlafend unter ihrer Laube aus Weinblättern und Oleanderblüten, standen aber auf, als wir uns näherten, und bestanden darauf, dass ich mich hinsetzte, um mich im Schatten auszuruhen, während sie draußen in der Sonne mit José plauderten. Es war so kühl und schön, dass ich dort gerne zur Mittags-Siesta angehalten hätte, aber dafür war es noch zu früh und wir hatten noch viele Kilometer vor uns.

Ein Schmerzensschrei einer Ziege zerriss die sonnige Stille um uns herum, und der Junge rannte wie ein Hase den Hügel hinauf, um zu sehen, was mit seinen Schützlingen geschehen war. Das Letzte, was ich sah, als ich davonritt, war der kleine Ziegenhirte, der hoch über uns auf einem Felsen stand und zum Abschied winkte, mit einem verletzten Zicklein um den Hals. Solche Vorfälle erlebt man ständig, und natürlich wird man unweigerlich an den Jungen St. John mit seinem Lamm erinnert. Auf einem Jahrmarkt sah ich kürzlich zwei Männer, die abwechselnd eine ausgewachsene Ziege auf den Armen trugen, nachdem sie sich auf dem Weg in die Stadt irgendwie ein Bein verletzt hatte. Es war weniger malerisch als ein Zicklein auf den Schultern, aber der Geist war der gleiche; denn die Ziege konnte noch laufen, sodass nicht Notwendigkeit, sondern Freundlichkeit das Handeln bestimmten.

In diesen schönen, aber öden Bergen trafen wir nur wenige Menschen. José erzählte mir, dass im Laufe einiger Wochen, wenn die Eicheln reif waren, mehrere Familien aus den umliegenden Dörfern kamen und während der Erntezeit in *Chozas lebten. Die Chozas* der Sierra unterscheiden sich sehr von denen der Ebenen. Sie sind aus trockenen Steinen gebaut, die aufeinander gelegt werden, und haben ein Dach aus *Espartogras* aus den Bächen. Sie haben fast immer eine Art Schornstein, denn hier ist es in Herbstnächten und an nassen Tagen ziemlich kalt. Aber diese Steinhütten können sehr gemütlich und warm gemacht werden, indem man die Wände innen vermörtelt und das Dach mit etwas Haltbarerem als Schilf deckt, und ich kann mir keinen schöneren Sommerurlaub vorstellen als einen in einer gut gebauten *Choza* inmitten dieser herrlichen Berge – vorausgesetzt, die *Choza* liegt in Reichweite einer tartessischen Burg oder Nekropole, in der man zwischendurch Ausgrabungen durchführen kann, während man die Aussicht genießt.

Die wenigen Leute, die wir trafen, tauchten immer in unpassenden Momenten auf. Eine dicke junge Dame, die auf einem sehr kleinen Esel mit sehr breiten *Jamugas ritt* und einen wunderschönen Seidensonnenschirm mit Volants trug, tauchte plötzlich auf halbem Weg einen steilen Abhang hinunter auf, der so steil und mit Felsbrocken übersät war, dass ich, in dem

Gefühl, Klugheit sei die bessere Wahl, von meinem Esel abstieg und zu Fuß ging. Tatsächlich stieg ich auf dieser Reise sehr oft ab, um bergab zu gehen, denn an vielen Stellen hatte ich das Gefühl, dass ich nur vermeiden konnte, über den Kopf des Esels zu springen, wenn ich mich an seinem Schwanz festhielt, und es schien insgesamt sicherer und würdevoller, mich auf meine eigenen Füße zu verlassen. Die junge Dame mit dem Sonnenschirm kam hoch, als ich hinunterging, aber ich bin sicher, dass sie sich in umgekehrter Lage viele Male am Schwanz des Esels festgehalten hätte, anstatt einmal abzusteigen, denn ich habe nie einen Ausdruck ausdrucksloser Faulheit gesehen wie ihren. Sie war zu müde, um auf unser „Geh mit Gott" zu antworten, mit dem wir sie begrüßten, und das ist ein Verstoß gegen die guten Manieren, den nur die Trägheit extremer Fettleibigkeit dulden kann. Mir ist nicht ganz klar, wie wir es geschafft haben, an ihr und ihrem Konvoi aus Dienern und Lasteseln vorbeizukommen : Ich erinnere mich nur, dass ich auf den nächsten Felsblock klettern und dort lange stehen bleiben musste, um nicht im Weg zu sein, während der Zug vorbeifuhr.

Sie war die Tochter eines benachbarten Landbesitzers, der in einem schönen Haus lebte, das auf den Ruinen einer Burg auf dem Ausläufer eines Hügels zu unserer Linken gebaut war, wie José mir mitteilte. Er konnte sich weder an den Namen der Familie noch an den der Burg erinnern, und ich war auch nicht besonders daran interessiert, beides zu erfahren. Was mich interessierte, war die Vorstellung eines reichen Landbesitzers, der sich ein schönes Haus am Hang eines Hügels baute, zu dem keine Straße führte. Es war für die Oliven und die Korkeichen, sagte José: Dieser *Caballero* besaß Tausende und Abertausende davon und kam mit seiner ganzen Familie aus Arcos in die Sierra, um „die Bergluft zu schnuppern", wenn die Ernte eingebracht wurde.

Unsere nächste Begegnung war aufregender. Wir mussten die Seite eines steilen Hügels überqueren, der steil zum Fluss hinabfiel, und zwar auf einem Pfad, der gerade breit genug war, dass Esel und Maultier einen Fuß vor den anderen setzen konnten, und nicht mehr. Das allein wäre nichts gewesen, wenn der Hang wie der Rest des Berges mit Vegetation bedeckt gewesen wäre. Aber es war der „schlechte Schritt" des Passes, sagte José, die Stelle, die nach einem Sturm sogar mit Sommerregen nicht nur gefährlich, sondern unzugänglich ist, denn der Hügelhang hier besteht aus einer Art schieferartigem Schiefer, und schon ein ganz kleines bisschen Wasser genügt, um den ganzen Pfad zum Fluss hinabrutschen zu lassen. Jetzt sei es vollkommen sicher, sagte José, denn es hatte seit drei Monaten nicht geregnet und alles war staubtrocken. Aber meine Ehren würde, nachdem sie den schlechten Schritt mit eigenen Augen gesehen hatte, gut verstehen, warum er nicht versucht hätte, sie die Reise nach Morón mitzunehmen, so sehr es ihm auch Freude machte, ihr eine Freude zu machen, wenn letzte Nacht das gefürchtete Gewitter aufgezogen wäre, wie er ein wenig befürchtet hatte.

„Mein Ehren" verstand tatsächlich und blickte ziemlich besorgt auf die Hügel hinter uns zurück, wo ein schöner, aber bedrohlicher Hintergrund aus violett-blauen Wolken den herrlichen Sonnenschein um uns herum in ein starkes Licht rückte. Dachte José etwa, der Sturm würde im Laufe des Tages aufziehen? Sollten wir nicht besser zu einem Haus weitergehen, wo wir Schutz finden könnten, falls wir in den Regen geraten sollten?

Meine Ehre muss sich von der Sorge befreien. Auf keinen Fall konnten wir uns hier beeilen, denn ein falscher Schritt hätte verheerende Folgen gehabt, und im Umkreis von vielen Meilen war kein Haus. Und der Sturm war noch weit entfernt, auf der anderen Seite von San Cristóbal. Vielleicht würde er uns, wenn Gott wollte, nicht erwischen, und im schlimmsten Fall wären wir schon weit über den Pass gekommen, bevor er kam.

Normalerweise binde ich meinem Esel das Halfter um den Hals und lasse ihn seinen eigenen Weg suchen, aber hier führte José ihn und ließ das Packmaultier ihm so gut folgen, wie es konnte. Er war sichtlich etwas unruhig und erklärte, dass ein schwer beladenes Tier an einer Stelle ausgerutscht sein musste, wo der Weg ganz verschwand und wir einen Umweg nach oben machen mussten. Einige Minuten lang hatten wir eine Stimme singen hören, und genau in diesem Moment erschien ein Junge auf einem Esel. Dieser Junge machte sich mit äußerster Lässigkeit daran, einen neuen Weg über den lockeren Schiefer zu bahnen, anstatt sich die Mühe zu machen, vom direkten Weg abzuweichen, wie wir es getan hatten. Er rief seinem Esel etwas zu, trat ihn kräftig mit den Fersen, eingehüllt in die üblichen *Espartogras*-Sandalen mit 2,5 cm dicken Sohlen, und nahm das gefährliche Stück im Trab! Dies geschah nicht, wie man vielleicht hätte annehmen können, nur um Effekthascherei zu betreiben, denn er schenkte uns überhaupt keine Beachtung und wir hörten ihn fröhlich singen, während er weiterritt, anscheinend ohne zu wissen, dass er durch sein tollkühnes Vorgehen einen plötzlichen und schrecklichen Tod riskierte.

Danach ging es abwärts, und um ein Uhr, als sich die Wolken aufgelöst zu haben schienen, wagten wir es, unter zwei schönen Walnussbäumen, die sich über dem Flussufer ausgebreitet hatten, eine Pause einzulegen. Sie begannen nun, ansehnliche Ausmaße anzunehmen, lagen aber noch ein gutes Stück unter uns. José spannte seine Tiere aus, baute eine Art Zelt aus der Decke unter meinen *Jamugas* und dem Tuch von seinem Maultier auf, um uns Schatten zu spenden, und nachdem wir zu Mittag gegessen hatten, legte er sich mit seinem Kopf auf meine Reisetasche und ich mit meinem auf mein Reitkissen, und wir schliefen beide über eine Stunde lang tief und fest. Mehr als das könnten wir uns nicht erlauben, hatte er gesagt, wenn ich den Fünf-

Uhr-Zug in Morón erreichen wollte, denn wir waren aufgrund meiner häufigen Pausen, um die Landschaft zu genießen, bereits im Rückstand, und wir hatten noch einen sehr langen Weg vor uns.

Während wir schliefen, zogen Wolken auf, und als ich aufwachte, war die Luft von einer donnernden, erstickenden Hitze erfüllt, die Sonne war verdeckt und kein Lüftchen war zu spüren. José sah ernst aus und dankte Gott inbrünstig, dass wir über den Pass gekommen waren. Wären wir auf der anderen Seite von diesem Wetter überrascht worden, hätten wir keine andere Wahl gehabt, als nach Algodonales zurückzukehren, und die Señora hätte diesen Pass vor dem nächsten Sommer nicht überquert.

Während er redete, sattelte er eilig die Tiere und packte den Lunchkorb usw. in die Körbe, während ich meine Reisetasche aufschnallte und Regenschirm und Regenmantel herausholte, die ich zweifellos sehr bald brauchen würde.

„Es gibt keine Alternative", sagte José. „Ich muss Eure Ehre in die Venta del Albercón bringen. Es ist nur eine halbe Meile vom Weg entfernt, aber wenn wir keinen Schutz finden, werden wir ertrinken. Was für ein Narr war ich, Eure Ehre Algodonales verlassen zu lassen, aber ich tat es zu meinem Besten, und Salvador stimmte zu, dass der Sturm nicht vor morgen aufkommen würde."

Venta erreichten, waren wir bis auf die Haut nass. Der Regen fiel in einem ununterbrochenen Regenguss, durch den uns in erschreckend kurzen Abständen Blitze blendeten, begleitet von Donnerschlägen, deren Widerhall in den Hügeln geradezu furchterregend klang.

So schnell wie möglich führte José den Weg hinunter zum Ufer des Flusses und zog die Tiere hinüber, auf die Gefahr hin, dass sie sich zwischen den groben Steinen, die das Bett bedeckten, die Beine brechen würden. Die größten Steine waren bereits fast bedeckt, und José sagte, wenn wir mit der Überquerung warteten, bis wir die Furt erreichten, würde uns der Fluss bis zum Hals stehen. Von dort bahnten wir uns, ich weiß kaum wie, unseren Weg durch Oleander und Brombeersträucher zu einem Ziegenpfad, der etwa zwanzig Fuß oder so weiter oben am Ufer lag, und zu diesem Zeitpunkt war die Situation so kritisch, dass José aufhörte, sich zu entschuldigen, denn all seine Energie war darauf gerichtet, die verängstigten Tiere anzutreiben. Glücklicherweise kannten und liebten sie ihn, und seine schmeichelnde Stimme beruhigte sogar das Maultier, das noch jung war und vor Angst halb wild wurde, als der Blitz in seinen Augen zuckte.

Wir passierten die Furt, wo der Algodonales-Pfad eine Nebenstraße von Olvera nach Villamartín kreuzte, und ließen sie zu unserer Linken liegen. Der Strom war bereits ein reißender Sturzbach, acht bis zehn Fuß tief und stieg mit jeder Minute höher, und all die kleinen Nebengewässer, die bei unserer

Abreise noch steinige Wüsten gewesen waren, waren nun trübe Ströme, die herabstürzten und die Flut anschwellen ließen. Ich habe noch nie etwas gesehen, das der Geschwindigkeit, mit der sich die Wasser sammelten, gleichgekommen wäre, und ich begann mich wirklich zu fragen, ob José und ich jemals wieder von unseren Familien gesehen würden, denn es schien, als könnten wir jeden Moment von einer Lawine aus Steinen und Schiefer überrollt werden, die von den Gipfeln über uns herabgestürzt waren, von jenen alptraumhaften Sturzbächen, die plötzlich dort entstanden waren, wo vor einer Stunde noch alles staubtrocken war. Außerdem kam mir der Gedanke, dass meine Familie, die in England war, nicht die leiseste Ahnung hatte, wo ich war, da meine Reise eine plötzliche Eingebung gewesen war, von der ich sie nicht informiert hatte; und ich stellte mir vor, wie meine Freundin Rosario in Begleitung der Witwe und der Kinder von José (später erfuhr ich, dass er Junggeselle war) zerstreut nach meiner Leiche suchte und wie wild telegrafierte, um mir die Neuigkeit mitzuteilen, da sie keine Ahnung von der Adresse meiner Familie hatte.

Glücklicherweise erfüllten sich diese düsteren Vorahnungen nicht. Ein Donnerschlag, der die ganze Welt zu erschüttern schien, und ein Blitz so dicht über unseren Köpfen, dass wir fast geblendet wurden, kündigten unsere Ankunft in der *Venta* an, und im nächsten Moment wurde ich von den freundlichen Leuten im Inneren vom Esel gehoben und halb in die Hütte getragen, während José die Körbe – die nicht durch die Tür passten – von seinem Maultier streifte und die beiden armen, verängstigten, halb ertrunkenen Tiere durch eine saubere, weißgekalkte Küche in einen geräumigen Stall dahinter führte, wo er sie streichelte und beruhigte, bis sie ganz ruhig und glücklich waren, bevor er an sein eigenes Wohlbefinden dachte. Der Sturm war so plötzlich aufgekommen, dass er, obwohl er eine zusätzliche Decke für mich hervorgeholt hatte, nicht in der Lage oder nicht gewillt war, anzuhalten und seine eigene Decke überzuziehen, die sich in den Körben unter meinem Gepäck befand. Und all meine Überredungsversuche hatten ihn nicht dazu bewegen können, meine zu nehmen, die ich bei der Abfahrt über das Gepäck geworfen hatte, um meine Kamera vor der Sonne zu schützen.

Im Ausland entsteht der Eindruck, dass die Spanier nicht nett zu ihren Tieren sind, doch das ist ein großer Irrtum .

„Wie sollten wir nicht das Beste für unsere Esel tun, wenn unser Lebensunterhalt von ihnen abhängt?", bemerkte einer meiner *Arrieros* , als ich ihn für seine liebevolle Pflege eines verletzten Maultiers lobte.

Zwar sieht man in den Dörfern der Sierra oft sogar ganz junge und lebhafte Maultiere und Esel mit schlimm gebrochenen Knien; aber wenn man bedenkt, dass sie die meiste Arbeit auf Wegen verrichten müssen, wie ich sie zu beschreiben versucht habe – denn dank der Vernachlässigung der herrschenden Klassen gibt es in Spanien Tausende von Dörfern, die nur über solche Wege erreichbar sind –, muss man zugeben, dass es ein Wunder ist, dass der Zustand der Lasttiere nicht schlechter ist. Und tatsächlich weiß ich, dass viele arme Männer, die auf dem Land arbeiten, ihre Esel nie hungern lassen, solange sie selbst einen Bissen Brot haben, sodass es mir oft das Herz schmerzt, die Tiere dünn und in schlechter Verfassung zu sehen, weil ich weiß, dass dies bedeutet, dass es zu Hause Mangel gibt.

Da ich mein gesamtes Gepäck dabei hatte (ein weiterer Vorteil des Reisens auf dem Eselrücken), konnte ich meine nassen Kleider sofort ausziehen und mich auf einem geräumigen Dachboden über der Küche umziehen, wo die Familie schlief und ihren Mais, ihre Bohnen, Wintermelonen und andere Vorräte aufbewahrte. Die hübsche Tochter der *Ventera* erzählte mir, dass es in diesen Bergen zwar häufig Herbst- und Winterstürme gebe, sie aber noch nie erlebt hätten, dass so früh in der Saison so plötzlich oder so schnell einer aufkäme. Später erfuhren wir, dass es sich tatsächlich eher um einen Zyklon als um ein gewöhnliches Gewitter handelte und dass es auf der anderen Seite der Bergkette schreckliche Schäden anrichtete, ein ganzes Dorf am Flussufer überschwemmte und eine unglückliche Zigeunerfamilie ertränkte, die unter einer Brücke im Flussbett lagerte, das erst einen Monat später Wasser erreichen würde.

KAPITEL IX

Rustikaler Humor – Die verwunschene *Venta* – Prähistorische Gräber – Eine aufgeschobene Reise – Mehr Gastfreundschaft in den Bergen – Das Ende meiner Fahrt – Ein verlorener Zug – Eine Nacht in einer *Posada* – Ritterlicher José – Gemischte Gesellschaft – Auf Wiedersehen, Berge.

Der Regen prasselte in Strömen und die Wolken waren so schwarz, dass wir um drei Uhr nachmittags im Halbdunkel saßen; aber die Zeit fiel uns nicht schwer, denn ich unterhielt mich damit, die Annehmlichkeiten meines hübschen Mädchens und ihres Liebhabers zu beobachten, eines schüchternen jungen Mannes mit einer seltsamen weißen Haarlocke auf der Stirn. Und da war ein runzliger alter Kerl, malerisch gekleidet in eine kurze braune Jacke, die an Ellbogen, Handgelenken, Kragen und Nähten im dekorativen Stil der Provinz mit schwarzem Stoff in Muster verstärkt war, und der einen wirklich schönen bestickten Lederoverall trug, der ihm von der Taille bis zu den Knien reichte, und der einen schlauen Humor hatte, der in der Gesellschaft schallendes Gelächter hervorrief. Er schärfte seinen Verstand an Mariquita und ihrem Rafael, aber ich hütete mich, diese Witze zu verstehen, da ich wusste, dass sie eine bescheidene britische Matrone in Verlegenheit bringen könnten; und sobald ich konnte, lenkte ich das Gespräch auf eine andere Ebene, indem ich fragte, ob es wahr sei, dass ein *Susto* (Schreck), *Miedo* (Furcht) oder *Duende* (Gespenst) am Fluss umherspukte, wie ich es in Algodonales gehört hatte. Es war nicht ganz richtig, dass ich eine solche Geschichte gehört hatte, aber ich weiß aus Erfahrung, dass eine solche Frage, wenn sie mitfühlend gestellt wird, oft interessante Volkssagen zutage fördert.

LIEBHABER DES RUSTIKALEN LEBENS.

In diesem Fall war dies der Fall und die Geschichte war so merkwürdig, dass ich sie vollständig erzählen muss.

Ich erfuhr, dass in der *Venta* der Geist einer weißen Katze spukt, die vor der Tür erscheint und in der Schlucht in Richtung eines Ortes namens Las Cuevas verschwindet.

Woher wussten sie, dass es ein Geist und keine echte Katze war?

Weil es keine weiße Katze auf dem Grundstück gab und weil sie antwortete, wenn man sie ansprach. Viele Leute hatten sie gesehen, und wenn sie sagten:

„ *Katze, Katze, warum hast du sie nicht gesehen?“* ”

(Kleine Katze, kleine Katze, warum bist du so dünn oder gebrechlich?)

Die Katze würde antworten

„ *Porque ‚tamo‘ li‘to‘* ,“

Das ist die bäuerliche Aussprache von „ *estamos listos* “. Die richtige Bedeutung davon ist „Weil wir bereit sind“ oder „klug“ (*listo* hat beide Bedeutungen), aber hier gaben sie „ *listo* “ die Bedeutung von „fertig“ oder „erledigt“.

Aber warum ging die Katze zu den Cuevas (Höhlen)? Und zu welchen Höhlen ging sie? Und wer wurde als „fertig“ bezeichnet?

Nun, es ging dorthin, weil es dort noch andere Geister gab, viele davon Tiere in allen möglichen Formen; aber die Katze war die einzige, die sprach. In dieser Schlucht hatte es immer einen *Susto gegeben. Die Cuevas* ? Nun, das waren einfach Höhlen, wie alle anderen Höhlen in der Sierra. Die Zigeuner schliefen darin auf ihrem Weg von einem Jahrmarkt zum anderen, und auch die Hirten waren froh, dort Schutz vor Stürmen wie dem jetzigen zu finden. Ob meine Ehre sie sehen wollte? Der Sturm zog jetzt vorüber, und sie könnten mich sofort dorthin bringen, bevor ich meine Reise fortsetzte.

José war durchaus bereit, mich nach Las Cuevas zu begleiten, wies aber darauf hin, dass es bereits so spät sei, dass wir nicht hoffen könnten, den Fünf-Uhr-Zug in Morón zu erreichen, da die Straße, obwohl für den Rest des Weges ziemlich sicher, stellenweise schlammig sein würde und wir nur langsam vorankämen. Die Señora musste verstehen, dass es Nacht sein würde, bevor wir ankamen, und Señoras ritten selten gern nachts, obwohl er an diesem Tag bemerkt hatte, dass englische Señoras, wenn sie alle wie ich waren – das erste Exemplar dieser Rasse, das er gesehen hatte – viel tapferer waren als die aus seinem eigenen Land.

Die Familie *der Ventera* , die nun fest entschlossen war, alle Schwierigkeiten zu überwinden, die einem Besuch im Wege standen, der ihren Geistern

„Bedeutung verleihen" würde, warf sich in die Bresche. Warum sollte ich nicht die Nacht in ihrem Haus verbringen? Es war zwar nur ein Haus armer Leute, aber ich hätte einen *Catre* in der Küche und die Matratze von Mariquita und die Bettwäsche aus ihrer Truhe, alles ganz neu für ihre bevorstehende Hochzeit. Und dann könnte ich am nächsten Tag ganz bequem zum Nachmittagszug aufbrechen, denn morgen nach dem Sturm würde es sicher schön sein und der Schlamm wäre getrocknet; und was das Essen angeht, wenn ich mich herablassen würde, den *Puchero der Familie zu teilen*, wäre er heute sehr reichhaltig, denn sie hatten ein Huhn geschlachtet, um ihn hineinzulegen, und es gab frische Eier und Ziegenkäse und reichlich Wein.

Wer könnte einem solchen Angebot widerstehen? Sicherlich kein Archäologe, der Höhlen und Geistern auf der Spur ist.

Und jetzt kommt der wirklich merkwürdige Teil meiner Geschichte. Ich fand heraus, dass es sich bei den Cuevas um eine Reihe von Kammergräbern handelte, die im Laufe der Jahrhunderte mehr oder weniger durch Wind und Regen zerstört worden waren, aber unverkennbar als Grabstätten dienten, die Nekropole eines Volkes, das noch immer Werkzeuge aus Stein benutzte, wie viele entsprechende Überreste im Schutt der Umgebung bezeugten. Und am nächsten Tag machte ich mich mit Hilfe von José und den Söhnen der verwitweten *Ventera* daran, eine noch unberührte Höhle zu öffnen, und fand, wie erwartet, ein menschliches Skelett, das der Länge nach auf dem Boden ausgestreckt lag, und dazu Scherben zerbrochener Keramik. So konnte ich meine Bauernfreunde in Erstaunen versetzen, indem ich vage schätzte, wie viele Dutzend Jahrhunderte vergangen waren, seit „diese Toten" hier begraben worden waren.

Ich sah sofort, dass die Cuevas eine wissenschaftliche Bedeutung hatten, denn ganz in der Nähe fand ich die Überreste eines bemerkenswerten Sonnentempels mit einem Steinaltar, der, wie ich befürchte, für Menschenopfer gedacht war, und einem Steinsitz für die Priester. Ich konnte mir eine solche Gelegenheit für Forschungen nicht entgehen lassen und schickte José in sein Heimatdorf zurück, während ich eine Woche lang in der Venta blieb *und* den ganzen Tag in den Gräbern grub. Und ich schlief in Begleitung von Mariquita in einem winzigen Zweizimmerhäuschen, das in der Nähe des Hauses ihrer Mutter gebaut worden war, damit sie dort wohnen konnte, wenn sie heiratete, und nahm an den einfachen, aber ausgezeichneten Mahlzeiten der Familie teil, die den Knoblauch äußerst rücksichtsvoll unterdrückte, solange ich bei ihnen blieb.

Und nun zum Kern meiner langen Geschichte. Bis die Gräber geöffnet und die Skelette entdeckt wurden, hatte niemand in der Nachbarschaft die geringste Ahnung, dass es in *Las Cuevas* jemals Bestattungen gegeben hatte. Wie kam es dann zu dem Ruf, dass es dort spukt? Der *Susto* war schon sehr alt, denn die *Ventera* war alles andere als jung, und sie erinnerte sich, wie ihr Großvater sagte, dass *sein* Großvater, genau wie er, die weiße Katze im Eingang der *Venta gesehen hatte* , die seit Generationen derselben Familie gehörte.

Bei näherer Untersuchung stellte ich fest, dass das heutige Haus, das vor etwa 25 Jahren wiederaufgebaut wurde, als der eigentliche Besitzer heiratete, auf den Ruinen eines tartessischen Baus stand, dessen über einen Meter dicke Mauern noch sichtbar waren und die Grenze eines gepflasterten Bodens bildeten, auf dem Tische und Bänke für die Wanderer aufgestellt waren, die den Ort besuchten. Vor dem Wiederaufbau hatten die zerstörten Mauern einen etwa drei Meter tiefen Tank oder ein Reservoir für Winterregen eingeschlossen. Es war mit Steinen vom Hang aufgefüllt worden, weil sich das stehende Wasser als ungesund erwies; aber der Ort behielt seinen alten Namen, die *Venta* des *Albercón* oder Tanks. Es bestand kein Zweifel daran, dass diese zerstörten Mauern aus vorrömischer Zeit stammten, denn ich musste tagelang arbeiten, um durch den Stein zu gelangen, der den Eingang zu einem meiner Kammergräber versiegelte; und der Mörtel war mit der Zeit kristallisiert.

Warum, frage ich noch einmal – denn ich bin selbst nicht in der Lage, die Frage zu beantworten – glauben diese ungebildeten andalusischen Bauern, sie hätten den Geist einer weißen Katze aus einem modernen Haus kommen und in einer Grabstätte verschwinden sehen, die möglicherweise aus der Zeit stammt, als die Menschen im alten Ägypten neben anderen Tiergottheiten auch Katzen verehrten? Das Einzige, was ich mit Sicherheit sagen kann, ist, dass niemand den Ursprung dieser Legende benennen kann und dass niemand erstaunter wäre als diese Geisterseher, wenn sie erfuhren, dass eine Katze mehr als eine Katze war, als diese Gräber erstmals aus dem Fels gegraben wurden. Aus einer gewissen Eifersucht auf meine Entdeckung, die jeder Archäologe nachvollziehen kann, habe ich den Ort der verwunschenen Höhlen leicht falsch beschrieben. Aber jedes Wort der Geschichte ist absolut wahr und ich bin durchaus bereit, jedem, der sich wissenschaftlich für die Sache interessiert, alle Einzelheiten zu erzählen. Von dem Katzengeist wird er allerdings nichts erfahren, wenn er nicht fließend Spanisch spricht und eine Haltung ehrfürchtiger Leichtgläubigkeit einnimmt, denn kein spanischer Bauer wird von Geistern reden, wenn er glaubt, ausgelacht zu werden.

Venta schließlich verließ, musste ich einen zusätzlichen Esel chartern, um die Ladung aus Tonscherben, Ziegeln, Steinen und Mörtel zu tragen, die ich in der Gegend von Las Cuevas gesammelt hatte, ganz zu schweigen von Schädeln, Kieferknochen und Zähnen, vor denen Mariquita erschrak und die sie nicht anfassen wollte, als ich sie einpackte. Aber den Rest der Reise nach Morón bewältigten wir bei perfektem Wetter, und unterwegs passierte nichts Nennenswertes.

Ich verpasste meinen Zug, da ich die Angewohnheit hatte, unterwegs anzuhalten, um Steine zu studieren. Und das Ergebnis war, dass ich die Nacht in einem winzigen und alles andere als sauberen Zimmer über der *Posada verbringen musste* , wo José seine Tiere unterbrachte, weil die einzigen Gasthäuser voller *Viajantes waren* und ich nirgendwo anders einen Schlafplatz finden konnte. José selbst bediente mich, denn eine *Posada* bietet keinen Service, obwohl mir die Stallwirtin für ein bescheidenes Trinkgeld ein paar schöne saubere Laken besorgte. Er brachte mir heißen, starken Kaffee aus dem Café, das es selbst in kleinen spanischen Dörfern immer gibt, lockte heißes Wasser aus einem unbekannten Ort, denn in einer *Posada gibt es nie einen Wasserkocher* , und schlief mit seinem Kopf auf meinem Gepäck am Fuß der Treppe, die zu meinem Zimmer hinaufführte.

„Das war kein Ort für eine Dame", sagte er, „aber wenigstens kannte er die Leute, um ehrlich zu sein, und ich konnte mich ganz sicher fühlen (was ich tatsächlich tat), da er in meiner Nähe war."

Ich habe nur drei Flöhe in meinem Bett gefangen , was ich für ein Zimmer über einem Stall für eine mäßige Menge hielt, und als ich vom Getrappel und Stampfen der zahlreichen Tiere unter mir geweckt wurde, musste ich lächeln, als ich daran dachte, wie entsetzt meine Familie gewesen wäre, wenn sie mein Quartier in dieser Nacht gesehen hätte. Sie haben sich durch die Umstände an den Gedanken gewöhnt, dass ich in Landhäusern auf Strohmatratzen schlafe, aber dies war meine erste Begegnung mit einer *Posada* .

Ich weiß nicht, ob ich mich danach sehne, das Experiment zu wiederholen, aber es hat sich ausnahmsweise gelohnt. Die Unannehmlichkeiten wurden durch die malerische Atmosphäre des Stalles wettgemacht, durch den ich gehen musste, um in mein Zimmer zu gelangen, und in dem die Tiere und ihre Besitzer im Licht von zwei oder drei alten Olivenöllampen, die hier und da an den Wänden hingen, nur schwach zu erkennen waren. Eine madonnenhafte junge Mutter mit einem Baby an der Brust, die an einem Paar Körbe lehnte, die ihr Mann mit einer Ladung Stroh gestützt und mit einem bunt gestreiften Teppich bedeckt hatte, bildete einen hübschen Kontrast zu einem grauhaarigen alten Mann, der in einer Ecke in der Nähe auf einem geschwärzten Ziegelofen sein Abendessen kochte. Und die Leute des Hauses, dick und ansehnlich und angenehm aussehend, saßen auf einem merkwürdigen kleinen Treppenabsatz auf halber Höhe der Treppe und nähten und plauderten unter einer zweiflammigen Glühbirne, die an einem Draht hing, der so voller Fliegen war, dass er wie ein Hanfseil aussah. Sie schienen den Leuten um sie herum gegenüber ziemlich gleichgültig zu sein, aber ich sah, dass sie das Kommen und Gehen unten genau im Auge behielten und jederzeit bereit waren, sich ihr Geld von dem Kunden zu holen, dessen Bewegungen darauf hindeuteten, dass er mit seinem Esel früh aufbrach. Von der Galerie aus gelangte man in eine winzige Küche, in der sie ihre eigenen Mahlzeiten kochten, obwohl sie sich, wie es das Gesetz erlaubte, weigerten, meine zu kochen. In der Küche hingen blank polierte Messingutensilien, und ein paar Stücke grober Keramik zierten den Kaminsims. Darunter befand sich ein merkwürdiger alter Teller aus lokaler Herstellung, den sie mir für ein paar Pence verkauften, als ich mich am Morgen verabschiedete.

Und so endete diese Reise in die Sierra. Eine Kälte in der Luft sagte mir, dass der Winter nahte, als ich zum Bahnhof hinunterfuhr, vom treuen José bis zur Wagentür begleitet; und mit einem Seufzer des Bedauerns sah ich, wie meine *Jamugas* in den Gepäckwagen verfrachtet wurden, wohl wissend, dass sie nun viele Wochen ungenutzt zu Hause herumliegen würden.

EIN TRAUERGEWÄCHST AUS DEM FÜNFZEHNTEN JAHRHUNDERT.

KAPITEL X

Trauerbräuche – „Trauer" um die Toten – Die Nacht vor der Beerdigung – Mitfühlende Freunde – „Begleitung" der Trauernden – Ein verbaler Fehler – Schwarze Masken bei einem Tanz – Ein schwarz verhangenes Haus – Das verschlossene Klavier – Drei Jahre Abgeschiedenheit – Die Trauer der Armen – Schwarze Hemden, aber lachende Gesichter – „Im Kampf gefallen" – Der Heldenmut von Rosa – „Mein Papa" – Warum Paz eine alte Jungfer wird.

Trauer ist in Spanien ein ernster Aspekt des Familien- und Gesellschaftslebens. Selbst in den größeren Städten sieht man nur eine leichte Tendenz, mit der Zeit zu gehen, und außerhalb von Madrid, Sevilla oder Barcelona ist die strikte Einhaltung alter Bräuche, wie die Bräuche selbst, ziemlich orientalisch.

Ich erinnere mich, wie ich eines Nachts in einer großen Stadt fast die ganze Nacht wach gehalten wurde, weil aus einem Mietshaus nebenan ein außergewöhnliches Konzert beklagenswerter Geräusche drang. Zuerst ertönte ein langes Tenorgeheul, das in einer Moll-Tonart auf- und abschwoll, dann ein ganz ähnliches Geheul in einer tiefen Altstimme und dann in einer schrillen Diskant-Stimme, offensichtlich von einem Kind. Am nächsten Morgen erfuhr ich, dass in dem betreffenden Haus ein Kleinkind gestorben war und dass der Vater, die Mutter und ein kleiner Bruder die ganze Nacht lang um den Tod „geweint" hatten. Diese Art der Trauerbekundung ist heute nicht mehr so üblich wie noch vor einigen Jahren, selbst unter den am wenigsten gebildeten Klassen, aber bei Trauernden aller Schichten sind andere Besonderheiten zu beobachten, die kaum mehr mit modernen Vorstellungen übereinstimmen.

Einer der seltsamsten Bräuche ist unserer Meinung nach der, in der Nacht nach dem Tod eine Art Totenwache abzuhalten. Die Beerdigung muss innerhalb von 24 Stunden stattfinden, eine ausgezeichnete Hygienevorschrift, die wir Engländer mit Vorteil übernehmen könnten. Aber wie eine junge Dame, die tief um ihre geliebte Mutter trauerte, mir gegenüber ruhig bemerkte: „Es ist wahr, dass Tote im kalten Klima Englands nicht so schnell verwesen wie hier." Es ist auch wahr, dass 24 Stunden völlig ausreichen, um die Familie in Trauer zu versetzen, in einem Land, in dem jede Frau ganz selbstverständlich das ganze Jahr über einen schwarzen Anzug in ihrem Kleiderschrank hat, sodass keine Zeit mit dem Nähen von Kleidung für die Beerdigung verloren geht und in der Nacht nach einem Todesfall alle engsten Freunde bereit sind, sich als Zeichen ihres Mitgefühls zusammenzusetzen.

In Fällen schwerer Erkrankungen wird viel echte Freundlichkeit gezeigt. Ausgebildete Krankenschwestern werden selten oder nie gerufen, aber die Freunde wechseln sich ab, um bei der Familie und dem Patienten zu bleiben, und wenn sie nicht reich sind, versorgen sie sie mit Hühnern, Eiern und allem, was sonst im Krankenzimmer von Nutzen sein könnte. Der Brauch, den Kranken zu „begleiten", ist für Ausländer jedoch manchmal peinlich. Einmal, als ein Mitglied meiner Familie angeblich *in articulo mortis lag*, bestand sein engster spanischer Freund fast darauf, meine Nachtwachen zu teilen; und als ich ihn schließlich davon überzeugte, dass selbst seine mitfühlende Anwesenheit sich für jemanden als schädlich erweisen könnte, für den absolute Ruhe die einzige Chance war, sagte er mit tiefer Überzeugung:

„Wenigstens müssen Sie mir versprechen, mich zu jedem Zeitpunkt des Tages oder der Nacht zu sich rufen zu lassen, wenn Sie wissen, dass die letzte Stunde naht, damit ich Zeuge der Himmelfahrt einer so edlen Seele werden kann!"

Meine Wertschätzung dessen, was, wie ich wusste, als aufrichtigste Freundlichkeit gemeint war, milderte kaum meinen Widerwillen gegen die bloße Vorstellung eines solchen Eingriffs in die Privatsphäre zu einem solchen Zeitpunkt. Zum Glück für Don Antonios Gefühle wie auch für mich nahm die Krankheit eine günstige Wendung, und die Freudentränen unseres Freundes über die gute Nachricht löschten schnell den Schock aus, den er uns in der Zeit der Krise unbewusst zugefügt hatte. Ein anderer Freund schaffte es aus reiner Höflichkeit und Herzensgüte, unsere britischen Vorstellungen noch mehr zu schockieren: Als er hörte, dass der Patient aufgegeben wurde, kam er eilig, um seine Dienste bei den Vorbereitungen für die Beerdigung anzubieten!

Unsere Vorstellung, das Krankenzimmer frei von Bewegung und Lärm zu halten, und unsere Weigerung, alle freundlichen spanischen Freunde, die sich erkundigten, ans Krankenbett zu empfangen, kamen ihnen wirklich sehr seltsam vor, denn bei ihnen drückt sich Mitgefühl zwangsläufig dadurch aus, dass man viel Gesellschaft leistet, „um den Leidenden" und seine Lieben aufzumuntern. Ich erinnere mich, wie mich einmal ein Freund drängte, die Mutter eines Mädchens zu besuchen, das schwer an Meningitis erkrankt war – eine Krankheit, die (bei richtiger Diagnose) unter den Wohlhabenden in diesem Land merkwürdigerweise weit verbreitet zu sein scheint. Ich zögerte, mit der Begründung, dass meine sehr flüchtige Bekanntschaft mit der Dame es kaum rechtfertigte, mich in ihre Trauer und Angst einzumischen.

„Aber sie ist meine Cousine, und du bist mein Freund, und ihr wird deine Abwesenheit sicherlich auffallen, wenn du nicht gehst."

Ich ging. Ich zählte zwölf Frauen und Mädchen im Zimmer der Patientin, denn ich musste nach oben gehen und das arme Mädchen durch die offene

Tür ansehen, sonst wurde ich von der Mutter als grausam unfreundlich angesehen.

Sie starb, wie zu erwarten, einige Tage später, und ich musste am Abend der Beerdigung im Trauerhaus erscheinen, begleitet von dem einzigen Mitglied unserer Familie, das der Generation des toten Mädchens angehörte. Ich hatte ein schwarzes Kleid an, mein Mädchen jedoch nur ein weißes, und wir hatten gehofft, dass dies als Entschuldigung für ihr Nichterscheinen akzeptiert werden könnte. Keineswegs. Die Kusine und ihre beiden Töchter kamen persönlich, von Kopf bis Fuß in schwarze Seidenschals gehüllt, um darauf zu bestehen, dass wir beide mit ihnen zum „ *dar el pésame* " gingen, um der Trauernden unser Mitgefühl auszudrücken.

Es war eines der bedrückendsten Erlebnisse, die ich in Spanien hatte. Wir Älteren saßen alle im Raum auf Stühlen, Sofas und Couchen, die zu schwer waren, um uns auch nur einen Zentimeter von ihrem Platz zu bewegen, und einer nach dem anderen wurden wir in ein kleines Zimmer im Inneren geführt, wo die Mutter, blind vor Weinen, zusammengekauert dasaß, die Ellbogen auf die Knie gestützt und den Kopf in den Händen, und lautstark ihrem unbändigen Kummer Ausdruck gab.

„Oh, meine Tochter, meine liebe Gefährtin! Oh, meine Tochter, meine liebe Gefährtin!", stöhnte sie immer wieder mit heiserer Stimme vom Schluchzen, ohne im Geringsten zu wissen, was sie sagte.

Wir mussten uns hinsetzen, ihre tränenüberströmte Wange küssen und sagen, was für ein schönes und bezauberndes Mädchen ihre Belén gewesen war, und ein herkömmliches Gebet um göttlichen Trost sprechen, und dann kam jemand anders herein und nahm unseren Platz ein, inmitten eines erneuten Ausbruchs von Schluchzen und Stöhnen. Die arme Seele hatte sich in einen Zustand der Hysterie hineingesteigert, war sich aber trotz allem bewusst, dass sie die Erwartungen ihrer Freunde erfüllte und das Richtige für ihre Tochter tat, indem sie sich so hilflos durch ihre Probleme niedergeschlagen zeigte. Selbstbeherrschung bei einer solchen Gelegenheit gilt als Zeichen von Herzenskälte und mangelndem Respekt und mangelnder Zuneigung gegenüber den Toten.

Als ich nach meinem schmerzlichen Gespräch mit der Mutter herauskam, fand ich alle jungen Cousinen und Gefährten der armen Belén in kreischendem Gelächter, und sie alle wandten sich mir zu und riefen:

„Oh, Doña Elena, wie lustig ist deine Olivita! Was für witzige Dinge sie sagt! Und was für seltsame Bräuche du in deinem Land hast!"

Offenbar hatte meine „Olivita" in ihrem noch immer unvollkommenen Spanisch versucht zu erklären, dass es in England jungen Männern und Mädchen erlaubt sei, zusammen spazieren zu gehen, ohne Begleitung, wie hier von „Mama" auf der einen und „meiner Tante" auf der anderen Seite. Und statt *pasear*, spazieren gehen, hatte sie das Wort *besar verwendet*, was küssen bedeutet. Unsere Trauernden nahmen also an, dass sie sagte, es sei in England Brauch, dass sich Männer und Mädchen küssten, wenn sie sich auf der Straße begegneten, und ihre Belustigung über den Gedanken hatte den traurigen Grund für ihr Treffen für den Moment völlig aus ihren Köpfen verdrängt.

Für die älteren Damen war das alles eine Selbstverständlichkeit.

„Arme Kinder", bemerkten sie. „Sie sind sehr müde und lachen leicht. Das ist ganz natürlich und passiert normalerweise bei diesen traurigen Anlässen."

Wie man sich vorstellen kann, hält solch lautstarke Trauer nicht lange an. Doch obwohl ich das spanische Temperament gut zu kennen glaubte, war ich ziemlich schockiert, als mich bei einer Gelegenheit bei einem Karnevalstanz zwei Mädchen mit schwarzen Masken und Dominosteinen ansprachen und sich als die Schwestern einer jungen Braut zu erkennen gaben, die zusammen mit ihrem Baby vor weniger als einem Monat gestorben war.

Sie warfen sich meiner Gnade aus, aus Angst, ich könnte sie erkennen, und baten mich, ihren Ausflug nicht ihrer Mutter zu verraten, die glaubte, sie würden den Abend mit einer kranken Freundin verbringen, und deren Zustimmung sie nur mit Mühe erhalten hatten, so kurz nach dem Tod ihrer Schwester überhaupt für diesen Auftrag auszugehen. Ich glaube, dies war ein außergewöhnlicher Fall von „schnellem Frost, langem Tauwetter", aber man findet oft Frauen in tiefer Trauer, die bitter über die Einschränkungen sprechen, die ihnen die Sitte in ihrem gesellschaftlichen und sogar ihrem Privatleben auferlegt, wenn ein naher Verwandter stirbt.

Ich habe gehört, dass das ganze Haus, von der Haustür bis zum Boudoir der Damen, während der neun Tage strenger Trauer nach dem plötzlichen Tod des Hausherrn mit schwarzen Vorhängen behangen war, und während dieser ganzen Zeit mussten die Frauen morgens, mittags und abends im Halbdunkel sitzen. Den Töchtern war es drei volle Jahre nach dem Tod ihres Vaters verboten, das Klavier zu berühren. Ein Freund von ihnen und mir erzählte mir, dass die Mädchen, die sehr musikbegeistert und gute Klavierspielerinnen waren, sich bis zur tatsächlichen Krankheit quälten, so sehr empfanden sie den Verlust ihrer Lieblingsbeschäftigung, nachdem ihre erste Trauer abgeklungen war, aber nichts konnte die Mutter dazu bewegen, das Klavier aufschließen zu lassen. Sie waren frische junge Mädchen im Teenageralter, als der Vater starb, voller Leben, in guter gesellschaftlicher Stellung und mit viel Geld, um sich jede Laune zu erfüllen. Als ich sie nach ihrer dreijährigen Abgeschiedenheit wiedersah, waren sie blass, dünn und melancholisch und sahen in ihren einhüllenden Chiffonschleiern eher wie dreißig als wie zwanzig

Frauen aus, denn obwohl sie keinen Trauerflor mehr trugen, waren sie noch immer von Kopf bis Fuß in Schwarz gekleidet.

Die betreffende Freundin, eine junge verheiratete Frau mit einem hingebungsvollen Ehemann und zwei hübschen kleinen Mädchen, war selbst gerade aus einem einjährigen Ruhestand zurückgekehrt, nachdem ihre Mutter gestorben war. Sie erzählte mir, dass die ältere Generation sie als unnatürliches Wesen betrachtete, weil sie nun wieder begonnen hatte, ihr geliebtes Klavier zu spielen.

„Sie können nicht sagen, wie sehr ich mich manchmal nach Musik gesehnt habe, als ich mich an meinen Verlust gewöhnte", sagte sie, „aber ich konnte mich nicht dazu überwinden, zu spielen. Es wäre meinen Freunden und Verwandten so schrecklich erschienen. Ich war oft furchtbar traurig. Manchmal bin ich vor Depressionen fast verrückt geworden. Mein Mann hat mich angefleht, mit ihm zu reisen, Klavier zu spielen, alles auf der Welt zu tun, was meine Traurigkeit lindern würde. Aber da ich ihm nie gehorche, wenn ich glücklich bin, können Sie sich vorstellen, wie wenig ich seinen Wünschen Beachtung schenkte, als ich um meine Mutter trauerte. Jetzt ist es ein Jahr her, dass sie gestorben ist, und ich kann nichts dafür, wenn meine Nachbarn mich kritisieren. Ich *muss* wieder anfangen zu leben."

Das Seltsame an dieser schockierenden Übertreibung der äußerlichen Trauer ist, dass zwar fast jede Frau, der man begegnet, über die Absurdität dieser Trauer, ihre negativen Auswirkungen auf die Gesundheit und die grausamen Auswirkungen auf Jugend und Glück klagt, aber keine von ihnen den Mut hat, aktiv dagegen aufzubegehren.

Arme Leute müssen sich zwar notgedrungen rasch aufraffen, um loszugehen, um ihren Tageslohn zu verdienen, sind aber in ihrer Trauerkleidung genauso streng wie die Reichen. Wenn ein Elternteil stirbt, muss alles schwarz sein: Auf die Hemden und Manschetten der Männer werden schwarze Aufschläge genäht, sie tragen schwarze Baumwollmäntel, schwarze Krawatten anstelle von Kragen und schwarze Filzhüte, selbst im Hochsommer. Die Frauen wiederum tragen schwarze Unterwäsche unter ihren schwarzen Kleidern und binden sich schwarze Tücher um den Kopf. Manchmal verpfänden sie all ihre bunten Kleider, um die herkömmlichen Trauergewänder zu bezahlen. Unter dieser trüben Kleidung sieht man oft strahlende Lächeln und Augen voller Leben und Fröhlichkeit; denn die Arbeiter sind nichts, wenn nicht aufrichtig, und wenn sie glücklich sind, zeigen sie das. Aber wenn das Land in Schwierigkeiten steckt, scheinen ganze Städte und Dörfer dies zu spüren; wie zum Beispiel während des Marokkanischen Krieges von 1909. Das Massaker an etwa zweitausend Soldaten in der Todesfalle des Gurugú bei Melilla versetzte eine große Zahl armer Familien in Trauer; und auch 1913, während des Feldzugs von Larache, wie er hier genannt wurde, war Trauer weit verbreitet. Jeder Tag brachte Nachrichten, dass ein oder zwei oder zehn oder zwanzig Männer im Guerillakrieg gefallen waren, den der Erzbandit El Raisuli gegen Spanien führte: und hier trägt nicht nur die unmittelbare Familie des Toten Schwarz für ihn, sondern Trauer ist auch bei allen Seitenverwandten selbst bei Cousins und Cousinen zweiten und dritten Grades *Pflicht*.

Das wurde mir eines Tages bewusst, als ich einen Bach fotografieren wollte, an dem Frauen und Mädchen sich wuschen, denn an diesem Tag trugen sie alle Schwarz. Schließlich gaben wir den Versuch auf und warteten auf eine andere Gelegenheit, denn, wie ich meinem Fotografen gegenüber bemerkte, wir sollten bei strahlendem Sonnenschein wenigstens ein Mädchen in bunter Kleidung zeigen.

„Das stimmt“, war seine Antwort, „aber es herrscht große Trauer. In Marokko sterben derzeit so viele Soldaten.“

Und auch viele Offiziere, dachte ich in Gedanken, denn seine Worte ließen meine Gedanken schmerzlich an eine häusliche Tragödie zurückdenken, deren Zeuge ich kurz zuvor gewesen war.

Ein einundzwanzigjähriger Junge, frisch von der Militärakademie in Toledo, war in seinem ersten Einsatz getötet worden, eine Woche nach der Landung in Afrika. Sein jüngerer Bruder und seine Schwester fuhren zum *Jura de la Bandera* (Eid auf die Fahne) der neuen Rekruten auf dem Exerzierplatz außerhalb der Stadt, in der sie lebten. Sie kauften eine Morgenzeitung und lasen darin die Nachricht vom Tod ihres Bruders, „dem er glorreich bei dem Versuch begegnet war, einen verwundeten Soldaten zu retten.“ Ihr Vater, der Militärarzt war, war nicht zu Hause; ihre Mutter, eine Invalidin mit Herzproblemen, las nie eine Zeitung. Die beiden armen Kinder, denn mehr waren sie nicht, waren entschlossen, ihr das Geschehene vorzuenthalten, bis ihr Vater zurückkam. Um den Schlag abzumildern, teilte er ihr unterdessen per Telegramm mit, dass ihr Antonito verwundet sei, und sie schloss daraus, dass er den jungen Mann zur Pflege nach Hause bringen würde. Drei tödliche Tage lang bewahrten Julian und Adelita ihr Geheimnis und sahen zu, wie ihre Mutter das Schlafzimmer vorbereitete und kühlende Getränke und stärkende Brühen für den Jungen zubereitete, der bereits im Grab lag.

Meine Tochter, die eine gute Freundin von ihnen war, erzählte mir, dass Adela und ihr Bruder völlig zusammenbrachen, wenn sie bei ihr und außer Sichtweite ihrer Mutter waren, aber sie schafften es irgendwie, sich zusammenzureißen und vor ihr tapfer zu bleiben, selbst als sie sie direkt aus der Beileidsbekundung mitfühlender Freunde in der *Cancela anrief*, um sie nach ihrer Meinung zu dieser oder jener Vorkehrung zu fragen, die sie zum Trost ihres verlorenen Bruders getroffen hatte. Sie dachten, dass ihr Vater, der Arzt war, ihr bei seiner Rückkehr ohne Gefahr für ihre Gesundheit erzählen würde, was geschehen war, und das gab ihnen die Kraft, ihre Rolle zu spielen.

Arme Kinder und arme Mutter! Als am dritten Tag das Taxi vorfuhr und der Vater allein ausstieg, brauchte Doña Ramona die Wahrheit nicht zu sagen. Sie schrie: „Mein Sohn ist tot! Ich wusste es die ganze Zeit", und fiel ohnmächtig zu Boden. Und selbst dann unterdrückten Adela und Julian ihren eigenen Kummer, während sie halfen, sie nach oben zu tragen und sie auf das Bett zu legen, das sie viele Wochen lang nicht mehr verließ.

Und hier möchte ich noch eine kleine Geschichte erzählen, die ebenfalls von tapferer Selbstbeherrschung angesichts des Todes handelt, wenn auch anderer Art.

Wie auch immer die Einstellung gewisser spanischer Klassen zu ihrer Religion und ihren Priestern sein mag, es ist sicher, dass die meisten Damen von edler Geburt bedingungslos an die Dogmen und Lehren ihrer Kirche glauben. Und von der Wahrheit dieser Grundsätze sind sie absolut überzeugt: Eine Seele, die den Körper ohne Beichte verlässt, wird im Fegefeuer doppelt leiden, es sei denn, die letzte Ölung wird aufgrund vorsätzlicher Behinderung durch jemand anderen unterlassen. In einem solchen Fall muss derjenige, der die Sterbesakramente stört, die Strafe tragen, die hier nach dem Glauben eines strenggläubigen Katholiken kaum weniger als ewige Verdammnis bedeutet.

Eine Freundin von mir sah, wie ihre Mutter plötzlich an einer Lungenentzündung erkrankte, und die Ärzte sagten ihr, der Fall sei völlig hoffnungslos und der Tod müsse innerhalb von drei Tagen eintreten. Niemand in der Familie hatte die geringste Ahnung, dass eine Gefahr bestand, und als Rosa nach Anhörung des Urteils ins Krankenzimmer zurückkehrte, machte ihre Mutter ihr Vorwürfe, dass sie so lange weg gewesen war.

„Ich habe Sie reden gehört", sagte sie. „Mit wem waren Sie zusammen und worüber haben Sie sich unterhalten?"

„Es war die – die – Wäscherin", sagte Rosa, „du weißt, wie nachlässig sie ist."

Ihre Großtante, eine strenge alte Dame, die Rosa und ihre Schwester mit eiserner Faust regierte, rief das Mädchen daraufhin aus dem Zimmer.

„Es darf keine Zeit verloren gehen", sagte sie. „Wir müssen sofort nach dem Priester schicken, sonst stirbt deine Mutter plötzlich ohne die heiligen Öle."

Und nun zeigte Rosa, eine rundliche, ruhige und bis dahin charakterlos wirkende Person, was kindliche Liebe leisten kann. Ich werde die Geschichte mit ihren eigenen Worten beenden, so wie sie sie mir einige Monate später erzählte.

„Ich wusste, wenn der Priester käme, würde das meine Mutter furchtbar erschrecken. Damals hatte sie überhaupt keine Angst, und sollte sie ihre letzten Tage auf Erden in Panik verbringen? ‚Ich werde nicht nach dem Priester schicken‘, sagte ich meiner Großtante, denn es war *meine* Pflicht, in Abwesenheit meines Vaters nach ihm zu schicken, da ich das älteste der Kinder und ein näherer Verwandter als meine Großtante war. Sie war sehr wütend. ‚Weißt du, was das bedeutet?‘, fragte sie, und ich sagte ‚Ja‘. Ich wusste, was meine Strafe sein würde, und ich war bereit, für immer im Fegefeuer zu bleiben, um meiner Mutter die Angst und den Schmerz zu ersparen, zu wissen, dass sie uns alle verlassen muss. Ich hatte große Angst, aber ich wollte nicht nachgeben, und mein Vater ist ein Freidenker, also sagte er, als er nach Hause kam, ich hätte es gut gemacht. Aber nachdem meine Mutter gestorben war (sie starb ganz friedlich, da sie dachte, sie würde nur einschlafen), plagte mich mein Gewissen sehr, und ich ging zu unserem Beichtvater und erzählte ihm, was ich getan hatte. Und er war sehr sanft zu mir. Er sagte: ‚Kind, es gibt Momente, in denen eine scheinbar schwere Sünde nur eine kleinere Sünde ist.‘ Und er ließ mir nur eine kleine Buße auferlegen, denn er sagte, er wisse, dass ich sehr gelitten hätte.“

Normalerweise halte ich mich sehr zurück, wenn ich meine Meinung zu den Riten und Regeln einer Religion äußere, die nicht meine eigene ist; aber bei dieser Gelegenheit vergaß ich mich selbst. Ich sagte Rosa, sie habe sich edel verhalten, und küsste sie so herzlich auf beide Wangen, als wäre ich eine spanische Dame. Mit ungeheurer Mühe hatte ich den Vater und die schreckliche Großtante dazu überredet, Rosa mit mir ans Meer fahren zu lassen, denn sie war seit dem Tod ihrer Mutter kränklich, und es galt als unmöglich, dass sie das Haus in ihrer Heimatstadt verließ, nicht einmal für die Spaziergänge, die der Arzt als notwendige körperliche Betätigung empfohlen hatte.

„Liebe Doña Elena, du bist zu gut zu mir“, sagte sie und erwiderte meine Umarmung überschwänglich. „Wie froh bin ich, Papa, dass ich bei dir bleiben durfte. Paz und ich wurden beide so schrecklich fett, weil wir den ganzen Tag drinnen saßen, und oh! so *triste*. Meine Mutter liebte Gesellschaft und Vergnügen, wie du weißt, und sie ging jeden Tag mit uns auf die Promenade oder besuchte uns, und jetzt können wir überhaupt nicht mehr ausgehen, außer zur Messe, und wir wurden immer dicker. Paz hat ihren *Novio*, aber ich hatte nichts, was mich ablenkte, bis du mich hierher gebracht hast. Wenn mein lieber Papa nicht wäre, würde ich am liebsten den ganzen Sommer bei dir bleiben.“

Ihr „lieber Papa" war ein vornehm aussehender Mann, der in einem Regierungsamt ein gutes Einkommen verdiente, aber nachdem er in jungen Jahren ein oder zwei Gedichte verfasst hatte, ging er durchs Leben und gab sich als eine Seele aus, die in einer Wüste uninteressanter Tatsachen fehlgeleitet war. Er trug ziemlich langes Haar, das in malerischer Unordnung aus seiner Stirn zurückgeworfen war. Die malerische Wirkung wurde jedoch von meiner einfachen Rosa etwas abgetan, die, als sie eine Flasche eines beliebten spanischen Haarwaschmittels auf meinem Tisch sah, naiv bemerkte:

„Mein Papa benutzt das. Sein Haar auf dem Kopf ist dünn geworden und er macht sich deswegen solche Sorgen! Glaubst du, das Zeug ist gut? Paz und ich reiben es ihm abwechselnd jeden Abend eine halbe Stunde lang in die Kopfhaut, bevor er ins Bett geht, aber ich sehe keinen großen Unterschied."

„Mein Papa" war keineswegs ein trostloser Witwer. Während die Frauen der Familie ihre Trauer in den von mir beschriebenen übertriebenen Ausmaßen ausleben, kehren die Männer sehr bald nach der Beerdigung zu ihren gewohnten Gewohnheiten zurück. So mussten Papas Töchter oft bis spät in die Nacht aufbleiben, um sich um seine hyazinthenfarbenen Locken zu kümmern, bevor er zu Bett ging, aber sie nahmen das alles als selbstverständlich hin und wären äußerst überrascht gewesen, wenn ich angedeutet hätte, dass Rosas schwache Gesundheit und überstrapazierte Nerven eine ausreichende Entschuldigung dafür sein könnten, dass sie von diesen nächtlichen Pflichten befreit war. Dies ist ein weiterer Aspekt der orientalischen Tradition – die Unfähigkeit von Männern und Frauen, zu erkennen, dass der Ehemann oder Vater nicht das Recht hat, einfach weil er der Ehemann oder Vater ist, von seinen Frauen zu jeder Tages- und Nachtzeit die Dienste von Sklavinnen zu verlangen, ohne Rücksicht auf deren Bequemlichkeit, Glück oder Gesundheit.

Als ihre Mutter ein Jahr gestorben war und Rosa und Paz ihre Lebensgeister wiedergefunden hatten und bereit waren, das Leben wieder zu genießen, bekam ihr Vater eine Grippe, und beide Mädchen gerieten in Panik, weil sie befürchteten, sie würden als doppelte Waisen zurückbleiben. Er war nicht ernsthaft krank, tat sich aber sehr leid, und noch Monate später, wenn er sich auch nur die geringste Erkältung einfing oder die geringste Verdauungsstörung verspürte, kam er aus seinem Büro nach Hause und ging sofort ins Bett, und dann erwartete er, dass seine beiden Töchter bereit waren, ihn zu bedienen. Paz musste immer seine Mahlzeiten zubereiten, weil sie besser als die Köchin wusste, wie er sie gern gewürzt hatte; und Rosa musste da sein, um bei ihm zu sitzen, ihm vorzulesen und im Allgemeinen jeden seiner Wünsche zu erfüllen. Und da sie nie wussten, wann er sich unwohl fühlen und nach Hause ins Bett kommen könnte, und da er natürlich nie im Traum daran dachte, ihnen vorher eine Nachricht aus seinem Büro zu schicken, endete es damit, dass seine Töchter es buchstäblich nie wagten, nach dem Mittagessen überhaupt auszugehen.

Ich war schockiert, als ich herausfand, welches Leben sie führten. Paz' *novio* hatte die Verlobung aufgelöst, angeblich weil sie ihre wöchentlichen Pflichtbesuche bei seiner Mutter nicht machen konnte, die ein Pedant in Sachen Etikette war und kein Verständnis für die Hypochondrie „meines Papas" hatte, und der einzige Lichtblick am Horizont der armen Mädchen war das Auftauchen eines Liebhabers für Rosa, die ruhige der Schwestern, die nie so viel Aufmerksamkeit erregt hatte wie der hübsche Paz. Es war völlig sinnlos, sie um ein Date zu bitten, vorzuschlagen, dass sie Papa abwechselnd Gesellschaft leisten sollten, spontane Besuche auf dem Weg zum Kino oder Theater zu machen, in der Hoffnung, sie frei anzutreffen. Papa war immer entweder gerade zu Bett gegangen oder wurde gerade zum Abendessen nach Hause erwartet; ihre Pflicht ihm gegenüber war zu einer Obsession geworden, und diese Obsession wurde von ihm aus rein selbstsüchtigen Motiven gefördert, und von der alten Tante, weil die Mädchen ihrer Ansicht nach einen schweren Verstoß gegen den Anstand begehen würden, wenn sie so kurz (weit über ein Jahr!) nach dem Tod ihrer Mutter in die Gesellschaft eintraten. Und das Schlimmste war, dass Papa aus reiner Eifersucht Einwände gegen Rosas Liebhaber erhob und ihm den Zutritt zum Haus verbot. Er gab vor, er habe erkannt, dass Rosas Mittel unsicher seien, und erklärte, er habe nicht die Absicht, sein eigenes, schwer verdientes Geld für den Unterhalt eines faulen Schwiegersohns auszugeben.

Aber dieses Mal fand Papa seinen Meister. Der Liebhaber war weder faul noch mittellos, sondern ein Mann mit starkem Charakter und guter Stellung, und er war unserer ruhigen Rosa aufrichtig zugetan. So trafen sich die Liebenden eines schönen Morgens bei der Messe und heirateten auf eine Art, die, wie ich glaube, in Spanien typisch ist.

Kurz vor Ende der Messe traten sie vor, erklärten sich zu Mann und Frau und baten um einen Segen für ihre Verbindung. Der Priester kann Einwände erheben, aber er kann nicht ablehnen, denn er muss den Segen nach der Messe aussprechen, und dieser dient als Segen, der diese gestohlenen Ehen sanktioniert.

Also ging Rosa mit ihrem Mann fort und war glücklich, und bald hatte sie wieder ihre normale weiche, aber wohlgeformte Rundlichkeit erreicht, während die arme Paz zu Hause blieb und ihrem Vater nachgab, bis sie etwa zwei Zentner wog.

Ich lernte ihren ehemaligen *Freund* kurz nach Rosas Hochzeit kennen und machte ihm sanfte Vorwürfe, weil er das Mädchen im Stich gelassen hatte, für das er so lange „vorgetäuscht" hatte.

„Gib mir nicht die Schuld", sagte er. „Es ist alles die Schuld ihres Vaters, der sie nicht genug Sport treiben lässt, um ihr Fett zu halten. Ich bin nicht groß (er war etwa 1,50 m groß, ein schlanker kleiner Adonis) und ich habe nicht den Mut, mich lächerlich zu machen, indem ich eine Frau heirate, die mich verdoppeln wird, bevor sie dreißig ist."

Ich konnte nicht anders, als zu spüren, dass es etwas von seiner Seite zu sagen gab; aber wieder einmal wurden die grausamen Folgen dieses Zweigs der spanischen Etikette offensichtlich. Wenn Paz ein natürliches Leben hätte führen können, tagsüber spazieren gehen und nachts tanzen können, wie sie es zu Lebzeiten ihrer Mutter tat, hätte sie weder ihre Figur noch ihren Liebhaber verloren, denn bevor sie in Trauer gingen, gehörten sie und Rosa zu den fröhlichsten und aktivsten Mädchen in ihrer Gesellschaft. Und jetzt kann man für sie keine bessere Zukunft erwarten, als die unverheiratete Tante von Rosas Kindern zu sein, eine Art Hausangestellte und Mutterhilfe fürs Leben; – geliebt, das ist wahr, von den Neffen und Nichten, die sie mit einer Zuneigung betrachten werden, die fast, wenn nicht ganz so groß ist wie die, die sie ihrer Mutter selbst entgegenbrachte, aber immer nur „meine Tante", eine Frau in untergeordneter Position, die ein Zuhause bekommt, um ihre Dienste als Amme zu leisten, während die Kinder klein sind, und als Duenna, wenn die Mädchen erwachsen sind. Sie wird immer fröhlich und philosophisch sein, denn so ist Paz geschaffen, und sie wird immer praktisch und hilfsbereit im Haushalt sein. Aber sie wird eine alte Jungfer sein, eine verwöhnte gute Ehefrau, und das wird sie bis zum Ende spüren. Und das alles nur, weil sie als Teenager nach dem Tod ihrer Mutter ein Jahr lang im Haus sitzen musste und deshalb so dick wurde, dass ihr Liebhaber verjagt wurde. Die arme Paz! Sie ist eines von vielen Opfern einer lächerlichen und unhaltbaren Sitte und eines falschen Pflichtgefühls.

KAPITEL XI

Unterhaltung in Stadt und Land – Kritische Gäste – Ein Abonnementsball – *Der letzte Schrei* aus London – Tanzen im Moor – Warum die Damen nach Hause gingen – Die Suche nach spanischer Fröhlichkeit – Ein enttäuschter Künstler – Nachmittagsbesuche – Arabische Gastfreundschaft – Damen bei der Arbeit – Spanische Unpünktlichkeit – Ein neuer Wintermantel – Marias Kompliment – Tag der offenen Tür für alte Bedienstete – Carmen, die *Zigarrenraucherin* .

Es kostet nicht viel, in Spanien Gäste zu bewirten, zumindest nicht in den kleineren Städten. In den großen Städten sieht es anders aus, und vielleicht ist es auch gut, mit der Erzählung eines Vorfalls zu beginnen, den ich im Zusammenhang mit einigen sehr netten Freunden gehört habe, die in einer der „Hauptstädte" lebten, also den Hauptstädten der großen Provinzen, in die Spanien unterteilt ist. Hier gibt es viel *Cursileria* – ein umgangssprachlicher Ausdruck, der am besten mit „Snobismus" übersetzt wird – und da jede Dame, die eine Party gibt, mehr ausgeben möchte als jede andere Dame und da Stolz überall häufiger vorkommt als Peseten, wird Leuten, die nicht reich sind, wenig Gastfreundschaft entgegengebracht oder von Leuten, die nicht reich sind.

FÜR DEN FOTOGRAFEN POSIERT.

Eine Erbin hatte das Oberhaupt einer alten und vornehmen Familie geheiratet, das selbst außer dem Familienbesitz in Kastilien kaum etwas besaß. Gerade als ihre älteste Tochter ihr erstes langes Kleid anzog und bei Hofe vorgestellt werden sollte, verlor meine Freundin durch eine unglückliche Spekulation ihres Mannes fast ihr gesamtes Geld – denn der

Mann ist, wohlgemerkt, der alleinige Herr über das Vermögen seiner Frau in Spanien. Nach dem ersten Schock zog die Condesa in ein kleineres Haus und richtete ihren Lebensstil ihren veränderten Umständen entsprechend ein, während der Conde , ein Oberst der königlichen Garde, wie üblich nach Madrid ging, um seine Pflichten bei Hofe zu erfüllen.

Eines der Dinge, die aus dem Wrack gerettet wurden, war ein Flügel, denn die Condesa war eine erstklassige Musikerin, und an Saluds achtzehntem „Namenstag" wurde eine Party mit dem doppelten Ziel veranstaltet, ihrem großen Bekanntenkreis „das neue Haus anzubieten" und dem Mädchen ein wenig Unterhaltung zu Hause zu bieten, da es für sie nun nicht mehr in Frage kam, eine Saison in Madrid zu verbringen. Die drei Töchter machten sich an die Arbeit und bastelten Papierblumen – eine hübsche Kunstfertigkeit, in der spanische Damen hervorstechen – und Blättergirlanden, um den Innenhof zu schmücken. Die Condesa selbst beaufsichtigte die Zubereitung verschiedener kleiner, köstlicher Erfrischungen für ihre Gäste, und an diesem ereignisreichen Abend war alles so hell und ansprechend, wie guter Geschmack und geübte Hände es nur schaffen konnten.

Aber es gab kein Eis, keinen Champagner, kein Abendessen und keine Band, denn die Mädchen des Hauses spielten abwechselnd endlos *Seguidillas* , *Rigodones* und Valses für ihre Gäste. Und als der Tanz vorbei war und die Condesa und ihre Töchter im Patio standen und sich von denen verabschiedeten, die sie nach besten Kräften unterhalten hatten, hörten sie eine aristokratische Dame zu einer anderen ihres Schlages sagen:

„Wurden Sie schon einmal zu so etwas Schäbigem eingeladen? Wirklich, wenn Maria de las Nieves sich nichts Besseres leisten konnte, dann hatte sie überhaupt kein Recht, uns einzuladen!"

Doch dieses Musterbeispiel aristokratischer Höflichkeit wurde in einer „Hauptstadt" zur Schau gestellt, und in abgelegeneren Orten sieht es glücklicherweise ganz anders aus.

Dort habe ich junge Leute zusammenkommen sehen, um stundenlang zu reden, zu lachen und zu tanzen, und die sich mit keiner kostspieligeren Erfrischung zufrieden gaben als mit einer Flasche Wasser und einem einzigen Glas, aus dem alle der Reihe nach tranken; während eine Dame, die wöchentliche Empfänge veranstaltete, zu denen wir einmal im Jahr eingeladen waren, als recht freizügige Gastgeberin galt, weil sie nach Belieben schwachen Kaffee und Kekse anbot .

In einer Kleinstadt hatte ich das Vergnügen, meinen ersten und einzigen Abonnementball in Spanien zu besuchen. Die bevorstehende Hochzeit des Königs hatte alles Englische in Mode gebracht, und als wir das Theater betraten, in dem der Ball stattfand, wurden wir von dem jungen Herrn empfangen, der uns die Karten besorgt hatte. Er war als Pierrot verkleidet, trug aber einen Bowlerhut von Christie's, dessen Etikett er mit einer geschickten Handbewegung zeigte, als er mich in den Tanzsaal, also den Zuschauerraum des Theaters, führte.

Es war Karneval, und die meisten Tänzer trugen Kostüme. Der Saal war hübsch geschmückt, und die Logen und der erste Rang waren voll mit Zuschauern. Alle älteren Damen trugen schwarze oder weiße Mantillas oder Manila-Schals, und man hätte einen Eindruck von Eleganz oder sogar Eleganz bekommen sollen. Aber für unsere englischen Augen stimmte irgendetwas nicht , und anstatt den *Coup d'œil zu bewundern* , sah man sich um, um herauszufinden, warum man das Gefühl hatte, versehentlich in eine Festlichkeit in Whitechapel eingedrungen zu sein.

„Willst du mit mir tanzen?", fragte der Pierrot eines Mädchens aus unserer Gruppe, das übrigens ein realistisches Bettlerkleid trug, ganz aus roten und gelben Lumpen, was ihre spanischen Freunde sehr absurd fanden, weil es nur ein paar Peseten gekostet hatte. Und als das Paar zusammen davonging, wurde mir plötzlich klar, warum mich die Szene an einen Londoner Coster-Tanz erinnerte. Jeder junge Mann und viele der Alten trugen einen Hut – normalerweise einen Bowler – und selbst wenn er ihn zum Walzer absetzte, was nicht viele taten, trug er ihn beim Tanzen vorsichtig unter dem Arm, ohne Rücksicht auf die Unannehmlichkeiten für seine Partnerin.

„Was hältst du von unserem Ball?", fragte ein Bekannter, der nicht nur seinen Hut trug, sondern auch eine Zigarette rauchte.

Ich war taktlos genug, zu sagen, dass es uns merkwürdig vorkam, so viele Hüte herumlaufen zu sehen, und ich bemerkte, dass das Gesicht des jungen Mannes entmutigt war. Später erfuhr ich, dass der Bowler von Christie's als der absolut *letzte Schrei* in England galt und dass er deshalb für den Ballsaal ebenso geeignet war wie für die Straße.

Die Unterhaltung wurde von der Würde und Mode der Stadt bestimmt, sodass sich jeder mit großer Würde benahm und es gab nichts von dem ausgelassenen Spaß, den wir bei einem Karnevalsball erwarteten. Die Damen in den Logen warfen unaufhörlich Serpentinen und Konfetti auf die Tänzer, bis der Boden zentimeterhoch damit bedeckt war, und ein irisches Mädchen in unserer Gruppe sagte, sie fühle sich, als würde sie in einem ihrer heimischen Sümpfe tanzen. Aber niemand war aufgeregt, und ein englischer Künstler auf der Suche nach Lokalkolorit begann, das Fehlen des Lichts und Lebens zu beklagen, das seiner Meinung nach untrennbar mit der spanischen Gesellschaft verbunden war.

Kurz vor 1 Uhr morgens herrschte allgemeine Bewegung in Richtung Theatermitte, und auf ein bestimmtes Signal hin schienen sich die Himmel zu öffnen und eine Masse von Papierblumen, Konfetti und Bonbons, die hinter den Girlanden an der Decke verborgen waren, regnete auf unsere Köpfe herab, während eine Anzahl weißer Tauben losgelassen wurde und in Panik umherflog; aber noch immer regte sich niemand auf. Als dies vorbei war, rief der Pierrot, der für unsere Gruppe verantwortlich war, den ältesten der Engländer beiseite und bat ihn, seine Damen nach Hause zu bringen, „weil jetzt andere Damen kämen" – ein sanfter Wink, auf den alle Engländer und die meisten spanischen Damen hastig aufbrachen. Der Künstler war der einzige von uns, der blieb, in der Hoffnung, dass er mit der Ankunft der „anderen Damen" etwas von der berühmten Lebhaftigkeit sehen könnte, die er in seine Bilder des spanischen Lebens einbringen wollte. Am nächsten Tag erzählte er uns, dass er bis 4 Uhr morgens dort geblieben sei und dann in Begleitung der halben spanischen Armee und der gesamten spanischen Marine - die beim Ball vertreten waren - nach Hause gekommen sei. Die meisten von ihnen waren ziemlich betrunken, manche auch sehr betrunken, aber bis zum Schluss feierlich.

„Die spanische Fröhlichkeit ist Betrug", erklärte er empört und ging verärgert davon, wobei er den Staub unserer Stadt von seinen Füßen schüttelte.

Als ich jedoch mehr über die spanische Gesellschaft erfuhr, verstand ich, warum alle Damen und viele der Herren bei dieser Gelegenheit so feierlich waren. Da es sich um einen Abonnementsball und damit einen halböffentlichen Ball handelte, hielten sie es für *infra dig.*, zu zeigen, dass sie sich amüsierten. Ich ging nie wieder zu einem solchen Tanz, denn ich bevorzuge natürliches Vergnügen unter jungen Leuten auf einer Party, aber diesen hier hätte ich um nichts in der Welt versäumt; er war so herrlich anders als alles, was man sonst je gesehen hatte.

Nachmittagsbesuche unterscheiden sich in Spanien sehr von den viertelstündigen Dienstbesuchen oder dem formellen Hinterlassen von Karten, die in England üblich sind – oder waren, als ich vor etwa zehn Jahren mein Heimatland verließ.

Für Berufstätige ist das eine ernste Angelegenheit, denn man muss mindestens eine Stunde bleiben, und enge Freunde sind tatsächlich verletzt, wenn man nicht den ganzen Nachmittag bleibt.

Es ist absolut unangebracht, auszugehen, wenn man Besuch hat, egal, wie wichtig eine Verabredung war, bevor die ungebetenen Gäste auftauchten. Ich kenne Freunde, die nicht erschienen, als sie zu einem feierlichen Abendessen in unserem Haus erwartet wurden, und die völlig ausreichende Antwort auf meine Vorwürfe war: „Es tut mir sehr leid, aber was sollte ich tun? Wir hatten Besuch."

Diese übertriebene Rücksichtnahme auf die Pflichten der Gastfreundschaft im eigenen Haus, gepaart mit einer ruhigen Missachtung jeglicher Verpflichtungen, die sich aus einer Verabredung ergeben, die Nachbarn zu besuchen, ist ein weiteres der unzähligen Überbleibsel der arabischen Tradition und muss als solches von allen respektiert werden, die die Freundschaft der Spanier genießen möchten. Sie ist im Süden stärker ausgeprägt als im Norden, wo der orientalische Einfluss vergleichsweise flüchtig war und keinen bleibenden Eindruck auf die Einheimischen machte. Und es wird sogar gesagt, dass die Katalanen in Barcelona manchmal pünktlich erscheinen, wenn sie eine geschäftliche Verabredung haben. Dies ist, wie ich glaubhaft erfahren habe, sowohl eine der Ursachen als auch eine der Auswirkungen des katalanischen Wohlstands. Aber die Katalanen gelten als Prahlerei mit ihren Tugenden, und diese lächerliche Rücksichtnahme auf Pünktlichkeit und dergleichen ist eine ihrer vielen Vergehen in den Augen *beispielsweise* der Andalusier, die für die Katalanen wie Öl für Wasser sind und ihnen bis zum Jüngsten Tag in keiner einzigen Frage zustimmen werden.

Die außerordentliche Gleichgültigkeit der Spanier gegenüber festen Zeiten und bereits getroffenen Vereinbarungen bereitete mir im Zusammenhang mit dem Foto, das am Anfang dieses Kapitels steht, nicht wenig Ärger. Ich wollte eine hübsche Gruppe fotografieren, die sich Tag für Tag aus den Freunden zusammensetzte, bei denen ich zu Besuch war, wie sie in ihrem bezaubernden alten Patio bei der Arbeit saßen, während einige kleine Nichten um sie herum spielten und die ganze Szene von einer typisch spanischen Gemütlichkeit und bequemen *Negligés* durchdrungen war. Also bat ich sie, an einem bestimmten, von ihnen selbst festgelegten Tag in ihren üblichen Schaukelstühlen Platz zu nehmen, und vereinbarte mit dem Fotografen, dass er an diesem Nachmittag um drei Uhr kommen sollte, denn das war die Zeit, zu der meine Freunde immer mit ihrer Handarbeit dort saßen, und die einzige Stunde des ganzen Tages, in der das Licht im Patio, der von einem großen Orangenbaum beschattet wurde, erfolgreiches Fotografieren ermöglichte.

Um drei Uhr war der Innenhof leer, bis auf eine kleine Nichte und ihr Kindermädchen. Die Mädchen, so sagte man mir, waren gerade dabei, sich für den Anlass zurechtzumachen. Um halb vier kam der Fotograf. Zu diesem Zeitpunkt hatte die kleine Nichte aus lauter Langeweile angefangen zu weinen, und sie weinte weiter, bis sie schließlich weggebracht werden musste. Sie war ein hübsches Baby, und ich wollte sie nicht aus dem Bild verlieren. Um vier Uhr, als das Licht im Innenhof bereits schlecht war, erschienen endlich die Mädchen, nicht, wie verabredet, in ihren Alltagskleidern, bereit, sich für ein paar Stunden Handarbeit hinzusetzen, sondern in den Kostümen von Bauernmädchen, die für den Jahrmarkt herausgeputzt waren, und ganz offensichtlich Damen in Kostümen. Und das war nicht die einzige Enttäuschung für einen Schriftsteller, der ein Bild von spanischen Damen zu Hause haben wollte, denn der Anblick der Kamera hatte alle Kinder der Freunde meiner Freunde in Reichweite angelockt, und meine Gastgeberin sagte mir, dass es eine große Beleidigung wäre, wenn man sie nicht auf dem Foto erscheinen ließe.

Da es jetzt offensichtlich sinnlos war, zu versuchen, die gewünschte Gruppe zu bekommen, gab ich mit so viel Anmut nach, wie ich aufbringen konnte. Das weinende Baby wurde zurückgebracht, immer noch weinend und sich nicht einmal durch künstliche Blumen trösten lassend, die ihm seine Mutter anbot, die einen schönen Manila-Schal als passendes Kleidungsstück zum Nähen im Innenhof angezogen hatte. Die Kinder von gegenüber setzten sich, wie es ihnen gefiel, und die erwachsenen Damen ließen sich nieder, wie der Fotograf es empfohlen hatte. Als etwa eine halbe Stunde später alles fertig war, verschwand die Sonne hinter einer Wolke, das Baby schrie noch einmal, meine besondere Freundin geriet aus dem Fokus und das Foto war natürlich hoffnungslos verdorben.

Als die überzähligen Kinder im Glauben, alles sei vorbei, davongelaufen waren und die meisten Damen sich verabschiedet hatten, kam die Sonne wieder hervor und der Fotograf knipste hastig die beiden hübschesten Mädchen. Die Mutter des Babys gab sich als Amme der älteren Nichten aus, die heftig gähnten und uns mitteilten, dass ihre Puppen eingeschlafen seien.

Alles in allem war das Ergebnis meiner Meinung nach recht gut, aber es ist kein Bild spanischer Damen, die zu Hause sitzen und nähen, in der ruhigen Haltung, die typisch für das Land ist, in dem jede Stunde so gut ist wie die andere. Ich habe das aufgegeben, nachdem ich einen ganzen Nachmittag und eine gewisse Summe Geld auf die hier beschriebene Weise verschwendet hatte. Weder die Damen noch der Fotograf schienen sich über das Fiasko im Geringsten zu beklagen, noch waren erstere im Geringsten reumütig, es durch ihre Unpünktlichkeit verursacht zu haben. Einer von ihnen teilte mir sogar, um das Ganze noch schlimmer zu machen, mit, dass ich bessere Ergebnisse erzielt hätte, wenn ich Señor Fulano statt Don Mengano diese Fotos hätte machen lassen. Und ich denke, es ist mir als gerecht anzusehen, dass ich es unterließ, darauf hinzuweisen, welche bewundernswerten Bilder mein Fotograf machte, wenn er es nicht mit Damen der Gesellschaft zu tun hatte.

Die Gesprächsthemen bei diesen freundlichen Nähpartys sind in der Regel etwas begrenzt, aber ein Thema, das immer Freude bereitet, sind Kleider in allen Formen und Größen.

Der Tag nach dem Foto-Fiasko war der Namenstag von Maria de las Mercédés, einer der beiden Señoritas, die sich am Brunnen im Innenhof als

Bäuerin ausgaben. Am Nachmittag war ich eingeladen, Kuchen zu essen und Wein zu trinken und verschiedenen Besuchern vorgestellt zu werden, die gekommen waren, um ihr die üblichen Glückwünsche zu überbringen. Mercédés hatte von ihrem Bruder als Geschenk zum Namenstag einen neuen Wintermantel nach der neuesten Mode bekommen, und zuerst musste sie ihn anziehen und jeder Frau und jedem Mädchen zeigen, die vorbeikamen, und dann musste jedes Mädchen, das vorbeikam, den Mantel nehmen und ihn selbst anprobieren. Wie sie das machen konnten, kann ich mir nicht vorstellen, denn es war ein glühend heißer Tag im Martinssommer, und aus Rücksicht auf eine Dame, die erkältet war, saßen wir alle zusammen in einem kleinen Wohnzimmer bei geschlossenen Fenstern. Doch einer nach dem anderen von Mercédés' jungen Freunden schlüpfte in das Kleidungsstück, musterte ihr Aussehen in den Spiegeln, die in jeder spanischen Sala in Hülle und Fülle vorhanden sind, schlug Verbesserungen in diesem oder jenem Detail vor und erkundigte sich am Ende jedes Mal, wie viel der Mantel gekostet habe, und sagte der Besitzerin, es sei ein wunderbares Schnäppchen.

Wenn die Señoritas selbst Geschenke mitgebracht hätten, wäre ihre unersättliche Neugier auf den Preis des Geschenks des Bruders vielleicht entschuldigt gewesen; aber nein: An spanischen Namenstagen (die unseren Geburtstagen entsprechen) ist es die Heldin des Tages, die Opfergaben in Form von Kuchen und Wein darbringt, anstatt sie zu empfangen. Ich vertraue darauf, dass meine Leser nicht „genug von König Karls Kopf" rufen werden, wenn ich noch einmal bemerke, dass dies eine orientalische Tradition ist, so wie viele der Kuchen selbst nach orientalischen Rezepten hergestellt werden.

Der Brauch, nach dem Preis von allem zu fragen, was man bewundert, ist hier allgemein verbreitet und gilt keineswegs als schlechtes Benehmen. Die erste spanische Dame, die wir in Spanien kennenlernten, fragte uns, was wir in dem Hotel zahlten, in dem wir wohnten. Wenn wir ein Haus mieteten, wurden wir immer gefragt, wie viel Miete wir zahlten, und als wir schließlich das Haus kauften, in dem wir hoffen, unseren Lebensabend zu verbringen, fragten uns alle unsere spanischen Freunde nach dem Preis und hoben erstaunt und gratulierend die Hände und riefen: „Wie billig!" Es ist immer ein Kompliment, wenn man sagt, man habe ein gutes Geschäft gemacht, und wenn man jemanden ärgern möchte, braucht man nur zu sagen: „Wie sie dich betrogen haben!"

Eine alte Dienerin, die viele Jahre bei uns lebte, hortete ihren gesamten Lohn und gab nichts außer den „Trinkgeldern" aus, die sie von Besuchern erhielt. Meines Wissens kaufte sie sich während ihrer gesamten Zeit bei uns nie ein neues Kleid, sondern trug bei der Arbeit meine abgelegten Kleider und einen braunen oder, wie sie ihn nannte, „karmelitischen" Stoffrock, den ihr ein Besucher geschenkt hatte, Jahr für Jahr zur Messe und auf der Straße, bis ihr jemand anders einen blauen Serge gab, den sie umdrehte und wieder wie neu aussehen ließ. Sie hatte seit ihrer Kindheit gelobt, im Freien zu Ehren Unserer Lieben Frau vom Berge Karmel nie eine andere Farbe als Braun zu tragen; aber dieses Gelübde geriet irgendwie in den Hintergrund, als sie den blauen Serge erhielt, und dieser wird ihr wahrscheinlich bis zu ihrem Tod erhalten bleiben, denn sie ist weit über siebzig.

Als diese alte Dame mich zum ersten Mal in einem neuen (und ziemlich teuren) Kleid sah, kam sie auf mich zu, befingerte die Seide sehr vorsichtig und ging immer wieder um mich herum, wobei sie Ausdrücke begeisterter Bewunderung aussprach, wie zum Beispiel:

„Señora, wie schön! Wie hübsch Sie in Ihrem neuen Kostüm sind! Noch nie habe ich Sie so gut und so dick gesehen!" (Wie im Osten werden auch hier kräftige Frauen sehr bewundert.)

Und zum Abschluss sagte sie:

„Señora, der Stoff ist ausgezeichnet. Was haben Sie für das Kleid bezahlt und wo haben Sie es gekauft? Morgen werde ich in den Laden gehen und mir ein neues kaufen!"

Ich fürchte, ich habe diesen Vorschlag nicht mit Begeisterung aufgenommen. Doch nach einer Weile gewöhnte ich mich an derartige Reden, denn ich stellte fest, dass die alte Maria ebenso wenig daran dachte, meine Kleider zu kopieren, wie daran, eine Reise nach England zu unternehmen, und dass sie lediglich die aufrichtigste Form der Schmeichelei andeuten wollte, die in der Nachahmung liegt.

Ich habe viele merkwürdige Vorkommnisse erlebt, die zeigen, dass zwischen Herr und Diener in gewisser Hinsicht völlige Vertrautheit herrscht, während in anderer Hinsicht eine Kluft besteht, die unüberwindbar scheint.

Dienstboten und Dienstbotinnen, die auch nur für kurze Zeit in einem Haus beschäftigt waren, insbesondere auf dem Land, sind für den Rest ihres Lebens mehr oder weniger davon befreit. Sie können in andere Berufe ziehen oder heiraten und sich einen eigenen Haushalt gründen, aber immer, wenn sie ihre ehemalige Herrin besuchen, gehen sie hinein, als ob das Haus ihnen gehörte, und werden behandelt, als ob sie das volle Recht hätten, dort zu sein. Eine Wäscherin oder Putzfrau kommt mit drei oder vier kleinen Kindern an ihren Fersen, und diese sitzen den ganzen Tag in der Wäscherei oder auf der Terrasse herum, während die Mutter ihre Arbeit macht. Ich muss sagen, dass sich die kleinen Dinger im Allgemeinen sehr gut benehmen, da sie die harte Schule der Notwendigkeit durchlaufen haben, und sobald sie laufen und sprechen können, kommen sie herein, um Besorgungen für den

Haushalt zu machen. Auf diese Weise werden sie bald nützlich, denn hier gibt es unzählige Besorgungen. Außer in großen Landhäusern, die sich bei der Versorgung weitgehend auf ihre eigenen Bauernhöfe und Obstgärten verlassen, gibt es nur selten eine Vorratskammer, und Haushaltswaren bis auf den letzten Cent, Salz, Pfeffer und Gewürze, müssen von Tag zu Tag gekauft werden. Da kein Versuch unternommen wird, eine Liste der für die Mahlzeiten des Tages erforderlichen Zutaten zu erstellen, wenn der Koch auf den Markt geht, muss jeder zum Kochen benötigte Artikel erst dann besorgt werden, wenn er benötigt wird – ein System, das einen großen Teil der Unpünktlichkeit der Mahlzeiten in spanischen Häusern und der daraus resultierenden nationalen Neigung zu verschiedenen Formen von Dyspepsie erklärt.

Dies gilt natürlich nicht für die Armen, deren Ernährung sehr einfach ist. Sie essen Brot und *Morcilla* oder *Chorizo* (stark mit Knoblauch gewürzte Sorten getrockneter Wurst) zum Mittagessen und *Puchero* oder *Cocido* – wovon später noch mehr zu hören sein wird – zum Abendessen. In der Stadt kaufen sie, wie ihre Arbeitgeber, alles tageweise. Auf dem Land aber leben sie größtenteils von dem, was sie selbst anbauen, es sei denn, die ganze Familie arbeitet auf dem Bauernhof und verdient ihren Lohn, im Preis sind die Lebensmittel inbegriffen. Und sie gedeihen mit Brot, *Morcilla* und Wasser; die Landbewohner trinken nicht einmal Kaffee, wie ich feststellte, als ich bei meinen archäologischen Exkursionen ihre Gastfreundschaft annahm. Sie brauchen also nicht wie ihre Freunde aus der Stadt ständig zum *Lebensmittelladen zu rennen* , was auch gut ist, da die nächste Stadt zwischen drei und sechs Kilometer entfernt sein kann.

Um auf die Manieren spanischer Dienstboten zurückzukommen. Ich saß eines Abends mit Freunden beim Kaffee nach dem Essen, als ein malerisches Geschöpf in einem purpurnen Reuegewand, mit einem weißen Kopftuch und Zwillingen im Arm, hereinschlenderte, um der Familie zu erzählen, dass sie einen Brief von ihrem Bruder bekommen hatte, einem Soldaten in Marokko. Sie waren alle offensichtlich interessiert, und während ich ihren mitfühlenden Fragen nach der Gesundheit und dem Glück des jungen Mannes lauschte, trank ich meinen Kaffee aus und reichte meine Tasse für Nachschub. Die Trägerin der Zwillinge unterbrach ihre Rede abrupt, als sie bemerkte, dass ich Zucker ablehnte.

„Ist es möglich, dass die Señora Kaffee ohne Zucker trinkt? So etwas habe ich noch nie gehört. Ist das nicht sehr unangenehm im Geschmack?"

Und dann, auf der Stelle, hob sie beide Babys auf einen Arm, nahm den unbenutzten Löffel von meiner Untertasse, tauchte ihn in meine Tasse und probierte selbst, wie Kaffee ohne Zucker schmeckt.

Ich musste mir das Lachen verkneifen, so komisch war die einfache Unbewusstheit der Frau, dass sie beleidigt war. Einer meiner Freunde fragte mich auf Englisch:

„Was halten Sie von der spanischen Unverschämtheit?", aber niemand sonst schenkte ihm Beachtung.

Diese besondere Handlung war ungewöhnlich, da jeder Zucker in seinen Kaffee gibt, sodass sich für eine Dienerin nur selten die Gelegenheit ergibt, den ungesüßten Kaffee in der Tasse ihres Herrn zu probieren. Aber die lizenzierte Vertrautheit, die dieser Handlung zugrunde liegt, ist weit verbreitet.

Manchmal führt ein Übermaß an Vertrautheit jedoch zu einer verdienten Strafe, wie in einem Fall, der sich in dem Hotel ereignete, in dem wir bei unserer ersten Ankunft in Spanien übernachteten.

Eines Tages saß ich allein in unserem kleinen Wohnzimmer und spielte auf einer Gitarre, als plötzlich die Tür aufging und eine große, füllige Frau mit großen schwarzen Augen, einer verwelkten Rose im Haar und einer Zigarette im Mund hereinkam. Sie ließ sich auf den einzigen Sessel im Raum fallen, nahm die Gitarre aus meinen widerstandslosen Händen, bemerkte „Ich kann jedenfalls besser spielen!" und stimmte die klirrenden Akkorde an, die jedem südspanischen Lied vorangehen.

Es stimmte vollkommen, dass sie besser spielte als ich, obwohl das nicht viel hieß, denn sie hätte kaum schlechter spielen können. Und ich war so amüsiert über ihre ruhige Selbstsicherheit, dass ich einfach dasaß und lachte, während sie auf der Gitarre herumtönte und mit ihrem Pantoffel auf den Boden trommelte, um gleich loszusingen. Doch das Konzert wurde schnell durch das Eintreten eines empörten Zimmermädchens beendet, das die Gitarre ergriff und dem Gitarristen voller Zorn und Empörung einen kräftigen Schlag versetzte: „ *Anda! Vete tu!* " („Geh! Raus!").

„Sie scheint Musik zu mögen", sagte ich abschätzig, denn für mich war die ganze Szene so gut wie ein Theaterstück gewesen.

„Musikliebhaberin! *Ca!* ", entgegnete das Zimmermädchen. „Sie ist die Wäscherin und sie ist betrunken!"

Weitere Nachforschungen ergaben, dass die Wäscherin von Beruf *Cigarrera war* – daher die Zigarette, denn anständige Frauen in Spanien rauchen nicht. Und ihr Name war Carmen! An Bizet und seinen „Stierkämpfer" erinnernd! Ach! Die Wirtin entließ sie am nächsten Morgen, und ich sah nie wieder eine Szene aus diesem Stück vor mir. Nebenbei bemerkt, ist Trunkenheit unter Frauen in Spanien äußerst selten, und ich kann mich nur daran erinnern, in

all den Jahren, die ich hier lebe, mit einer anderen alten Dame in direkten
Kontakt gekommen zu sein, die vom *Aguardiente ziemlich angefressen war* .

TEIL III.
WINTER

KAPITEL XII

Ein Dezemberfest – Das „Mysterium" – Ein heiliger Krieg – Die Geschichte der *Seises* und ihres Tanzes – Das Triduum der Carnestolendas – Der echte Don Juan – Die Tänzer des Fronleichnamsfestes – Die Niederlage von Don Jaime de Palafox – Das Weihnachtsschiff – Marzapan und *Polvorón* – Die Hahnenmesse am Weihnachtsabend – „Weihnachtskrippen" – Das mitternächtliche „Mittagessen" im Herrenhaus – Die „Gute Nacht" der Armen.

Wahrscheinlich hat jeder, der sich auch nur ein bisschen für Spanien interessiert, vom berühmten Tanz der Seises vor dem Hochaltar der Kathedrale von Sevilla an bestimmten Festtagen gehört, *beispielsweise* an Mariä Empfängnis im Dezember, dem Karneval im Februar und Fronleichnam im Juni. Doch niemand in Spanien oder anderswo kann genaue Angaben über den Ursprung des Tanzes machen, geschweige denn über den Namen.

DER TANZ DER SEISES IN DER KATHEDRALE VON SEVILLA.

(Aus dem Bild von Gonzalo Bilbao. Mit Genehmigung des Eigentümers, dem Earl of Rosebery, KG)

Im Spanischen bedeutet das Wort *seises* , Plural von *seis* , „Sechser", und man folgert üblicherweise, dass der Name gegeben wurde, weil sechs kleine Jungen die merkwürdigen altmodischen Bewegungen aufführten, die als „Tanz" bekannt sind. Aber tatsächlich nehmen zehn kleine Jungen teil, und ein Autor aus dem 17. Jahrhundert spricht von zwölf und ein anderer von sieben, und obwohl ich den Eindruck habe, dass diese beiden Zahlen Zettel der Kopisten sind, gibt es keinen Beweis dafür, dass die Zahl jemals genau sechs war, was ja der Fall gewesen sein muss, damit der Name davon herrührt. Es sieht daher so aus, als ob die Annahme, dass *seises* hier Sechsen bedeutet (und warum nicht Sechs statt Sechsen, als wären es Würfel?), eine jener voreiligen philologischen Verallgemeinerungen war, die allein auf dem Klang beruhen und immer wieder auftauchen, um den gewissenhaften Historiker vor Rätsel zu stellen.

Diejenigen, die an die offensichtliche Übersetzung des Wortes glauben, wie sie heute geschrieben wird, meinen, dass es ursprünglich nur sechs tanzende Jungen gab und dass die anderen vier die Begleiter des Erzbischofs waren, die als Zierde an den vier Ecken des Teppichs platziert waren, auf dem der Tanz stattfindet – und es ist übrigens ein sehr schöner alter Teppich. Aber hier stoßen wir auf den Einwand, dass die Jungen an den Ecken die größten der zehn sind, während die Begleiter des Erzbischofs die kleinsten sind und dass außerdem zwei und nicht vier in seinem Gefolge folgen. Für uns, die wir wissen, wie groß die Macht der Tradition in Südspanien ist, ist es unvorstellbar, dass der Dekan und das Kapitel oder der Erzbischof oder sogar der Papst selbst willkürlich und ohne erkennbaren Grund zu einem Zeitpunkt, der in keiner Aufzeichnung angegeben ist, vier weitere zu den sechs Jungen hinzugefügt haben sollten, deren Zahl ihrem Tanz angeblich den Namen gegeben hat. Es ist auch nicht wahrscheinlich, dass dieser besondere Tanz zahlenmäßig an Bedeutung gewonnen haben sollte, als in der gesamten Christenheit die religiösen Tänze des Mittelalters ausstarben oder von der Kirche absichtlich unterdrückt wurden.

Die vernünftigste Erklärung scheint die eines Freundes von mir zu sein, eines angesehenen Orientalisten, der die Theorie aufstellte, dass der Tanz ein Überbleibsel des mozarabischen Rituals sei und dass die kleinen „Seises" ursprünglich die *Sais* oder Begleiter der Priester waren, zu einer Zeit, als Arabisch die einzige Sprache in Sevilla war, und zwar nicht nur von den Moslems in ihren Moscheen, sondern auch von den arabisierten Christen, die ihre eigenen Formen der Anbetung beibehielten, obwohl sie ihre eigene Sprache vergessen hatten. In einer der Buchmalereien der *Cántigas von Alfons dem Weisen (1252) sieht man zwei kleine Sais* , die einen Priester begleiten, der das Bild Unserer Lieben Frau vom Stuhl (*Sede* – heute über dem Hochaltar in der Kathedrale) anbetet, und durch eine Bulle von Papst Eugen IV. aus dem Jahr 1438 wurden sie mit Verpflegung und Bildung ausgestattet. Aber nirgends wird ihre Zahl erwähnt, was auch bei einer Begrenzung auf sechs kaum zu übersehen gewesen wäre; Nichts scheint natürlicher zu sein als die Umwandlung des arabischen „ *sais* "in das spanische „*sei*", als das Kastilische durch ein Gesetz Alfons des Weisen zur Sprache des zurückeroberten Andalusiens erklärt wurde.

Wären die Urkunden und Archive der gläubigen Mozaraber dieser Diözese und ihrer Metropolitenkirche Santa Maria während des unruhigen halben Jahrhunderts zwischen 1200 und der Rückeroberung im Jahr 1248 nicht verloren gegangen, wüssten wir vielleicht etwas über den wahren Ursprung der Seises, des mittelalterlichen Freskos „Unserer Lieben Frau aus der Alten Zeit" und anderer mozarabischer Traditionen, der berühmten Gilden und Bruderschaften, die in der Karwoche in Prozessionen ausziehen , und anderer merkwürdiger Einzelheiten sevillanischer Rituale, die in einem späteren Kapitel angesprochen werden.

Ich werde die durch den *Seises -Tanz belebten Feste* der Reihe nach durchgehen und dabei mit der Oktave der Unbefleckten Empfängnis der Heiligen Jungfrau Maria beginnen (um dem Fest seinen vollständigen offiziellen Titel zu geben). Diese steht nicht nur zeitlich an erster Stelle, da ihr Vorabend am 7. Dezember ist, wenn in diesem begünstigten Klima der Winter gerade erst eingesetzt hat, sondern sie ist in der Tat auch das größte Fest des gesamten Kirchenjahrs in Sevilla, einer Stadt, die sich von Anfang bis Ende selbst zum Vorkämpfer dieses „Mysteriums" erklärt hat.

Niemand scheint zu wissen, wann der Glaube, dass Maria wie auch ihr Sohn ohne menschliches Zutun geboren wurden, in Sevilla erstmals Fuß zu fassen begann, doch Don Manuel Serrano, der den Großteil seines Lebens dem Studium der sevillanischen Kirchengeschichte und -kunst gewidmet hat, glaubt Beweise dafür zu haben, dass ihre „sündenfreie Geburt" ab dem vierten Jahrhundert verehrt wurde und dass der heilige Isidor, der „gelehrte Doktor" von Sevilla, sie im ursprünglichen Ritus fand und nicht lange vor der muslimischen Invasion in seine eigene Liturgie übertrug. Und da das isidorische oder sevillanische Ritual (*Rito hispalense*) hier während der gesamten Herrschaft des Islam von den Mozarabern angewandt wurde, bis San Fernando es 1248 durch den römischen Ritus ersetzte, können sevillanische Archäologen mit gutem Grund behaupten, dass dieser Bischofssitz im Laufe seiner wechselvollen Geschichte *par excellence* „das Land der Heiligen Jungfrau" (*tierra de Maria Santisima) war.* Ihre Behauptung wird jedenfalls dadurch gestützt, dass das Fest der Unbefleckten Empfängnis der Jungfrau Maria im mozarabischen Ritual von Toledo vor dem Jahr 1300 nicht vorkommt, wohingegen es hier im Jahr 1248 in vollem Gange gewesen zu sein scheint, denn Alfons der Weise bezieht sich in seiner *Chronik* auf die Verwendung des Rituals des „Saint Isidre é de San Leadre" (der Heiligen Isidor und Leander) in Sevilla, das dieses Fest beinhaltet.

Der Glaube an das „Mysterium" wurde nach der Rückeroberung nicht einmal in Sevilla allgemein akzeptiert, was auch immer unter den gläubigen Mozarabern der Fall gewesen sein mag, aber erst im 17. Jahrhundert wurde er wirklich heiß diskutiert. Dann schlossen sich die Franziskaner und Jesuiten zusammen, um seine Akzeptanz durch die gesamte Kirche zu erreichen, während die Dominikaner ihn bestritten, und Sevilla übernahm die Führung in dem, was fast zu einem heiligen Krieg wurde. Außergewöhnliche Akte der Hingabe wurden beobachtet, zu den bemerkenswertesten gehörte der Selbstverkauf eines freigelassenen Sklaven in die Sklaverei, der den Preis seines eigenen Fleisches und Blutes dem Kult des „Reinsten" gab. Er und seine Mitneger unterhielten einen Altar der Empfängnis in der Kirche Unserer Lieben Frau von den Engeln, und dafür wollte der freigelassene Sklave Geld sammeln. Und einem Priester wurde in einem Übermaß an Ekstase tatsächlich das AM (Ave Maria) ins Gesicht gebrannt.

Der Brand eines Dominikanerklosters wurde als Eingreifen der Vorsehung gegen diejenigen angesehen, die Unsere Liebe Frau „beleidigten", indem sie ihre wundersame Geburt leugneten. Er führte zu schweren Unruhen, die schließlich erst dadurch niedergeschlagen werden konnten, dass die Kirchenbehörden über der Tür des Klosters die Inschrift „Maria, ohne Sünde empfangen" anbrachten. Dieser Zeit der Stürme und Drangsal sind die zahlreichen Wiederholungen des Monogramms AM (Ave Maria) zuzuschreiben, das man über den Türen alter Häuser in fast jeder Stadt und jedem Dorf in Andalusien und anderen Provinzen sieht, wo die Kontroverse wütete. Aus diesem Jahrhundert stammt auch die Hinzufügung eines Bildes der Jungfrau Maria zu fast jeder Prozession in der Karwoche mit dem dazugehörigen Banner, das „ *Sin Pecado" genannt wird* , weil diese Worte als Zeugnis der unbefleckten Empfängnis Mariens darauf gestickt sind. Aus dieser Zeit stammt auch ein bemerkenswerter Festchormantel in der Kirche San Lorenzo in Sevilla. Er besteht aus weißem Brokat und ist vollständig mit dem Monogramm AM und den Initialen SPO durchwebt, so dass auf jeder Falte zu lesen ist: „Gegrüßet seist du, Maria! Geboren ohne Erbsünde" (*Ave Maria, Sin Pecado Original*).

Und nun wurde der alte Tanz der Seises zu einem der glänzendsten Elemente des Festes der Empfängnis. Bis dahin, so hört man, hatte man sich keine besondere Mühe mit den Kostümen der Jungen gegeben, aber 1654 hielt man es für wünschenswert, sie „auf den neuesten Stand zu bringen". Man würde viel dafür geben, zu wissen, wie sie vorher gekleidet waren, denn wahrscheinlich waren die Kostüme traditionell und Jahrhunderte alt, wenn nicht im Material, so doch im Stil. Aber die reichen und frommen Sevillaner hatten damals wie heute kaum Achtung vor Reliquien der Vergangenheit. Das Kapitel, das es für eine große Tat hielt, die Gewänder, in denen San Fernando 1252 begraben wurde, zu entfernen und sie durch das Kostüm ihrer Zeit zu ersetzen (in dem der einbalsamierte Leichnam des großen Generals und heiligen Monarchen noch heute dreimal im Jahr den Blicken seiner Anbeter präsentiert wird) – ein solches Kapitel wäre nicht in der Lage gewesen, in der Kleidung der tanzenden Jungen aus, sagen wir, dem 13. Jahrhundert etwas Erhaltenswertes zu sehen. Und sie fanden bereitwillig ein frommes altes Ehepaar, das für das Fest Mariä Empfängnis in der Kathedrale einen komplett neuen Satz „Ornamente" vorlegte, darunter auch Kostüme für die *Seises*.

Die Wohltäter waren Don Gonzalo Nuñez und seine Frau Doña Mercia, die vor kurzem mit einem stattlichen Vermögen aus Indien zurückgekehrt waren. Er war alt und von Gicht und anderen Leiden geplagt, aber er wurde auf einem Tragestuhl in die Kathedrale getragen, um an der Oktave des Festes vom 7. bis 14. Dezember 1654 teilzunehmen, und so konnte er „die unglaubliche Freude der ganzen Stadt" über die prächtigen Insignien miterleben, die er und seine Frau mit ihrer Großzügigkeit für die beliebte Zeremonie zur Verfügung gestellt hatten.

Nicht weniger als 150.000 Dukaten oder 40.000 Pfund unseres Geldes hat das fromme Paar beiseite gelegt, um das Fest der Unbefleckten Empfängnis zu stiften, „um es so prächtig zu machen wie das von Fronleichnam", und sie haben das Geld auch noch zu Lebzeiten gespendet, anstatt es testamentarisch zu vermachen, damit sie es ihr Leben lang selbst genießen können. Es gab neue blau-weiße Gewänder für die Priester, blau-weiße Vorhänge für die Kanzel, das Lesepult und den Thron des Erzbischofs, blau-weiße Banner, sogar blau-weiße Kissen, auf denen der Erzbischof im Chor und vor dem Hochaltar knien konnte. Jetzt erhielten die kleinen Jungen zum ersten Mal blaue und weiße Gewänder, die „Farben des Mysteriums", und der Plan des großzügigen Don Gonzalo war so umfassend, dass, wie es im Archiv heißt, „sogar die singenden Kinder, die Seises genannt werden", alle Borten und Fransen von gleichem Wert und Reichtum waren wie die des Dekans selbst.

Auch Frauen wurden bei dieser Stiftung nicht gänzlich ausgeschlossen, denn es wurde angeordnet, dass „bestimmte arme Mädchen" mit Mitgiften aus den 40.000 Pfund ausgestattet werden sollten, und diese Mädchen sollten während der gesamten Oktave in den Prozessionen mitlaufen, passend zu den Seises in weißen Gewändern und blauen Kapuzenmänteln, wie Murillo es damals in seinen Darstellungen der Jungfrau Maria darstellte. Doña Mercia ihrerseits stiftete die *Capilla de las Doncellas* (Kapelle der Mädchen) in der Kathedrale, und hier wurden bis vor wenigen Jahren jährlich die von ihrem Mann und ihr selbst gespendeten Mitgiften verteilt, und auch heute noch gehen mittellose Mädchen hierher, um für gute Ehemänner zu beten, obwohl leider die meisten Stiftungsgelder im letzten Viertel des 19. Jahrhunderts auf mysteriöse Weise verschwanden.

Ein interessantes Detail dieser Schenkung ist das Licht, das sie auf die Lage der Seidenweberei in Sevilla im 17. Jahrhundert wirft. Alle Gewänder, gleich welcher Art, der Altar und andere Wandbehänge, die Kostüme der Seises und die Kleider für die Jungfrauen sollten „aus den feinsten möglichen

Materialien" sein und „für diesen Zweck in der Stadt Sevilla gewebt werden, die in dieser Hinsicht weder Mailand noch Neapel nachsteht". So lautet der Wortlaut der Schenkungsurkunde. Wäre Don Gonzalo selbst ein Seidenhändler gewesen, hätten wir eine Voreingenommenheit zugunsten seiner eigenen Erzeugnisse vermuten können; dem war jedoch nicht so, denn er hatte sein Vermögen als Handelsmann mit der Neuen Welt gemacht.

Die Seidenindustrie Sevillas reicht bis in die arabische Zeit zurück und scheint im 11. Jahrhundert unter der wohltätigen Herrschaft der Abbaditenkönige ihren Höhepunkt erreicht zu haben, die Zivilisation und Luxus hier auf ein höheres Niveau brachten, als es jemals in Córdoba erreicht worden war, das sich immer mehr durch Literatur und Wissenschaft als durch Kunst oder Industrie hervorgetan hatte. Die Beni Abbad waren jemenitische Araber, und ihre Familie hatte sich (entgegen der allgemeinen Annahme) zusammen mit vielen anderen jemenitischer Abstammung im 8. Jahrhundert friedlich Seite an Seite mit den christlichen Eingeborenen niedergelassen. Sie schätzten die Vorteile von Handel und Industrie voll und ganz, denn die Jemeniten waren keine Nomaden wie viele andere Araber, sondern hatten mit Hilfe ihrer Eroberer, der Perser, in ihrer geliebten Hauptstadt Sana eine bemerkenswerte Zivilisation und Kunst entwickelt, deren traditionelle Herrlichkeiten noch mehrere Jahrhunderte nach der arabischen Besetzung Spaniens das Thema ihrer Dichter waren. So finden wir in den Seiden-, Damast- und Brokatstoffen, die bis ins 17. Jahrhundert in Sevilla hergestellt wurden, einen merkwürdigen ägyptisch-persischen Einfluss im Design, einen Einfluss, der seltsamerweise sogar heute noch in den wunderschönen Arbeiten andalusischer Frauen fortbesteht, sei es Spitzen, Stickereien oder gezogener Faden, und in den naiven traditionellen Vögeln und Tieren, die auf die Töpferwaren von Triana gemalt sind. Diese Designs sind so charakteristisch, dass man die Sevillaner Kunstschule von den frühesten arabischen Zeiten bis heute leicht erkennen kann, während die Erzeugnisse des 17. Jahrhunderts mit einigermaßener Genauigkeit anhand eines neuen Merkmals datiert werden können, das damals als Ergebnis der sevillanischen Hingabe an die „Unbefleckte" auftrat.

„Neu" ist allerdings kaum das richtige Wort, denn seine Wurzeln liegen in der heiligen Lotusblume Ägyptens, deren spitze Blätter die seit prähistorischen Zeiten verehrte Flamme des Lebens symbolisierten.

Bereits im 13. Jahrhundert wurde dieser Lotos oder diese Lilie (*azucena*) vom Ritterorden Unserer Lieben Frau der Alten Zeit als Wappen übernommen, und im Jahr 1400, als mit dem Wiederaufbau der Kathedrale von Sevilla begonnen wurde, wurde es als Wappen des Kapitels angenommen. Aufgrund der allgemeinen Verehrung des „Mysteriums" wurde das Wappen als „Wappen der Jungfrau" bekannt, und fortan ist der Krug oder die Vase mit der zweiarmigen Lilie, die daraus entsprießt, in andalusischen Mustern allgegenwärtig. Der Kelch der Lotosblume wurde zur Vase, während die Staubblätter und Stempel zu den beiden Zweigen wuchsen. Einige Künstler gingen sogar so weit, die Jungfrau auf einer Seerose mit zwei Stängeln sitzend zu malen, von denen einer seine Wurzel in der Brust ihrer Mutter St. Anna und der andere in der ihres Vaters St. Joachim hatte. Wir können uns kaum vorstellen, dass eine der westlichen Hagiologie so fremde Idee spontan entstanden sein könnte, nachdem der mozarabische Ritus bei der Rückeroberung Sevillas zugunsten des römischen unterdrückt worden war, während es nur natürlich wäre, dass die Kunst der mozarabischen Kirche zu einer Zeit von östlichen Ideen beeinflusst wurde, als die Mitglieder dieser Kirche in engem Kontakt mit der arabischen Zivilisation standen und praktisch vom Rest der Christenheit isoliert waren. Was die ägyptische (oder koptische) Tradition betrifft, so brachten die jemenitischen Araber sie im achten Jahrhundert mit, als sie nach ihrer Eroberung Ägyptens nach Spanien kamen, und sie wurde durch die enge Vertrautheit verstärkt, die im elften Jahrhundert zwischen den fatimischen Kalifen und dem abbadischen Hof in Sevilla bestand.

Dank Don Gonzalo Nuñez wird die Feier der Unbefleckten Empfängnis in Sevilla seit 1654 mit größerer Pracht begangen als anderswo. Die Säulen der Querschiffe und des Mittelschiffs sind von oben bis unten mit purpurnen Samtvorhängen behangen, für die die Kaufleute von Sevilla gegen Ende des Jahrhunderts 17.000 Pfund spendeten. Der gesamte Altaraufsatz und der Hochaltar sind mit Platten aus getriebenem Silber bedeckt, und die Pyxis steht in einem goldenen Schrein, der von einem Kranz aus funkelnden Diamanten umgeben ist, von denen jeder so groß ist wie eine kleine Erbse. Dieser ragt hoch über den eigentlichen Altar und schimmert blendend im schwachen Licht der Kerzen, die um ihn herum aufgestellt sind. Wenn die Glocke zur Elevation läutet, nachdem der Tanz der Seises vorüber ist, werden die roten Samtvorhänge, die die Hostie verdecken, langsam zurückgezogen; sanfte Orchestermusik erfüllt die Luft; der Kardinalerzbischof tritt vor, um den Segen zu erteilen, und die Tausenden von Gläubigen knien in stiller Anbetung nieder. Dann wird einem tatsächlich bewusst, welch außergewöhnlichen Einfluss das „Mysterium" auf die Vorstellungskraft der Menschen von Sevilla hat.

Die kleinen Seises, ganz gleich, was für üble Buben sie sonst auch sein mögen, benehmen sich bei dieser Gelegenheit mit großer Würde. Voller ehrenhaftem Stolz und überzeugt, dass ihr Tanz das Ereignis ist, auf das sich das ganze großartige Ritual des gesamten Domjahres konzentriert, fühlt jeder kleine Junge, dass alles von der Perfektion seiner eigenen Darbietung abhängt. Sollte ein einziger *Seis* im kleinsten Detail einen Fehler machen, würde der ganze majestätische Tanz in Verwirrung zerfallen. Denn dieser „Tanz" ist in Wirklichkeit eine Reihe komplizierter Arabesken, die von kleinen Füßen auf einem samtigen Teppich nachgezeichnet werden, wobei jede Bewegung aus den vorhergehenden und nachfolgenden erwächst und von ihnen abhängt. Es gibt über zweihundert musikalische Einstellungen, aber es gibt nur eine Regel für den Tanz, und ein Chorknabe, wie klug er auch sein mag, muss ihn ein ganzes Jahr lang üben, bevor er zur Würde eines *Seis erhoben werden kann* , dem Gipfel seiner Ambitionen. Ein *Seis* zu sein ist tatsächlich so etwas wie ein Stipendium zu gewinnen, denn wenn er aus seinem Kostüm herauswächst und seine Stimme zu brechen beginnt, kümmert sich das Kapitel um seine Zukunft, das ihn zum Priester ausbildet, wenn er eine Neigung dazu hat, oder ihn in einem Beruf in die Lehre gibt, mit dem er irgendwann seinen Lebensunterhalt verdienen kann, es sei denn, er ist, wie es häufig der Fall ist, der Sohn von Eltern, die ihm eine berufliche Laufbahn ermöglichen können.

Ihre Kleidung wird noch immer nach der Mode des 17. Jahrhunderts gefertigt, wenn auch etwas abgewandelt und leider nicht mehr aus „den besten Materialien", die in Sevilla erhältlich sind. Die Hosen von früher sind zu Kniebundhosen verkommen, aber wir sehen noch immer die weißen Schuhe und die weißen Strümpfe, die einst Hosen waren, die runden, auf einer Seite hochgeschlagenen Hüte mit Federn, Wamse aus weißem Satin mit blauen, goldumrandeten Streifen und dazu passende Bänder, die von den Schultern hängen, wie einst die eleganten Umhänge, von denen diese hier ein bescheidenes Überbleibsel sind. Trotz aller Veränderungen und verminderten Pracht ihrer Kleidung schlagen die kleinen Seises einen klingenden Ton aus der Vergangenheit an, wenn sie vor Beginn ihres Tanzes über den breiten Gang zum Chor eilen. Acht von ihnen gehen den mit einem Geländer abgegrenzten Gang entlang, der vom Chor zum Hochaltar führt, während die beiden Kleinsten sich zu beiden Seiten des großen geschnitzten Lesepults mit seinen riesigen alten Messbüchern platzieren, bereit, ihren Ehrenplatz hinter dem Kardinal-Erzbischof einzunehmen, wenn er von seinem Thron zum Altar tritt. Die winzigen blau-weißen Figuren verleihen dem düsteren Purpur der Roben der Kanoniker und dem leuchtenden Braun des geschnitzten Zedernholzgestühls einen bezaubernden Hauch kindlicher Unbekümmertheit, über dessen Spitze sie kaum hinwegsehen können , denn sie sind erst sieben oder acht Jahre alt; und sie stehen erst auf dem einen Bein, dann auf dem anderen, während die Chorsänger und die begünstigten Geistlichen die lange Vesper intonieren, und versuchen vergeblich, sich so zu benehmen, als wären sie große Jungen, die vom Dröhnen der Phone und Antiphone über ihren kleinen Köpfen überhaupt nicht müde werden.

Endlich ist die Abendandacht vorüber und der große Moment ist gekommen. Vorangegangen wird der *Pertiguero* mit seinem silbernen Amtsstab, mit Perücke, weitem Kragen und schwarzer Sergerobe aus dem 16. Jahrhundert, und das Kapitel marschiert in feierlicher Prozession den mit

Geländer versehenen Gang vom Chor zum Hochaltar hinunter. Den Abschluss bildet der Kardinal-Erzbischof in seiner prächtigen scharlachroten Robe mit einem *Seis* auf jeder Seite. Die Würdenträger knien alle neben den breiten Stühlen aus dem 16. Jahrhundert mit ihren breiten Armlehnen nieder, die rechts am Fuß der Altarstufen stehen, und bleiben während des gesamten Tanzes auf den Knien. Das Orchester setzt ein und die Hymne der Seises beginnt. Sie wird nie von der Orgel begleitet, sondern immer von einem Streichorchester aus Laien, das den Sitzen der Würdenträger gegenüber links von den Altarstufen steht. Und dieses Laienorchester lässt darauf schließen, dass der Tanz eingeführt wurde, bevor in der frühen spanischen Kirche Orgeln verwendet wurden.

Weder in der Hymne noch in der Musik des darauffolgenden Tanzes ist etwas Orientalisches; alles ist süß, zart und ehrfürchtig, wie es eine religiöse Zeremonie sein sollte, die von Kindern in einer Kirche durchgeführt wird. Doch am Ende jedes Verses werden wir plötzlich an den Osten erinnert, durch das Rasseln der Kastagnetten, die die Jungen die ganze Zeit über in den Handflächen versteckt hielten und die sie nun mit einer Meisterschaft von Crescendo und Diminuendo spielen, die zeigt, wie die Kastagnetten zu Musikinstrumenten werden können, nicht nur zu rhythmischen Geräuschen. Hier wird erneut der Ton der Tradition angeschlagen, denn die Kastagnetten sind orientalisch und müssen, wie der Tanz selbst, von den arabisierten Christen Sevillas unter dem Islam in den Gottesdienst der Kathedrale eingeführt worden sein.

Der Hymnus hat zwei Verse, und der Tanz wird zweimal aufgeführt; dann laufen die zehn kleinen Jungen leichtfüßig die Stufen hinauf, fünf auf jeder Seite des Altars, erweisen den Elementen ihre Ehrerbietung, die in der goldenen Pyxis über dem Bild der „reinsten Jungfrau Maria" – einer schönen Holzskulptur von Martinez Montañes – verborgen sind, und verschwinden in der Sakristei hinter dem Reichtum an Silber und Brokat, den der längst vergessene Don Gonzalo zur Verfügung gestellt hat. Doch bevor die Musik des Segens beginnt, erhebt sich die Hälfte der im Querschiff sitzenden Gemeinde und begibt sich eilig zum Tor der Pole unter dem Giralda-Turm, denn auf diesem Weg geht der Kardinal zu seinem Palast auf der anderen Seite des Platzes, und die frommen Sevillaner glauben, dass ihnen ein besonderer Segen zuteil wird, wenn sie ihm den Weg versperren und seinen schönen Amethystring küssen können, wenn er nach dem Tanz der Seises in der Oktave der Unbefleckten Empfängnis Unserer Lieben Frau die Kathedrale verlässt.

Das nächste Mal tanzen die Knaben während der drei Karnevalstage, und wenn wir fragen, warum gerade dieser weltliche Anlass gewählt wurde, geben uns die Archive des Kapitels die Erklärung .

Im Jahr 1682 starb in Sevilla ein gewisser Don Francisco de Contreras de Chaves, Ritter des Ordens von Santiago, Edelmann des Königs, Vertrauter des Heiligen Ordens der Inquisition und einer der *Veintecuatros* (Vierundzwanzig), eines Adelsordens, der im 13. Jahrhundert nur Sevilla verliehen wurde. Dieser angesehene Mann war betrübt über die eitlen und weltlichen Vergnügungen, denen man während der *Carnestolendas* (lat. *carnis tollendus*) frönte, das sind die drei Tage, an denen man zur Vorbereitung auf die am Aschermittwoch beginnende vierzigjährige Abstinenz Fleisch isst; und er hoffte inständig, dass durch die Einführung des Seises-Tanzes in die Gottesdienste der Kathedrale an diesen drei Tagen der Flut profaner Unterhaltung Einhalt geboten werden könnte. So verfügte er, dass nach dem Tod seiner Frau sein gesamtes „großes Vermögen" dem „Triduum der Carnestolendas" gewidmet werden sollte, damit diese Tage in der Kathedrale mit ebenso viel Pomp und Pracht gefeiert würden wie die Feste Mariä Empfängnis und Fronleichnam.

Als sein Nachlass abgerechnet werden musste, stellte sich heraus, dass dreizehntausend *Pesos Escudos de Plata* (etwa 1260 Pfund) für diesen Zweck zur Verfügung standen. Als Zeichen der Dankbarkeit gegenüber ihrem großzügigen Wohltäter ordnete das Kapitel an, dass alle niederen Geistlichen und Angehörigen des „heiligen Hauses" an seiner Beerdigung teilnehmen sollten. Die Hälfte von ihnen trug gelbe und die andere Hälfte weiße Kerzen, während die Bahre mit dem Bahrtuch bedeckt war, das bei Bestattungen von Präbendaren verwendet wurde. Außerdem wurde in der Kirche San Francisco (heute das Rathaus), wo der verstorbene Inquisitor begraben war, eine Totenmesse gefeiert. Das Kapitel nahm in Chormantel und Birett daran teil, und die Musiker der Kathedrale sangen die Messe, die von drei Würdenträgern vorgetragen wurde, während ein vierter die Predigt hielt.

„Auf diese Weise", sagt ein zeitgenössischer Autor, „erwies das Kapitel Don Francisco de Contreras Ehre, weil er sein gesamtes Vermögen der Förderung des Gottesdienstes überließ, von dem er seine Belohnung erhalten wird."

Don Francisco starb im selben Jahr wie Murillo, aber es ist uns nicht bekannt, dass das Kapitel ihm derartige Trauerehren erwiesen hat. Vermutlich dachten sie, dass sie mit der Bezahlung seiner Bilder ihre Pflicht gegenüber dem Künstler erfüllt hätten, obwohl er sein Leben dem Dienst der Religion gewidmet, 32 Bilder der Empfängnis gemalt und weltlichen Ehren und Belohnungen den Rücken gekehrt hatte, um das Heilige Offizium nicht durch die Schaffung anderer als religiöser Werke zu beleidigen.

Die Kleider, die Don Francisco für die Seises zur Verfügung gestellt hat, sind im gleichen Stil und aus den gleichen Materialien wie die für die Empfängnis, aber während letztere blau sind, ist das Karnevalsgewand rot, und diese rot-weißen Kostüme werden auch zu Fronleichnam getragen, der Anfang Juni stattfindet. Es gibt jedoch einen bemerkenswerten Unterschied zwischen dieser Zeremonie und den beiden vorherigen, denn während sie in der Kathedrale stattfinden, geht die Fronleichnamsprozession mit der Hostie auf die Straßen, passiert das Rathaus, wo sich alle vornehmen Leute der Stadt versammeln, um sie auf zu diesem Anlass errichteten Ständen zu empfangen, und macht eine lange Runde durch das Herz des ältesten Teils von Sevilla, bevor sie mit ihrer heiligen Last zur Mutterkirche zurückkehrt.

Obwohl das Fronleichnamsfest offiziell im 13. Jahrhundert eingeführt wurde und vermutlich ein Überbleibsel einer jener heidnischen Zeremonien ist, welche die frühen Kirchenväter, statt sich darüber zu streiten, so weise in den christlichen Gottesdienst einfügten, entwickelte es sich erst im Jahr 1613 zu seiner vollen Pracht. Der Stifter war damals kein anderer als jene interessante historische Persönlichkeit, Don Mateo Vazquez de Leca, Archidiakon von Sevilla, der in der Dichtung und in Romanen als „Don Juan" bekannt ist.

Als einziges Kind wohlhabender Eltern, die starben, als er noch ein Jugendlicher war, wurde er Priester und erhielt bereits im Alter von 23 Jahren eine hohe Stellung im Kapitel. Es war nicht verwunderlich, dass, wie ein Zeitgenosse es ausdrückte, „da er noch klein war und seine Pachten hoch waren, seine Schritte nicht so ausgeglichen waren, wie es sein kirchlicher Stand verlangt hätte." Sein palastartiges Anwesen wurde in der Tat in einer Weise geführt, die eher einem Plutokraten als einem Priester gebührte, und sein ausschweifendes Leben war der Skandal der Stadt. Aber als er dreißig war, „gefiel es dem Himmel, ihn vor der Gefahr zu warnen, in der er schwebte", und zwar durch ein wundersames Eingreifen, das fälschlicherweise mit dem Namen Don Juan Mañara in Verbindung gebracht wurde, eines Zeitgenossen Murillos, der dem Hospital de la Caridad in Sevilla viel Gold schenkte und befahl, auf seinen Grabstein in der Kirche des Hospitals die Inschrift zu schreiben: „Hier liegt der schlimmste Mensch, der je gelebt hat." Aufgrund dieser posthumen Bescheidenheit wurde das Abenteuer des Don Mateo von den Romanisten Don Juan Mañara zugeschrieben und nicht dem wahren Helden, dem Archidiakon, der tatsächlich eine weitaus malerischere Persönlichkeit war.

Es war das Jahr 1600, der Tag des Fronleichnamsfestes – und wir brauchen keine Datumsfehler zu befürchten, denn das Ereignis ist in den Archiven des Kapitels verzeichnet. Don Mateo, der mehr auf seine persönliche Eleganz als auf sein heiliges Amt bedacht war, kleidete sich für diesen Anlass in ein wunderschönes Unterkleid aus Brokat und vertraute darauf, dass der Glanz der Seide und des Goldfadens durch die durchsichtige Seide seiner Soutane und die transparente Spitze seines Rochetts schimmern würde. Denn sein Geist und sein Auge waren auf eine geheimnisvolle Dame gerichtet, die er kürzlich in der Gemeinde in der Kathedrale bemerkt hatte, und er hoffte, sein hübsches Gesicht und seine reich gekleidete Gestalt könnten an diesem

Tag religiöser und weltlicher Freude ihre Gunst gewinnen. Während der ganzen langwierigen Zeremonie in der Kathedrale und des langsamen Fortschreitens der langen Prozession gelang es ihm, sie im Blick zu behalten, und als er schließlich frei war, sich seiner kirchlichen Kleidung zu entledigen und zu gehen, wohin er wollte, fand er sie vor dem heiligen Gebäude auf ihn wartend und versuchte sofort, sie anzusprechen.

Doch die Dame war sehr schüchtern, trotz ihrer koketten Blicke auf den Archidiakon während der Zeremonie, und als er sich ihr näherte, entfernte sie sich so schnell, dass er unter dem langen schwarzen Schleier, der um ihren Kopf und ihre Schultern gewickelt war, nicht einmal einen Blick auf ihr Gesicht erhaschen konnte, noch konnte er sie einholen, obwohl er ihr durch die ganze Innenstadt folgte, in die Macarena und um die Stadtmauern herum, bis sie ihn wieder zurück in die Kathedrale führte.

Im Gebäude war es inzwischen dunkel, denn der ganze Nachmittag war mit der Verfolgung verbracht worden, und die Dame huschte von Kapelle zu Kapelle und von Altar zu Altar, bis sie schließlich vor dem Altar Unserer Lieben Frau der alten Zeiten stehen blieb. Don Mateo zitterte, denn dieses Bild war immer seine besondere Verehrung gewesen. Aber das Fleisch war nach so vielen Jahren der Selbstgefälligkeit zu stark für den Geist. Er schloss die Dame in seine Arme, vergaß den heiligen Ort, an dem er stand, und riss ihr den Schleier herunter, fest entschlossen, die lieblichen Züge der Frau zu sehen, die ihm so lange getrotzt hatte. Ein Wort wurde ihm ins Ohr gehaucht, wie ein Seufzer aus einer anderen Welt.

„ EWIGKEIT! " war das Wort, das er hörte, und es schien durch die langen, leeren Gänge davonzuschweben, nur um wieder aufzusteigen und lauter herauszurollen – lauter, bis es wie Donner in den Ohren des elenden Priesters klang.

Und dann sank der warme, lebendige Körper, den er in seinen Armen hielt, mit einem schrecklichen Klappern trockener Knochen zu einem formlosen Haufen auf dem Boden zusammen. Das, wofür er den Frevel begangen hatte, war nichts weiter als ein verdorrtes und zerfallenes Skelett.

Von diesem Moment an führte der Archidiakon ein neues Leben und wurde in seiner tiefen Reue der frommste aller Priester des Kapitels. Er verließ sein prächtiges Herrenhaus und zog in ein schäbiges Haus in der Gasse von Santa Marta, im Schatten der Kathedrale; er widmete sein ganzes Vermögen frommen und wohltätigen Zwecken und stiftete für immer hohe Einnahmen für das Fronleichnamsfest, weil Gott es an diesem Tag für richtig erachtet hatte, ihn von seinem sündigen Leben zu erlösen. Er schenkte für das Fest nicht weniger als hundert silberne Leuchter, Vorhänge und Baldachine für den Hochaltar und silberne Altäre, die in der Prozession durch die Straßen getragen werden sollten. Er schenkte einen kompletten Satz weißer

Gewänder, die nur an diesem Tag getragen werden sollten, für das gesamte Kapitel, die niederen Geistlichen, die Sänger, Musiker und Diener des Altars, darunter natürlich die Seises. Er gab Altartafeln für die tragbaren Altäre, Vorhänge für die Kanzel und das Domkreuz, Vorhänge für den silbernen Schrein und reiche Draperien für die Plattform, auf der der Schrein mit der Pyxis darin durch die Stadt getragen wird. Und er stiftete Prediger, Glöckner, Beleuchtungen und Prozessionen – kurz, alles, was mit dem Fest zu tun hat, nicht ausgenommen die Gilde Unserer Lieben Frau vom Granatapfel, die einen Altar in der Kapelle von la Granada (Granatapfel) unter der Giralda unterhält und noch heute die schweren Stangen bewahrt, auf denen sie bis vor kurzem die Plattform mit dem Schrein nach echter alter arabischer Art trugen.

Seit frühester Zeit wurde die Fronleichnamsprozession nicht nur von den kleinen Seises in ihren Galakleidern begleitet, sondern auch von Gruppen männlicher und weiblicher Tänzer, die in ihrer Idee den Riesen und Großköpfen ähnelten, die bei den Festen Unserer Lieben Frau auf dem Pfeiler in Saragossa vorkommen, wie in Kapitel XVII beschrieben. Diese sind jetzt schon so lange unterdrückt, dass nur wenige wissen, was sie einmal waren, aber ich finde eine Erwähnung der Riesen im Jahr 1690, als der Zivilgouverneur oder *Asistente*, wie er damals genannt wurde, sich mit dem Erzbischof Don Jaime de Palafox zusammentat, um in einem entschlossenen Versuch die Feierlichkeiten zu unterdrücken, die sie als mit der Würde der Kirche unvereinbar betrachteten.

Sie wussten ganz genau, dass ihr Plan nicht ausgeführt werden konnte, wenn die Öffentlichkeit im Voraus erfuhr, was sie vorhatten. Daher wurde bis sechs Uhr morgens am Festtag nichts gesagt. Dann wurde bekannt gegeben, dass keine Gruppe von Tänzern die Kathedrale betreten dürfe, da dem Anführer einer solchen Gruppe eine Geldstrafe von hundert Dukaten und dem Träger eines ihrer Banner fünfzig Dukaten und vier Jahre Gefängnis drohen würden. Aber der Erzbischof und der *Asistente* hatten die Rechnung ohne ihren Gastgeber gemacht, denn obwohl die Menschen, verblüfft über diesen unerwarteten Eingriff in ihre uralten Rechte, wie betäubt von dem Schlag ruhig blieben, gingen die Anwälte des Stadtrats (der die „Tänzer" finanziell unterstützte) direkt zum Gerichtshof, und bald wurde dem Erzbischof mitgeteilt, dass er in dieser Angelegenheit keine rechtlichen Befugnisse habe, dass die „Tänzer" sofort ihre gewohnten Plätze in der Prozession innerhalb der Kathedrale einnehmen sollten und die Zeremonie in der üblichen Reihenfolge ablaufen sollte.

Der Erzbischof, wütend darüber, dass seine Autorität in Frage gestellt wurde, befahl, dass die Prozession sofort abgezogen werden sollte, wenn die Tänzer die Kathedrale betreten würden, und dass die Hostie in ihrer prächtigen silbernen *Custodia* (eine Miniaturnachbildung der Hostie, die während der

Karwoche im „Denkmal" aufgestellt wurde) an ihren ursprünglichen Platz zurückgebracht werden sollte. Doch nun wandten sich die Priester, Mönche und anderen Geistlichen gegen ihn und sagten, dass sie vom Kapitel eingeladen worden seien, der Darbringung der Hostie unter den Menschen beizuwohnen, und dass sie die Kathedrale nicht verlassen könnten, bis diese heilige Pflicht erfüllt sei.

Unterdessen versammelte sich das Volk – wütend und enttäuscht, betrübt durch einen Streit über etwas, das ihnen heilig war, und in Angst, der Zorn Gottes könne über die Stadt hereinbrechen, weil der Feiertag nicht nach dem Ritual ihrer Vorväter begangen wurde – auf der Plaza de San Francisco und forderte lautstark den Beginn der Prozession, während die sanfteren und furchtsameren Geister überall entlang der Straßen niederknieten und zu Gott beteten, er möge die Schwierigkeiten beseitigen, die so plötzlich und unerwartet aufgetreten waren.

Schließlich zog sich der Erzbischof zurück und ein geringerer Würdenträger nahm seinen Platz ein. Die Prozession verließ die Kathedrale mit den Tänzern an ihren üblichen Plätzen, gefolgt von der Bruderschaft der Schneider (von denen später mehr zu hören sein wird), den Kapuzinern, Söldnern, Augustinern und Karmelitermönchen, dem Inquisitionsgericht, den Kanonikern und dem *Asistente* , der seine Empörung über seine eigene Niederlage und die des Erzbischofs nicht verbergen konnte, über die sich die ganze Stadt entlang der gesamten Route freute.

Don Jaime de Palafox wandte sich daraufhin an den König und den Papst, erhielt jedoch nur den Befehl, Frauen von den Tänzen auszuschließen und die Tänzer in der Kathedrale keine Masken oder andere Verkleidungen zu tragen. Es wurde kein Versuch unternommen, die Tänze selbst zu unterbinden, da „diese Art von Festen in Sevilla schon immer stattgefunden hatte". Dem Erzbischof wurde aufgetragen, den Tänzern den Einzug in die Kathedrale weder zu behindern noch zu behindern, und er bekam vom König einen Rüffel, weil er versucht hatte, „Neuheiten einzuführen".

Don Jaime de Palafox war nicht der Mann, der sich geschlagen geben wollte, und zehn Jahre später waren die *Seises an der Reihe* . Am 18. Juni des Jahres 1700 erhielt er vom Papst den Befehl an das Kapitel, „den Missbrauch der Tänze der Seises zu unterbinden", offenbar in der Hoffnung, damit dieser traditionellen Aufführung ein Ende zu bereiten. Der Dekan war jedoch ein ebenso tapferer Kämpfer wie Don Jaime selbst. Er erklärte dem Heiligen Vater, dass man die Hymne und den Tanz der Seises nicht durch Hörensagen beurteilen könne, sondern sie sehen müsse, um sie zu verstehen, und er erinnerte den Papst daran, dass das oberste Prinzip des Konzils von Trient darin bestehe, dass in einem Streitfall kein Urteil gefällt werden dürfe, bevor nicht beide Seiten des Falls angehört worden seien. Er blieb bei seinem Standpunkt, bis er die Erlaubnis erhielt, die Seises mit Kostümen, Kastagnetten und allem anderen nach Rom zu bringen, um dort vor dem Papst zu tanzen, und das Endergebnis war, dass der Tanz ein anerkannter Teil des Rituals der Kathedrale von Sevilla blieb und seitdem zu den festgelegten Zeiten ohne Unterbrechung aufgeführt wird.

So ist es bis heute erhalten geblieben, zur frommen Freude aller guten Sevillaner. Aber wie der Chronist über den Versuch, es zu unterdrücken, sagte: „Nur wer es sieht, kann es verstehen, und es ist sehenswert. Denn es wird mit größter Ernsthaftigkeit und Gelassenheit aufgeführt, mit dem Ergebnis, dass es eines der bemerkenswertesten Dinge in dieser Heiligen Kirche ist, weit entfernt von Respektlosigkeit, sondern vielmehr ein Beispiel für eine besondere Ehrerbietung gegenüber dem Herrn.“

Etwa eine Woche vor *Noche Buena* – der Guten Nacht –, also Heiligabend, erblühen die Lebensmittelläden in Sevilla in Stillleben, in deren Mittelpunkt normalerweise ein riesiges Schiff aus Korbgeflecht steht, das Ruder mit Bologna-Würsten, einen großen Schinken als Segel und eine Ladung Gold in Form von Orangen hat. Silber wird durch in Bleipapier eingewickelte Mandarinen dargestellt, und leere Ecken werden mit einer Vielzahl von Süßigkeiten aufgefüllt, während die Takelage aus Lametta-Luftschlangen besteht. Über dem Ganzen weht natürlich ein Banner in den Nationalfarben aus mehr oder weniger teurer Seide, und dieses „Flaggschiff“ wird von einer Schwadron kleinerer Fische in jeder Form und Gestalt flankiert, die jedoch immer aus Korbgeflecht bestehen. Die gesamte Flotte und ihre Bestandteile werden zu überhöhten Preisen zum Verkauf angeboten, und die Besatzung besteht in jedem Fall aus einer oder mehreren Flaschen Wein.

Diese Futterkörbe werden als Weihnachtsgeschenke gekauft und sind, da sie in anderen Geschäften nicht besonders attraktiv sind, nach Marzipankuchen die beliebteste Geschenkart. Die Konditoren bieten eine große Auswahl davon an, die meisten in Form von Stieren oder Drachen, aber einige stellen den beliebten Schinken dar, der als Nahrungsmittel so beliebt ist, während andere, aber in der Minderheit, in hübscher und kunstvoller Rund-, Rauten- oder Blumenform hergestellt werden. Alle bestehen aus derselben reichhaltigen Mandelpaste und alle sind mit konservierten Früchten und Bonbons verziert. Mehrere Sorten einer Nougatart namens *Turrón* gibt es auch zu Weihnachten und zwei oder drei anderen großen Festen und einige davon sind köstlich.

Die Marzipankuchen sind ebenso wie der *Turrón* und die Lebensmittelkörbe alle sehr teuer. Das überrascht nicht in einem Land, in dem selbst der lokal hergestellte Rote-Bete-Zucker so hoch besteuert wird, dass der Verbraucher 70 Centimen pro Pfund dafür bezahlen muss. Die oben genannten

Leckereien sind also nur den Reichen vorbehalten. Der Weihnachtskuchen der Armen heißt *Polvorón* und besteht aus einer merkwürdigen trockenen Substanz, die wie ein extra mürber Mürbekuchen aussieht und hauptsächlich aus Mandelmehl, Zucker und Eiweiß hergestellt wird. Der Weihnachts-*Polvorón* ist ein großer, runder Kuchen von etwa einem halben Zoll Dicke, in dessen Mitte sich normalerweise eine eingelegte Orange befindet, in die eine künstliche Blume gesteckt wird. Er wird immer auf einem Papptablett verkauft, da er aufgrund seiner Konsistenz sonst unter seinem eigenen Gewicht in Stücke zerfallen würde. Obwohl er im Vergleich zum Marzipan und *Turrón* , die in wohlhabenden Häusern gegessen werden, nur ein Klacks kostet, schmeckt er dennoch hervorragend.

Polvorón dem Marzapan vorziehen , und sei es nur, weil sie so viel mehr für ihr Geld bekommen. Es ist üblich, den Bediensteten zu Weihnachten einen Kuchen zu schenken, und ich erinnere mich, dass meine Köchin mir einmal, als ich mit ihr über eine geplante Küchenparty sprach, höflich zu verstehen gab, dass sie, so sehr sie auch den schönen Marzapan-Drachen des letzten Weihnachtsfestes genossen hatten, diesmal wirklich lieber einen *Polvorón hätten* , da die gleichen Ausgaben für diese Art von Kuchen es all ihren Freunden ermöglichen würden, ihn anzuschneiden und wiederzukommen, anstatt auf einen einzigen Bissen beschränkt zu sein, wie es beim Fünf-Dollar-Drachen des letzten Jahres der Fall war.

Ganz gleich, welchen Kuchen Sie dem *Haushalt geben* , der beste Teil wird beiseite gelegt und dem Herrn und deren Familie angeboten. Handelt es sich um einen Stier, behalten Sie Kopf und Hörner; handelt es sich um einen Drachen, behalten Sie Kopf und Schwanz. Am Abend nach der Party der Dienerschaft, wenn Ihr Abendessen vorbei ist, legt die Köchin hastig eine weiße Schürze an, bindet sich ihr bestes seidenes Taschentuch um den Kopf und marschiert mit den Resten des Kuchens und all seinen ungenießbaren Verzierungen, die sorgfältig neu arrangiert wurden, um zu verbergen, was fehlt, ins Esszimmer. Sie bietet ihn höflich jedem am Tisch an und fordert sie auf, zu probieren und zu sehen, was für ein reichhaltiges Gericht die Señores zum Vergnügen ihrer Angestellten zubereitet haben. Und nicht selten steht währenddessen ein begabtes Mitglied des Haushalts an der Tür und singt aus voller Kehle ein improvisiertes Reimpaar, das die Großzügigkeit und Liebenswürdigkeit seiner Arbeitgeber würdigt.

Über die eigentliche Ausrichtung von Weihnachtsfeiern wird sehr wenig gesprochen. Weihnachtsbäume sind natürlich völlig fremdartig in diesem Land, und ich habe noch nie von einem Weihnachtstanz außerhalb von Madrid gehört, abgesehen von denen, die von Ausländern veranstaltet werden. Aber Heiligabend wird von hoch und niedrig gefeiert, und reiche Leute geben zu dieser Zeit viel Geld für eine Art aus, die uns als eigenartig und unpraktisch erscheint, um ihren religiösen Eifer zu zeigen. Diese besteht darin, ein *Nacimiento* (Geburtstag) oder eine Darstellung der Geburt Christi aufzustellen, die in der privaten Kapelle des Hauses, falls vorhanden, oder in einem Hauptempfangsraum in einer so aufwendigen Form vorbereitet wird, wie es die Mittel der Familie erlauben.

Sogar die Ärmsten versuchen, so etwas für ihre Kinder zu beschaffen, und die nötigen Figuren dafür werden etwa eine Woche vor dem großen Tag auf der Straße und in den Läden zu Preisen von einem Centime bis zu Hunderten von Peseten verkauft. Ich habe die ganze Szene, die der Verkäufer aus grobem, unbeholfen bemaltem Ton modelliert hatte, für eine Peseta gekauft. Der Stall eines solchen *Nacimiento* hat drei kleine Wände und kein Dach, die Jungfrau und der heilige Josef knien zu beiden Seiten des Kindes, zwei winzige Federbüschel aus Pampasgras und einige Hähne und Hühner stellen die ländliche Umgebung dar, die sich diese Künstler angemessen vorstellen, und ungeachtet der Bibelgeschichte findet man irgendwo im Hintergrund den geliebten heiligen Johannes als erwachsenen Mann. Man kann einer armen Familie keine größere Freude machen, als ihr ein *Nacimiento* dieser Art zu schenken. Es wird einen Ehrenplatz auf der Kommode einnehmen, deren Oberseite immer ihren „Heiligen" – in der Regel entsetzlich schlechten Bildern – und Familienfotos gewidmet ist; Wenn der spärliche Lohn es erlaubt, werden jeden Abend eine oder mehrere Kerzen vor dem Schatz angezündet, bis zum „Tag der Könige", unserem Dreikönigstag, der für spanische Kinder ein weitaus größeres Fest ist als Weihnachten oder Neujahr. Und schon die Kleinsten lernen, dass man das heilige Spielzeug nicht mit dem Finger berühren darf.

Die *Nacimientos* werden in reichen Häusern ohne Rücksicht auf die Kosten aufgestellt (ich erinnere mich, eines gesehen zu haben, bei dem eine einzelne Figur 4 Pfund kostete), aber die Idee ist dieselbe – eine plastische Darstellung der Geburt Christi. Hier jedoch wird es zum Anlass einer gesellschaftlichen Veranstaltung gemacht, und es ist merkwürdig, am Weihnachtstag in den Zeitungen zu lesen, wie ein prächtiges *Nacimiento* über Nacht in der prächtigen Kapelle des herrlichen Herrenhauses der Herzöge von Mengano oder der Grafen von Fulano aufgestellt wurde und wie, nachdem der ehrwürdige Bischof von diesem oder der gelehrte Kanoniker von jenem das Offizium verlesen und eine inspirierte Ansprache gehalten hatte, sich die ganze Familie um 1 Uhr morgens ins Esszimmer begab und mit „einem köstlichen Mittagessen" bewirtet wurde, das „durch reichlich *Champagner noch angenehmer wurde* ".

In diesem Land sind die Presseberichte über Veranstaltungen dieser Art nicht gerade geizig mit Adjektiven. Die Rechnungen werden wie jede andere Werbung bezahlt, und die reichen Heerscharen des „neuen" Adels legen ebenso viel Wert darauf, etwas für ihr Geld zu bekommen wie die reichen Kaufleute und Finanziers. Was den alten ländlichen Adel betrifft, so ist sein Vermögen meist zu sehr geschrumpft, um zu Weihnachten oder zu jeder anderen Zeit damit zu prahlen, und wenn er noch wohlhabend ist, sind seine Vorlieben und Traditionen dem Ruhm in den Zeitungen abgeneigt, so dass Reporter kaum eine Chance haben, in ihre ernsten alten Häuser zu gelangen, und noch weniger, Honorare für Anzeigen in Form von schmeichelnden Berichten über ihre religiösen Bräuche zu erhalten.

In Sevilla üben alle alten Bräuche noch immer einen außerordentlichen Einfluss auf die Vorstellungswelt der Menschen aus. Eine der merkwürdigsten davon ist eine religiöse Zeremonie namens „Hahnenmesse" (*Misa del Gallo*), die am Weihnachtsabend stattfindet. Sie ist so seltsam und so archaisch, dass einst Versuche unternommen wurden, den Papst dazu zu bewegen, sie zu verbieten; aber die Franziskanermönche des Klosters San Buenaventura wandten sich persönlich an ihn; einer Kommission der Brüder wurde die Erlaubnis erteilt, die Hahnenmesse im Vatikan durchzuführen, und nachdem der Papst sie selbst gehört hatte, erteilte er eine Sondergenehmigung für ihre Fortführung in leicht abgeänderter Form.

San Buenaventura ist die Kirche, die man am Weihnachtsabend in Sevilla aufsuchen sollte, wenn man die Hahnenmesse in ihrer kultiviertesten Form mit schönem Gesang und Orgelspiel hören möchte; wer aber echtes Lokalkolorit und leidenschaftliche Inbrunst erleben will, die alle Fesseln der Selbstbeherrschung sprengt, muss, wenn möglich, in der kleinen Kapelle San Antonio Abad in der Straße Alfonso XII. EINEN STEHPLATZ FINDEN , denn dies ist der Zufluchtsort der Armen, für die ihre Religion so real ist wie ihr tägliches Brot.

Die Messe beginnt um Mitternacht, doch schon Stunden vorher ist die kleine Kirche von stillen Gläubigen bevölkert, die betend auf dem Boden knien und den Blick auf den Hochaltar gerichtet halten. Hier ist die Geburt Christi ausgestellt, und unter den Figuren sticht ein Esel hervor, der Stolz und Ruhm der Gemeinde, denn es ist das einzige lebensgroße Modell dieser Art, das man in einer Kirche in Sevilla sehen kann.

Die Leute kommen ungefähr jede Minute vorbei, um sich das *Nacimiento anzusehen* , knien kurz zum Gebet nieder und gehen dann wieder hinaus, um ihre Freunde zu treffen und sich die Zeit zu vertreiben, bis die Messe beginnt. Die Straßen sind überfüllt und jedes Café und Restaurant ist voll, denn die Leute gehen von einer Kirche zur anderen, um sich die verschiedenen *Nacimientos anzusehen* , und nur wenige von ihnen gehen vor zwei oder drei Uhr morgens ins Bett; also muss das System je nach persönlichem Geschmack und Geldbeutel mit Kaffee und Kuchen oder Wein und

Schinken oder *Aguardiente* und Krabbenscheren oder kaltem Wasser und gerösteten Kastanien oder Eicheln aufrechterhalten werden.

Um Mitternacht beginnt die Messe in San Antonio Abad mit einem Durcheinander barbarischer Klänge. Die kleine Orgel wird durch Gitarren, Tamburine, Kastagnetten, Triangel und ein orientalisches Instrument namens *Zambomba verstärkt*, das ein Überbleibsel aus den primitivsten Zeiten arabischer Musik sein muss. Es ist aus grobem Ton gefertigt und hat von der Form her etwa die Form eines Blumentopfs, ist in der Mitte tailliert und hat keinen Boden. Das breitere Ende ist mit straff gespanntem Pergament bedeckt, durch das ein dünnes Stück Rohr gesteckt wird, das darunter fest zusammengebunden ist. Die „Musik" wird erzeugt, indem man die Hand anfeuchtet und dann das Rohr auf und ab reibt, und der dabei entstehende Lärm ist unbeschreiblich. Wenn man sich eine Trommel vorstellt, die wie eine Kuh brüllt, die ihr Kalb verloren hat, kommt man dem Klang der *Zambomba einigermaßen nahe*: Aber man muss ihn gehört haben, um ihn würdigen zu können. Die Andalusier lieben es, und wenn sie sich keine *Zambomba* für die *Noche Buena* leisten können, basteln sie sich eine aus einem Blumentopf, über den sie anstelle der Schale ein nasses Tuch spannen – ein Ersatz, der noch seltsamere Geräusche macht als das echte Gefäß.

Dieses Folterinstrument ist heute nicht mehr oft in den Kirchen zu hören, und es ist zu befürchten, dass es sogar in San Antonio Abad die Gemeinde am Weihnachtsabend bald nicht mehr erfreuen wird; aber als wir das erste Mal nach Sevilla kamen, war es noch ein wesentlicher Bestandteil des Orchesters.

Die gesamte Hahnenmesse ist nur ein allmählicher Auftakt zum krönenden Akt der „Guten Nacht" – der Präsentation des Kindes, das von den Gläubigen geküsst werden soll. In den meisten Kirchen ist dies eine feierliche Zeremonie, und man spürt, wie ernst es denen ist, die an den Altarstufen vorbeigehen, um vor dem Bild des neugeborenen Erlösers niederzuknien. Die strahlenden Lichter, die das Bild umgeben, die prächtigen Gewänder der Priester, das schwache Licht der Seitenschiffe, aus denen die verschleierten Gläubigen herausschweben, niederknien, um den Fuß der kleinen Figur zu küssen, und dann wieder in der Dunkelheit verschwinden – all dies zusammen macht die Hahnenmesse in vielen Kirchen zu einem malerischen und emotionalen Spektakel. In solchen Kirchen gibt es nur die Orgel oder vielleicht ein Streichorchester, und außer dem Namen gibt es an der traditionellen Hahnenmesse nichts Archaisches.

Doch in San Antonio Abad und anderen kleineren Kirchen, die hauptsächlich, wenn nicht ausschließlich, von Armen besucht werden, hat die Messe einen ganz anderen Charakter.

In manchen dieser Kirchen beginnt die Musik schon um elf, zunächst sanft und leise, doch mit der Zeit und mit zunehmender Fülle der Kirche nimmt sie an Ton und Fröhlichkeit zu. Und die Stimmung der Menschen steigt mit der Musik, bis ein Stück mit einem stark ausgeprägten Rhythmus erklingt und die Gemeinde völlig den Kopf zu verlieren scheint. Sie wiegen sich von einer Seite zur anderen, geben mit Kopf und Händen den Takt vor und verfallen schließlich in den Takt mit den Füßen, völlig hingerissen von der Aufregung, während die „Gute Nacht" ihrem Höhepunkt immer näher kommt.

Sie fangen sich, als die Glocke zur Erhebung der Hostie läutet, und knien alle nieder, obwohl sie so dicht gedrängt sind, dass es einer gymnastischen Leistung gleicht, wieder aufzustehen. Während der Segnung tritt eine Pause ein, als würden sie Luft holen, und dann, als der Oberpriester mit dem Bild des Kindes auf seinem Schoß auf den Altarstufen Platz nimmt, bricht die Musik erneut aus: Orgel, Gitarren, Tamburine, *Zambombas* , ein triumphales Klanggemisch ohne besondere Form oder Rhythmus, und die ganze Menge bewegt sich gleichzeitig auf die Geburt Christi zu, Schritt für Schritt, ohne das geringste Drängen oder Schubsen, sondern alle entschlossen, ihren Christus anzubeten, „das Kind" zu sehen und zu berühren, das auch „der Herr" ist.

Für manche von ihnen bedeutet es sehr viel: nichts weniger als ein Vorzeichen für Gutes oder Schlechtes im kommenden Jahr. Ich hörte, wie eine Frau in der Menge einer anderen sagte, als sie an einem Weihnachtsabend die Kirche verließen, sie werde jetzt Glück haben, denn *El Niño* habe zu ihr aufgeschaut und gelächelt, als sie niederkniete, um ihn anzubeten: und ihr naives Vertrauen in das glückliche Omen erklärte vieles, was mich sonst am Verhalten der Menge während der Hahnenmesse verwirrt hätte.

DIE TÜR DES BRÄUTIGAMS.

KAPITEL XIII

Das Land des Kolumbus – Der Weg nach Moguer – Eine wackelige Brücke – Eine geschichtsträchtige Familie – Blaue Augen und ehrenhafte Herzen – Eisenarbeiten aus dem 15. Jahrhundert – Martin Alonso Pinzón, der Freund des Kolumbus – Seine Geschichte, erzählt von seinen Nachkommen – Palos de la Frontera – Die Burg der Pinzóns – Die Kirche des Heiligen Georg – Die Jungfrau des Kolumbus – Die Tür des Bräutigams – La Rabida: was es ist und was es sein könnte.

Im Februar ist in Südspanien normalerweise schon Frühling, aber ich besuchte das Land des Kolumbus im Jahr 1912, und in diesem ungewöhnlichen Jahr dauerte der Winter bis weit in die Mitte des Februars, ein Monat, in dem die Felder normalerweise mit blauen Schwertlilien, goldenen Butterblumen und scharlachroten Mohnblumen bedeckt sind. Meine Reise nach Moguer, Palos de la Frontera und La Rabida fällt also unter die Rubrik Winterskizzen, und vielleicht interessiert es meine Leser, dass es möglich ist, diese abgelegenen Dörfer auch bei Regenwetter zu erkunden.

Ich brach mit der Absicht auf, ein paar Tage lang in einer verschütteten Stadt am Ufer des Rio Tinto zu graben. Auf dem Weg zu den Kupferminen von Tharsis, hoch oben in der Sierra de Huelva, wollte ich mir ein kleines Museum mit Objekten ansehen, die die Gesellschaft in ihren verschiedenen Schächten gefunden hatte. Doch das Wetter, das bei meiner Abreise aus Sevilla noch perfekt war, änderte sich in der Nacht, und als ich am nächsten Morgen aufwachte, sah ich einen heftigen Regenguss, der Ausgrabungen unmöglich machte – umso mehr, als ich, um zu meiner Fundstelle zu gelangen, den Rio Tinto durch eine Furt überqueren musste, die nach Regenfällen unpassierbar ist. Ich überließ also meine *Jamugas* und Werkzeuge der freundlichen Vermieterin des unbequemen Zimmers, das ich nehmen musste, weil es im Umkreis von vielen Meilen um die Ruinen kein anderes Zimmer gab, und fuhr weiter nach Moguer, ausgestattet mit einer Einführung in die Familie Pinzón, direkte Nachkommen von Martin Alonso Pinzón, der Kolumbus mit seinen beiden Brüdern auf seiner epochalen Reise von Palos de la Frontera zu den Bahamas begleitet hatte.

Ich verließ den Zug bei heftigem Regenschauer am elenden kleinen Bahnhof von San Juan del Puerto, einem verarmten Dorf im Watt des Rio Tinto nahe der Mündung des Rio Odiel. Dies ist der nächste Bahnhof zu Moguer, und wer das Viertel sehen möchte, das nicht nur sehr hübsch, sondern auch voller historischer Sehenswürdigkeiten ist, sollte sich von den Reiseführern nicht dazu verleiten lassen, eine andere Route nach La Rabida zu nehmen, aus Gründen, die ich gleich erläutern werde.

Moguer ist nur etwa anderthalb Meilen vom Bahnhof entfernt, und jeder Zug wird von einer Postkutsche erwartet. Es stimmt, dass es sich nicht um ein luxuriöses Fortbewegungsmittel handelt, und wenn man sich nicht beeilt, einen Sitzplatz zu ergattern, kann es passieren, dass man zurückgelassen wird. Wenn Sie also nicht wie bei mir spontan auf die Reise kommen, schreiben Sie am besten an die Wirtin der Fonda Almirante Pinzón in Moguer, und sie wird Ihnen nicht nur eine Kutsche zum Bahnhof schicken, sondern auch eines ihrer wenigen Zimmer für Sie reservieren und ihrem einfachen Abendessen im Hinblick auf Ihre Ankunft ein zusätzliches Gericht hinzufügen. Es ist immer ratsam, wenn möglich, Ihre Ankunft in bescheidenen kleinen Gasthäusern wie diesem anzukündigen.

An dem Tag, als ich das erste Mal nach Moguer fuhr, war die Postkutsche nicht überfüllt. Außer mir befanden sich darin nur ein alter Arzt und seine junge Frau sowie der Dorftrottel aus San Juan, der auf der Außentreppe saß, bis er merkte, dass er mit seinem Gejammer weder aus dem Arzt noch aus mir etwas herausbekam. Dann schlief er ein und schlenderte im Regen zu seinem Haus zurück.

Nicht weit von San Juan gibt es eine lange, niedrige Holzbrücke auf Böcken über den Rio Tinto, der hier sehr breit ist. Sie knarrte und ächzte ziemlich, als wir sie überquerten, und der Arzt bemerkte, dass sie schon vor langer Zeit vom Straßeninspektor als unsicher eingestuft worden war, und jedes Mal, wenn er sie überquerte, fragte er sich, ob sie wohl halten würde, bis er auf der anderen Seite ankäme.

„Oh, Cayetano! Wie kannst du das sagen, wenn wir morgen auf demselben Weg zurück müssen!", kreischte seine Frau.

Ich betrachtete das trübe, gelbe Wasser, das vom Regen bereits angeschwollen war. Ein Bad darin wäre höchst unangenehm, selbst wenn es nichts Schlimmeres als ein Bad wäre. Aber wir kamen sicher hinüber und rumpelten eine sanfte Anhöhe hinauf in die hübsche kleine Stadt, wo man an jeder Ecke Erinnerungen an den Reichtum und Glanz findet, den die Stadt im 16. Jahrhundert genoss, als das Gold, das aus Amerika hereinströmte, jeden reich machte, der mit jenen in Verbindung stand, die in die Neue Welt reisten.

Die Fonda del Almirante Pinzón befindet sich im Erdgeschoss des Hauses, das dem Enkel des Admirals gehört. Als ich dort war, lebte die Familie, die wie so viele der alten Adligen in bescheidenen Verhältnissen lebte, im Stockwerk darüber. Seit den großen Tagen ihrer Reisen mit Kolumbus war das Oberhaupt der Pinzóns Seemann, und der Admiral, nach dem das Hotel benannt ist, zeichnete sich im Unabhängigkeitskrieg aus. Erst kürzlich wurde ein Kreuzer ausgesandt, um seine sterblichen Überreste in das nationale Pantheon berühmter Seefahrer in San Fernando zu überführen. Und sein

Sohn und sein Enkel pflegen noch immer die Traditionen einer Familie, die Karl V. mit der Verleihung des Adelstitels und demselben Wappen wie Kolumbus selbst ehrte – die drei historischen Karavellen und das Motto –

„ In Kastilien und León

Neue Welt, gesagt von Pinzón. ”

(Nach Kastilien und Leon

Eine neue Welt wurde von Pinzón geschenkt.)

Aber der stolzeste Stolz der Pinzóns, die reich waren, als ihr großer Vorfahre zum ersten Mal in den unbekannten Westen aufbrach, ist, dass sie sich nie die Hände mit unrechtmäßig erworbenem Vermögen schmutzig gemacht haben und dass ein Admiral Pinzón nach dem anderen hohe Regierungsämter bekleidete und das Amt nicht reicher verließ, als er es antrat. Ehrlichkeit wie diese in einem Land, in dem Politik und Ämter allgemein als kurzer Weg zum Reichtum gelten, zeugt von einem ebenso erhabenen wie seltenen Moralstandard. Sigismund Moret, der liberale Staatsmann, der dreimal aus dem Amt des Premierministers gedrängt wurde, weil er sich keine Parteiunterstützung erkaufen wollte, starb als armer Mann, und die gesamte spanische Presse war sich einig, dies als die höchste Ehre zu verkünden, die sie ihm erweisen konnte. Noch ist es vergeblich, auf eine ehrliche Verwaltung öffentlicher Gelder zu hoffen, aber wir müssen darauf vertrauen, dass sich auf lange Sicht das Beispiel der Pinzóns und Morets und ihresgleichen durchsetzen wird. Denn eine der Tragödien Spaniens besteht darin, dass seine natürlichen Reichtümer an Bodenschätzen und in der Landwirtschaft immens sind und es nur einer ehrlichen und vernünftigen Verwaltung bedarf, um vom ärmsten zum reichsten Land Europas zu werden.

Dieser Exkurs ist verzeihlich, denn im Columbus-Gebiet trifft man auf Schritt und Tritt auf die Pinzóns, und sie und ihresgleichen sind es, die eines Tages den Teig aufgehen lassen werden. Es ist üblich zu sagen, dass Spanien nie aufsteigen wird, weil die tote Last des Egoismus und der Eigennutzes, die auf dem guten Teig darunter liegt, jede gesunde Moral daran hindert, an die Oberfläche zu gelangen. Aber *qui vivra verra* . Ich persönlich glaube, dass sich in der Kruste des administrativen Egoismus Risse ausbreiten, und ich hoffe, noch vor meinem Tod ein Erwachen wie in meinem eigenen Land zu erleben, als ich jung war und die englische Gesellschaft plötzlich zu begreifen begann, dass sie ihre Pflicht gegenüber den Armen nicht vollständig erfüllt hatte, indem sie ihnen Decken und Beef Tea gab.

Die kleine *Fonda* mit dem großartigen Namen ist kein Ort, an dem man lange bleiben möchte, denn sie ist zwar sauber, die Betten sind etwas hart und das Essen ist so, wie man es für fünf Peseten am Tag *tout compris erwarten kann* .

Doch im bescheidenen Patio hängt ein großes Gemälde der Jungfrau von Montemayor, das dem Admiral und seinen Vorfahren gehörte. Und im einfach möblierten Speisezimmer gibt es einen wunderschönen schmiedeeisernen Brunnenkopf aus dem 15. Jahrhundert, in Stil und Ausführung identisch mit der Kanzel in der kleinen Kirche von Palos de la Frontera, von wo das Dekret Isabels der Katholischen verlesen wurde, in dem sie ihre Hafenherren aufforderte, die Schiffe *Santa Maria* und *Niña* für die Expedition ins Unbekannte zu bemannen und auszurüsten. Den Pinzóns zufolge waren diese Schiffe Eigentum von Martin Alonso Pinzón und seinen Brüdern, obwohl in dem viele Jahre später von Diego, dem Sohn von Kolumbus, angestrengten Prozess gegen den Staat eine andere Darstellung gegeben wurde. Die Unterlagen zu diesem langen Streit bildeten die Grundlage für vieles, was über Kolumbus' erste Expedition geschrieben wurde. Wenn meine Leser also feststellen, dass die Familientraditionen stark von den gängigen Geschichtsschreibungen aus dieser Zeit abweichen, müssen sie bedenken, dass sich in einem unglücklichen Rechtsstreit natürlich der Standpunkt Pinzóns von dem der Gegenseite unterscheidet, und sie selbst entscheiden können, welcher Geschichte sie Glauben schenken.

Der Tag nach meiner Ankunft in Moguer war hell und sonnig, und nachdem die Señora de Pinzón meine Zeugnisse studiert hatte, erlaubte sie ihrer jungen Tochter Conchita (auch Maria de la Concepción), mich auf meiner Expedition nach La Rabida zu begleiten. Das war wirklich ein großer Gefallen, denn spanische Mütter lassen ihre Töchter nie gern aus den Augen, bis sie sicher verheiratet sind. Aber Conchita war von den irischen Nonnen des Loretto in Gibraltar erzogen worden, und die Señora konnte ihrer Bitte nicht widerstehen, den Tag mit mir verbringen zu dürfen, um ihr Englisch zu üben, das sie, wie sie sagte, zu vergessen fürchtete. Es schien die trockenen Knochen der Geschichte seltsam lebendig zu machen, mit diesem aufgeweckten jungen Geschöpf durch die Gegend zu gehen und ihre ständigen Verweise auf „meinen Vorfahren Martin Alonso" zu hören, während wir auf einer hübschen Straße zum berühmten Palos fuhren und von jedem Mann, jeder Frau und jedem Kind, das wir trafen, mit einer Herzlichkeit begrüßt wurden, die zeigte, welche Wertschätzung die Familie hier genießt.

„Wir waren nie sehr reich", sagte Conchita, „obwohl unsere Weinberge und Olivenhaine früher viel mehr einbrachten als heute. Es war also nicht unser Geld, das meine Familie hier beliebt machte. Nein, es ist das, was mein Vorfahre für Spanien getan hat, das nie vergessen wird. Er hat nämlich sein ganzes Leben hier verbracht, während Kolumbus nur ein ausländischer Besucher war, der kam, um Schiffe zu finden, und wieder wegging. Es ist kein Wunder, dass sich die Leute besser an meinen Vorfahren erinnern als an ihn."

Der tiefe Stolz meiner kleinen Freundin auf ihre Familiengeschichte war in jedem ihrer Worte zu spüren. Sie drückte es vielleicht offener aus, als es ein englisches Mädchen an ihrer Stelle getan hätte, aber ich muss sagen, dass ich aufrichtiges Mitgefühl für sie hatte. Ich bin stolz genug auf meine eigenen Vorfahren, deren Taten die Geschichte ihrer Zeit kaum geprägt haben. Wenn sie geholfen hätten, Amerika zu entdecken, hätte es für mich kein Halten mehr gegeben!

Palos, der einst berühmte Hafen auf halbem Weg zwischen La Rabida und Moguer, liegt heute hoch und trocken, mit einem Streifen Weideland zwischen dem Dorf und der Mündung. Sogar die kleinen Karavellen von 1483 konnten jetzt nirgendwo in der Nähe der Burgruine ankern, und der ganze Ort scheint die Tage zu verschlafen und sich auf seinem Ruhm aus der Vergangenheit auszuruhen.

„Die Burg gehörte meinem Vorfahren", sagte Conchita und deutete auf eine Mauerruine auf einer kleinen Anhöhe hinter der kleinen Kirche. „Als Kolumbus kam, war nur noch ein Turm übrig, und der Wohnsitz meines Vorfahren war in Moguer. Aber die Pinzóns hielten ihre Schiffe hier, und hierher kam Kolumbus, um Martin Alonso zu suchen und mit ihm über die Reise zu sprechen, die er machen wollte. Er hatte Martin Alonso in Rom kennengelernt, wo sie beide Navigation studierten. Wissen Sie, es war damals ein beliebtes Fach für reiche Männer, die das Meer liebten. Wie lächerlich es ist zu sagen, dass Kolumbus zufällig hierher gekommen ist! Sie sehen, was für ein abgelegener Ort das ist. Und wenn er nach Huelva gewollt hätte, um seinen Schwager zu besuchen, wie Washington Irving sagt, wäre er ein Narr gewesen, nach La Rabida zu gehen, wohin es außer dieser überhaupt keine Straße gibt, während Huelva an der Hauptstraße liegt. In unseren Familienpapieren steht, dass Kolumbus seinen Freund Martin Alonso Pinzón suchte, um mit ihm Reisepläne zu besprechen, und Martin Alonso ihn nach La Rabida begleitete. Die Geschichte, dass er in La Rabida um Essen und Trinken bat, ist albern. Als ob mein Vorfahre ihn sein Haus verlassen lassen hätte, ohne ihm und seinem Kind ein gutes Abendessen zu geben! Es macht mich wütend, dieses absurde Bild in La Rabida zu sehen, auf dem der Träger seinem kleinen Jungen Brot und Wasser gibt. Es ist ziemlich modern und überhaupt nicht gut gemalt, wie ich zum Glück sagen kann!"

Wir waren hinaufgestiegen, um die Mauerruine zu untersuchen, ein trauriges Relikt der starken Festung, die Palos seine Bedeutung als Grenzstadt (*de la frontera*) während des Bürgerkriegs zwischen Moslems und Mozarabern im 9. Jahrhundert verlieh, als sich der gesamte Bezirk in den Händen der Nachkommen von König Witiza befand, dem letzten legitimen Herrscher der Goten, den die Sultane von Córdoba 25 Jahre lang vergeblich zu vertreiben versuchten. Von dieser Anhöhe aus konnte ich sehen, dass der kleine Hafen von Palos, bevor er versandete, ein sicherer und bequemer Schutz vor den Westwinden gewesen sein musste, die die breite Mündung hinauffegten.

„Zwei der Schiffe gehörten den Pinzóns", sagte Conchita, „aber die Familie war bei den katholischen Königen in Ungnade gefallen – wir haben nie herausgefunden, warum – und sie konnten sie Kolumbus nicht leihen, ohne die Königin um Erlaubnis zu bitten, die ihnen ein Embargo auferlegt hatte, um sie für ein unbekanntes Vergehen zu bestrafen. Nachdem Kolumbus und mein Vorfahre das geplante Abenteuer gründlich besprochen hatten, gingen sie nach La Rabida, um den Prior, Juan Perez de Marchena, zu bitten, seinen Einfluss bei Isabella geltend zu machen, um das Embargo aufzuheben, damit Martin Alonso und seine Brüder Kolumbus ihre Schiffe leihen konnten. Die Pinzóns konnten nicht selbst zum Hof gehen, weil sie in Ungnade gefallen waren. Ich wünschte, wir wüssten, warum. Die Familienpapiere sagen uns nichts, und es gibt nur eine vage Überlieferung, dass es etwas mit der Religion zu tun hatte. Ich kann mir nicht vorstellen, was es sein könnte, denn die Pinzóns waren immer gute Katholiken, und sie hatten vor nicht allzu langer Zeit einen Teil dieser Kirche restauriert oder umgebaut, die, wie Sie sehen, in der Tat sehr alt ist."

Während unseres Gesprächs saßen wir auf einer Bank in der kleinen Kirche St. Georg. Links von uns stand die schmiedeeiserne Kanzel, von der der Aufruf zur Freiwilligenarbeit verlesen wurde; rechts stand das antike Bild der Jungfrau Maria, das Kolumbus der örtlichen Überlieferung zufolge an Bord der *Santa Maria mitnahm* .

Es ist keineswegs unwahrscheinlich, dass die lokale Überlieferung richtig ist, denn das Bild ist mittelalterlich und als solches war es damals wie heute Gegenstand besonderer Verehrung der Menschen von Palos. So konnte Martin Alonso Pinzón, der Herr von Palos, seinem Freund Kolumbus keine größere Ehre erweisen und die Ängste der Familien ihrer Besatzungen nicht sicherer beruhigen, als dieses verehrte Bild zur Schutzpatronin der Expedition zu machen. Die Menschen von Palos sagten, die Schiffe würden sicher wieder nach Hause kommen, wenn sie ihre geliebte Jungfrau an Bord hätten.

Traditionen über das Schutzheilige einer Stadt entstehen nicht spontan, obwohl die ursprüngliche Geschichte im Laufe der Jahrhunderte von Generation zu Generation mit Ergänzungen ausgeschmückt und überlagert wird. Ohne eine tatsächliche Grundlage ist es höchst unwahrscheinlich, dass die Behauptung, es handele sich um das fragliche Bild, gemacht und akzeptiert und von da an von den Menschen in Palos als Tradition weitergegeben wurde. Von Kolumbus wurde in Palos nach seiner Rückkehr von seiner ersten Reise wenig gesehen. Die Pinzóns führen dies auf den frühen Tod von Martin Alonso zurück, der laut Historikern auf seine Enttäuschung zurückzuführen ist, dass Kolumbus nach seiner „schändlichen Desertion" vom Admiral in Kuba mehr Ehre und Belohnungen erhalten hatte als er selbst. Die Familie ignoriert natürlich alles, was in der Klage von Diego Colon gegen ihren Vorfahren vorgebracht wurde, wenn sie es nicht inzwischen überhaupt nicht weiß. Für sie war Martin Alonsos Tod auf die Strapazen und die Krankheit zurückzuführen, die er erlitt, als sein Schiff durch Wetterunruhen von dem von Kolumbus getrennt wurde, den er nie wiedersah, bis die beiden großen Seefahrer nach Palos zurückkehrten, der eine am Morgen und der andere am Abend des 15. März 1493, siebeneinhalb Monate, nachdem sie den kleinen Hafen gemeinsam verlassen hatten. Wie dem auch sei, es muss zugegeben werden, dass Pinzón und seine Brüder eine wichtige Rolle bei der Entdeckung der Neuen Welt spielten und dass es ihr großes Unglück war, bei Hofe unter einem schlechten Stern zu stehen, als der Mann, dem sie von Anfang an so viel Hilfe geleistet hatten, mit Gunstbeweisen und Belohnungen überschüttet wurde.

Hätte ich Palos mit einem Nachkommen von Kolumbus statt mit einer Tochter des anderen Hauses besucht, würde die Rolle Pinzóns in meinem Rückblick auf jene ferne Zeit vielleicht geringere Ausmaße annehmen. Aber so hatte ich das Gefühl, die Geschichte von den Schauspielern selbst zu hören, und ich konnte ebenso wenig daran zweifeln, dass dies tatsächlich das Schutzheilige war, das von der Kapelle aus, die ihr Besitzer Martin Alonso Pinzón auf der *Santa Maria errichtet* hatte, über die Abenteurer wachte, als er sein Schiff Kolumbus als Kommandant der „Flotte" übergab, wie ich daran zweifeln konnte, dass Martin Alonso in den Berichten über sein Verschwinden an der Küste Kubas mehr gesündigt als gesündigt hatte.

Und als Conchita mit mir um das Westende herum und eine Treppe hinunter zum Nordportal der Kirche führte, das mit rotem und weißem Mauerwerk im sogenannten „mozarabischen" Stil verziert ist, und mir erzählte, dass dieses Portal als „Tor der Bräutigame" bekannt war, als die Pinzóns auf der Burg lebten, und nur geöffnet wurde, um den ältesten Sohn der Familie an seinem Hochzeitstag einzulassen, konnte ich ihre Aussage ohne weiteres akzeptieren, ungeachtet verschiedener darin liegender Unwahrscheinlichkeiten, die sich mir im Nachhinein in den Sinn brachten .

Nachdem wir die Schönheit und Tradition dieses architektonischen Juwels mit seinen festungsartigen Außenmauern, seinem seltsam klein wirkenden Kirchenschiff und seinen hohen gotischen Querschiffen gründlich in uns aufgenommen hatten, setzten wir unsere triumphale Fahrt auf der Straße fort, die Kolumbus vor 428 Jahren bereist hatte – ich sage triumphal mit Bedacht, denn auf der ganzen schmalen, schlecht gepflasterten Straße von Palos verneigte sich Conchita und lächelte wie eine junge Prinzessin den Leuten zu, die ihr entgegenliefen, um sie zu begrüßen, als sie das Geräusch unserer herannahenden Räder hörten. Man verstand, dass heutzutage nicht mehr viele Kutschen durch das Dorf fahren, aber bloße Neugier würde die Herzlichkeit ihres Empfangs nicht erklären.

Von Palos nach La Rabida ist die Straße gut und gepflegt, und an einer Stelle ist sie wirklich sehr hübsch, sie schlängelt sich durch einen Kiefernwald, zwischen dessen Bäumen wir die arabische *Tapia* der Klostermauern auf ihrer Anhöhe über der Mündung in der Nachmittagssonne rosa schimmern sehen.

Der Mangel an gesundem Menschenverstand, der die gesamte spanische Verwaltung kennzeichnet, wird durch die bloße Existenz dieser Straße veranschaulicht. 1893 wurde der 400. Jahrestag der Entdeckung Amerikas mit einer gewaltigen Feier begangen, die von der sogenannten Kolumbianischen Gesellschaft von Huelva organisiert wurde. Das Kloster wurde zum „Nationaldenkmal" erklärt, was bedeutet, dass seine Instandhaltung fortan eine nationale Aufgabe ist und keine weiteren freiwilligen Anstrengungen zu seiner Erhaltung unternommen oder auch nur erwartet werden. Eine überwältigende Säule mit einer Kolumbus-Statue auf der Spitze wurde zu einem Preis von 80.000 Peseten (3.200 Pfund) errichtet, wie mir gesagt wurde – eine große Summe, die in Spanien durch Spenden aufgebracht werden musste –, die vom Architekten für die Regierung entworfen und errichtet wurde. Am Ufer der Flussmündung wurde eine Anlegestelle für Urlauber aus Huelva gebaut, und eine breite Straße, breit genug für ein halbes Dutzend Kutschen nebeneinander, wurde von der Anlegestelle bis zum Kloster gebaut und von dort weitergeführt, um, wie ich bereits sagte, auf die Straße nach Palos zu treffen. Es wurde mit umfangreichen Reparatur- und Restaurierungsarbeiten am Gebäude begonnen und die Hänge rundherum wurden als Gärten angelegt, die eine Pracht einheimischer und amerikanischer Blumen und Blätter sein sollten - was auch in einem Klima möglich war, in dem alles so schnell wächst, dass die Blüte von Aarons Stab hier kaum als Wunder gewertet würde.

Doch ach! Die große Säule, die so fehl am Platz neben den Klostermauern steht und von der Zeit gezeichnet und matt geworden ist, wurde nie fertiggestellt. Schlimmer noch: Sie wurde notdürftig mit dem zusammengebaut, was nach Abschluss der Feierlichkeiten noch von den 80.000 Peseten übrig war, die die vertrauensvolle Öffentlichkeit gespendet hatte. Heute, einundzwanzig Jahre nach der Grundsteinlegung, ist dieses Nationaldenkmal für Spaniens größten Helden von einem groben Zaun umgeben, auf dem in großen Buchstaben *Peligro* (Gefahr) steht. Man geht eilig daran vorbei und fragt sich, ob die Kolumbus-Statue aus so luftiger Höhe, dass man ihre Einzelheiten nicht erkennen kann, einem auf den unschuldigen Kopf fallen wird.

Ein Läuten an der Klostertür – der Tür, durch die Kolumbus eintrat – ruft einen unrasierten Pförtner hervor, der einen freilässt, um nach Belieben in den leeren Kreuzgängen umherzuwandern, aber wieder auftaucht, um nach seinem *Portier zu suchen* , wenn er die Schritte eines anderen hört. Hier sind keine Fotos oder auch nur Ansichtskarten erhältlich, keine gedruckten Papiere oder Bücher über das Gebäude, im gesamten Kloster gibt es keine Sitzgelegenheiten, abgesehen von einigen gefliesten Nischen in den Kapellenwänden – alles ist leer und trostlos, mit der unverkennbaren Atmosphäre eines Ortes, der selten besucht und schnell wieder verlassen wird.

Die breite neue Straße hinunter zum Wasser ist sinnlos, denn kein Transportmittel ist näher als Moguer zu finden, und für Besucher, die Zeit und Energie haben, die Strecke zu Fuß zurückzulegen, wäre ein Weg vom Anlegeplatz nach Palos durchaus zweckdienlich gewesen. An der Treppe, die wir hinuntergingen, war ein verlassenes Ruderboot vertäut, aber sein Besitzer war nicht zu finden. Es wurde dort aufbewahrt, sagte uns unser Kutscher, für den Fall, dass jemand nach Huelva rudern wollte, das mehrere Meilen weiter die Mündung des Odiel hinauf liegt. „Aber", fügte er verächtlich hinzu, „wer will schon nach Huelva rudern, wenn er mit der Kutsche aus Moguer gekommen ist?"

La Rabida ist ein Denkmal verschwendeter öffentlicher Gelder. Man erzählte mir, dass im Sommer Leute aus Huelva Wasserpartys veranstalten, aber alle müssen ihre eigenen Erfrischungen mitbringen, denn im Kloster bekommt man nicht einmal eine Tasse Kaffee. Man dachte daran, was für ein Mekka dieser Ort für Amerikaner und eigentlich auch für alle anderen Pilger sein könnte, wäre er in dankbareren und vernünftigeren Händen als denen der spanischen Bürokratie. Man stellte sich weiter unten ein schmuckes kleines Hotel vor, weit genug vom Kloster entfernt, um dessen altmodische Ruhe nicht zu stören, aber nah genug, um dem Pilger Komfort und Bequemlichkeit zu bieten, ob er nun zu Land oder zu Wasser käme. Man versah das sonnige Refektorium, das nun leer ist bis auf jene minderwertigen, ausgefallenen Bilder von Kolumbus, die Conchita Pinzón verärgerten, mit einer Bibliothek von Büchern über die Geschichte des Ortes und die Reisen von Kolumbus und seinen Gefährten; man sah die Zellen der Mönche, nun geschlossen und nach geschlossenen Fenstern riechend, möbliert und verfügbar für Studenten zum Wohnen und Arbeiten; und man richtete einen Motorendienst von Sevilla und Huelva zur Anlegestelle ein, so dass jeder Tourist, der nach Sevilla kam, als notwendigen Teil seiner Andalusienreise eine Tagesfahrt nach Moguer, Palos und La Rabida unternehmen konnte.

Doch ach! Ein heftiger Regenguss weckte mich aus meinem Traum von dem, was in dieser schönen Ecke eines schönen Landes sein sollte. Der Himmel hatte sich verfinstert, während wir das melancholische Kloster erkundeten, und deprimiert, stumm und voller Trauer über die verpassten Gelegenheiten fuhr ich von La Rabida weg. Mein letzter Blick auf Kolumbus auf seinem wackeligen Denkmal zeigte uns den Admiral, der dem Untergang entgegentaumelte , so traurig und düster wie die sich zusammenziehenden Wolken, die sich über dem Atlantik auftürmten, dessen Eroberung er geschafft hatte.

DAS BANNER UNSERER LIEBEN FRAU VON GRANADA AUS
DEM FÜNFZEHN JAHRHUNDERT.

KAPITEL XIV

Das Convento de la Luz – Die Klarissen und die Konzeptionisten – Unsere Liebe Frau von Montemayor – Ein befestigtes religiöses Haus – Die *Ribats* von Spanien – Das alte Refektorium – Arabische Inschriften in der Nonnenkapelle – Die Portocarreros – Familiengräber – Eine Nacht in San Juan – Die Schüchternheit der Nonne – Ein früher Aufbruch – Mossen Bethancourt und die Kanarischen Inseln – Der Beginn der Überschwemmungen.

„Sie, die Sie sich so für alles Alte interessieren, sollten Moguer nicht verlassen, ohne das *Convento de la Luz gesehen* zu haben", sagte Conchita, als wir von La Rabida zurückfuhren. „Wenn Sie möchten, bringe ich Sie morgen früh dorthin, bevor Sie zum Zug aufbrechen. Früher durfte niemand außer dem Klerus irgendeinen Teil des Klosters betreten, denn es gehörte den Klarissen, und Sie wissen, wie streng der Orden geschlossen ist. Aber jetzt sind sie alle tot, und das Kloster wurde vom Herzog von Alba an die Konzeptionisten verkauft oder vermietet oder verliehen – an den Lehrzweig, nicht an den geschlossenen –, und die Ehrwürdige Mutter erlaubt mir, jederzeit Besucher aufzunehmen. Die gesamte Aristokratie von Moguer schickt ihre Töchter dorthin, um dort unterrichtet zu werden, und sie bieten auch kostenlosen Unterricht für die Armen an. Es belebt unseren Kreis, die Konzeptionisten-Nonnen statt der Klarissen dort zu haben."

Sie erzählte mir weiter, dass das Kloster hoffnungslos verarmt war, obwohl es einst eines der reichsten im Bezirk war. Die Klarissen scheinen wie Privatdamen gelebt zu haben, jede mit ihrer kleinen Zimmerflucht, Schlafzimmer, Wohnzimmer und Küche und sogar ihrem eigenen Anteil am ummauerten Garten. Jede hatte ihre eigene Dienerin, die nicht im Kloster, sondern in der Stadt lebte und täglich ein- und ausging, um die Wünsche ihrer Herrin zu erfüllen. Alles, was weniger der allgemein anerkannten Vorstellung eines Klosterlebens entsprach, habe ich nie gehört; und als ich die hellen, sonnigen kleinen Wohnungen sah, die die Nonnen für ihre privaten Zwecke abtrennten, fragte ich mich noch mehr, wie eine solche Vorstellung von Askese bis zum Ende des ersten Jahrzehnts des zwanzigsten Jahrhunderts Bestand haben konnte.

„Ehrwürdige Mutter sagt", fuhr Conchita fort, „dass die einzige Klarissenschwester, die noch lebte, als der Erzbischof von Sevilla die Übergabe an die Konzeptionisten genehmigte, das kleinste Geschöpf war, das sie je gesehen hatte, ganz schwachsinnig vom Alter und verkümmert und geschrumpft wie eine Puppe. Sie waren nach und nach ausgestorben, eine nach der anderen, bis diese kleine alte Frau die einzige Bewohnerin des Klosters war, das so groß ist, dass es einen Schlafsaal von hundert Fuß Länge enthält, während der zentrale Innenhof hundert Fuß im Quadrat misst. Auch heute noch gibt es dort viele schöne Kunstgegenstände, und man sagt, dass es früher eine wahre Schatzkammer war. Niemand weiß, wann es gebaut wurde, aber die Vorfahren der Pinzóns, die Portocarreros, deren Denkmäler Sie dort sehen werden, waren sehr reich, und sie haben das Kloster immer beschützt. Wann war das? Oh, ich weiß es nicht, aber es war vor der Entdeckung Amerikas; und natürlich bekam das Kloster danach, als alle reich wurden, mehr Geschenke denn je. Aber Sie können sich vorstellen, was in späteren Jahren geschah, als die Klarissen von Tag zu Tag älter und hilfloser wurden und immer abhängiger von ihren Dienern. Man sagt, diese Frauen seien nie hineingegangen, ohne ein wertvolles Kunstwerk mitzunehmen, das sie wegtragen und verkaufen konnten, obwohl niemand weiß, wo sie es verkauften, denn in Moguer wurden sie nie angeboten. Natürlich nicht! Niemand würde *hier* Wertgegenstände kaufen, die den Nonnen gestohlen wurden. Nun, das ist jetzt alles vorbei, und niemand wird stehlen, was übrig geblieben ist. Die Konzeptionistinnen sind überhaupt nicht arm (obwohl sie natürlich immer Geld für ihren kostenlosen Unterricht wollen) und sie kümmern sich sehr gut um die Bilder und Fliesen und alles andere, was diese schlechten Diener nicht wegtragen konnten."

Convento de la Luz viel Interessantes zu finden , denn nach Conchitas Bericht dachte ich, es handele sich um ein Gebäude aus dem 15. Jahrhundert, wie man es in diesem Teil Spaniens so häufig findet. Die reichen und mächtigen Familien von Arcos und Medina Sidonia legten damals den Trend fest, ihre Reichtümer für den Bau und die Restaurierung von Klöstern und Abteien zu verprassen, und natürlich folgte jeder vermögende Großadlige ihrem Beispiel. Allzu oft wurde das Gold, das nach der Entdeckung Amerikas nach Andalusien strömte, für die barbarische Zurschaustellung geschnitzter und vergoldeter Holzarbeiten, getriebenen Silbers und kostbarer Vorhänge ausgegeben, die mehr durch ihren Geldwert als durch ihre Schönheit auffielen: und ich muss gestehen, dass mir der Gedanke, einige meiner wenigen Stunden in Moguer mit der Besichtigung eines solchen Monuments zu verbringen, ziemlich missfiel, wo ich doch auch zur Einsiedelei Unserer Lieben Frau von Montemayor hätte fahren können. Denn Unsere Liebe Frau von Montemayor wurde bereits im 9. Jahrhundert verehrt, als Palos de la Frontera ein Außenposten der spanischen Christen war, die zwar während der jahrhundertelangen muslimischen Herrschaft ihre Sprache vergaßen, aber dennoch ihren religiösen Glauben bewahrten.

Aber es war unmöglich, die Einladung meiner netten und höflichen kleinen Freundin abzulehnen, und ich willigte ein, am nächsten Morgen mit ihr zum Kloster zu gehen, anstatt einen Ausflug aufs Land zu machen.

Wie groß war dann meine Freude, als ich im *Convento de la Luz* einen fast vollkommenen Überrest der befestigten religiösen Häuser fand, die die

Moslems *Ribats nannten* – Außenposten, die zur Verteidigung der Grenze errichtet und von Männern eines halbreligiösen Ordens besetzt waren, die dieser besonderen Form des Militärdienstes verpflichtet waren. Ob der Orden ursprünglich in Andalusien von den Christen (Mozarabern) gegründet wurde, die in ihren Ländern und Burgen blieben, als Spanien von den Mohammedanern erobert wurde, scheint niemand zu wissen, obwohl die Existenz von La Rabida selbst und verschiedener anderer Orte gleichen Namens, in denen mozarabische Überreste zu sehen sind, nahelegt, dass *Ribats* hier lange vor der Gründung ihres Reiches über Marokko und Spanien durch die Almoraviden in einem *Ribat am Fluss Niger in der ersten Hälfte des zwölften Jahrhunderts* errichtet wurden .

Wie dem auch sei, ich erkannte sofort, dass das *Convento de la Luz* als eine solche Festung errichtet worden war, während die Kirche mit ihren massiven Mauern und den befestigten Wällen niemals für einen anderen Zweck als den christlichen Gottesdienst bestimmt gewesen sein konnte.

So viel zum Äußeren. Die einzige Unterbrechung in den Umfassungsmauern ist dort, wo eine Öffnung gemacht wurde, um den Zugang von der Straße aus zu erleichtern. Man sieht, dass die Nonnen früher hinausgehen und einen Hof überqueren mussten, um mit Besuchern am Tor zu sprechen, und man kann verstehen, dass dies den bequemheitsliebenden alten Damen, die die letzten dieses Zweiges ihres Ordens waren, kaum recht war.

Eine Schwester öffnete eine schwere Tür, die auf einen Kreuzgang hinausging, der den großen Innenhof an allen vier Seiten umgibt, und führte uns durch einen sechs Fuß tiefen Torbogen in eine große Halle. Dies war das Refektorium in den Tagen, als hundert Klarissen das Kloster bewohnten, aber jetzt ist es das Empfangszimmer der Nonnen, und hier sitzen die Mütter der Schülerinnen, ob reich oder arm, und diskutieren mit der Oberin und den Klassensprechern über die Vorlieben, Talente und Eigenheiten ihrer Mädchen.

Es ist ein sehr hoher, kapellenartiger Saal, dessen gewölbtes Dach auf einen Architekten des 13. Jahrhunderts schließen lassen würde, wären da nicht die winzigen Fenster, die so hoch angebracht sind, dass man sieht, dass der erste Gedanke des Erbauers die Sicherheit gegen Angriffe war. Und wir wissen, dass es nach 1257, als dieser Bezirk von Alfons X. erobert wurde, nicht mehr nötig war, befestigte religiöse Häuser zu bauen. Wir saßen auf Ziegelbänken, die in der Dicke der Mauer gelassen und mit schillernden Fliesen in dem satten Grün verkleidet waren, das die Araber als Kompliment an Mohammeds Banner eingeführt hatten; und als ich einen Sonnenstrahl aus einem dieser hohen Fenster sah, der die vergoldeten Heiligenscheine auf einem Gemälde des letzten Abendmahls aus dem 15. Jahrhundert erhellte, wünschte ich mir, die Wände könnten sprechen und uns die wahre

Geschichte des Klosters erzählen. Sogar der Ursprung seines Namens ist verloren gegangen. Die Stadtbewohner nennen es *de la Luz*, aber sie wissen nicht warum, und die erste Erwähnung in der andalusischen Geschichte aus dem Jahr 1349 beschreibt es als „Das Kloster Santa Clara in Moguer".

Mehr als eines der ältesten Kruzifixe in Andalusien ist als „ *Nuestro Señor Cristo de la luz* " (Unser Herr Christus des Lichts) bekannt, und solche Kunstwerke sind, man sollte bedenken, zwangsläufig mozarabisch, denn die Mozaraber waren vor 1248 die einzigen Christen in diesem Teil Spaniens. In der Nonnenkapelle dieses Klosters befindet sich ein schönes Kruzifix, dessen Bekenntnis in Vergessenheit geraten ist. Wäre die letzte kleine Klarisserin nicht schon so alt gewesen, als das Kloster von seinen heutigen Bewohnern übernommen wurde, hätte sie ihnen vielleicht sagen können, dass dies „Unser Herr des Lichts" sei, dessen Prototyp hier seit etwa tausend Jahren verehrt wurde.

Diese Behauptung mag denjenigen, die meinen, die Christen hätten während der islamischen Herrschaft in Spanien Verfolgung erlitten, gewagt erscheinen. Doch neuere Forschungen haben bewiesen, dass dies keineswegs der Fall war, sondern die Christen in der Regel freundlich und rücksichtsvoll behandelt wurden, solange sie sich von offener Respektlosigkeit gegenüber der fremden Religion fernhielten. Und hier in Moguer finden sich die materiellen Belege für die Schlussfolgerungen, die aus vereinzelten Hinweisen auf die Lage der Mozaraber gezogen wurden, die sich in den Schriften der damaligen Zeit finden, sowohl in arabischen als auch in christlichen. Denn die Wände der Nonnenkapelle (die durch ein Steingitter mit arabischem Maßwerk von der von den Portocarreros restaurierten Kirche abgeschirmt ist) sind mit alten hölzernen Chorstühlen gesäumt, auf deren jedem Arm ein Löwenkopf und eine arabische Inschrift in kufischer Schrift im Stil des 10. Jahrhunderts in Córdoba eingemeißelt ist. Diese wurden hier sicherlich nicht nach 1257 aufgestellt, als die afrikanische Schrift im gesamten muslimischen Spanien in Gebrauch war, und ebenso sicher wurden derartige Stühle nie im muslimischen Gottesdienst verwendet.

Es war interessant, den Lauf der Geschichte von damals bis heute nachzuvollziehen. Hier war der Beweis dafür, dass die einheimischen Christen Jahrhundert für Jahrhundert an ihrem Glauben festhielten, obwohl sie während dieser Zeit praktisch von Rom abgeschnitten und von ihren Glaubensbrüdern anderswo isoliert waren. Ein Gemälde der Jungfrau von Guadalupe, umgeben von Gläubigen in Kostümen des 13. Jahrhunderts, schien uns in direkten Kontakt mit der Zeit zu bringen, als Andalusien von San Fernando von Kastilien erobert wurde und ihre „wenigen verbliebenen treuen Priester" von diesem weisen Monarchen in ihren Häusern und Ämtern bestätigt wurden. In der Kirche befanden sich am Fuße des Hochaltars lebensgroße Alabaster-Abbilder der Adelsfamilie von

Portocarrero, neun Männer und Frauen in Kostümen des 15. Jahrhunderts. Die Beerdigung an diesem heiligen Ort war das Privileg, das Don Pedro Portocarrero, dem Herrn von Moguer, seiner Frau Doña Elvira Alvarez und ihren ewigen Erben gewährt wurde, als Anerkennung der dankbaren Kirche für ihre Wohltaten an das Kloster Santa Clara und das Kloster San Francisco, dessen letztes, vergleichsweise modernes Gebäude heute im Schatten der unvergänglichen Mauern des mozarabischen Fundaments verfällt. Über uns hing eine Lampe aus Silber, die Martin Alonso Pinzón aus der Neuen Welt mitgebracht hatte, obwohl sein Grab, wie Conchita bedauernd zugab, hier nicht zu finden ist. Und an meiner Seite war die junge Tochter dieser alten Häuser, die mir stolz erzählte, dass auch sie das Recht geerbt habe, zu ihrer Zeit am Fuße des Hochaltars begraben zu werden.

Dieses Kolumbus-Land hat für den Reisenden in Spanien wirklich mehr als nur ein gewöhnliches Interesse zu bieten, und wie ich zu Beginn meines Versuchs, es zu beschreiben, bemerkte, ist es schade, sich von den Reiseführern dazu verleiten zu lassen, La Rabida mit dem Boot von Huelva aus zu besuchen, anstatt mit der Postkutsche von San Juan del Puerto aus. Denn erstens kann man La Rabida bei schlechtem Wetter überhaupt nicht auf dem Wasserweg erreichen, und da die Mündung dort außerdem sehr breit und dem Wind und den Wellen des Atlantiks stark ausgesetzt ist, dürfte eine Reise von zwei Stunden in jede Richtung für alle, außer für erstklassige Seeleute, unangenehm sein. Und zweitens, selbst wenn Sie ein guter Seemann sind und La Rabida bei idealem Wetter erreichen, werden Sie sicherlich keine Zeit haben, nach Palos und Moguer weiterzufahren und vor Einbruch der Dunkelheit nach Huelva zurückzukehren, da Ihnen keine andere Wahl bleibt, als von La Rabida aus zu Fuß zu gehen. Und wie ich hoffentlich gezeigt habe, sind Palos und Moguer für den Künstler und den Archäologen ebenso attraktiv wie für den Pilger zum Heiligtum des Kolumbus.

Obwohl ich an dem Tag, an dem Conchita mir zum ersten Mal das Convent de la Luz zeigte, den Nachmittagszug von San Juan nehmen musste, um zu den Minen von Tharsis weiterzufahren, ließ ich auf der Rückreise schamlos alle meine anderen Verpflichtungen fallen und fuhr direkt nach Moguer zurück.

Allerdings nicht ganz direkt zurück, wenn ich es mir recht überlege, denn die Postkutsche war überfüllt, als ich San Juan erreichte, und da es unmöglich war, ein anderes Fortbewegungsmittel oder auch nur einen Esel zum Reiten zu bekommen, musste ich die Nacht dort verbringen. Es regnete in Strömen und ich wagte es nicht, im Dunkeln den Fußmarsch nach Moguer anzutreten, bis zu den Knöcheln im Schlamm.

Das einzige Zimmer, das ich bekommen konnte, war in dem einzigen Gasthof des Ortes, einem Gebäude mit zwei Zimmern und meinem Schlafzimmer, das von der Küche ausging. Es *ging buchstäblich* von der Küche aus, denn die Tür hatte keinerlei Verschluss, und die Nichte der Wirtin stellte einen Stuhl davor, da dies die einzige Möglichkeit war, meine Toilettengänge in der Öffentlichkeit zu verhindern. Das ganze Haus war feucht, und an den Wänden meines Schlafzimmers waren deutlich die Flutspuren zu sehen. Außer Puchero gab es nichts zu essen , und die Wirtin war sehr dankbar, als ich ihr sagte, ich könne die Reste des ausgezeichneten Mittagessens essen, das mir meine Gastgeber in Tharsis bereitet hatten, denn sie hatte niemanden, den sie nach Vorräten schicken konnte.

Der arme kleine Ort war sauber, die Leute flößten mir so viel Vertrauen ein, dass mich die schlüssellose Tür nicht im Geringsten störte, und ich schlief von dem Moment an, als ich ins Bett ging, bis 6 Uhr morgens. Dann stand ich auf und zog mich im Licht einer Kerze an, denn die Postkutsche sollte um sieben abfahren, und ich hatte vor, weiterzugehen und die Bockbrücke zu überqueren, bevor sie mich abholte. Schwere Regenfälle hatten die Flüsse überall anschwellen lassen, und ich dachte mit Bestürzung über die Bemerkungen meines Reisegefährten über den Zustand dieser Brücke nach, als wir in der Woche zuvor darüber gefahren waren.

Es war noch fast dunkel, als ich das Dorf hinter mir ließ, und durch die Dunkelheit brannte einladend ein loderndes Holzfeuer neben den Bahngleisen aus dem Häuschen einer Familie, die den Bahnübergang bewachte. Die Frau lief hinaus und bat mich, hereinzukommen und mich aufzuwärmen, voller Verwunderung und Mitleid über das harte Schicksal — was immer es auch sein mochte —, das eine *Señora de edad („eine Dame in fortgeschrittenem Alter")* dazu zwang, den Weg so früh am Morgen zu Fuß zurückzulegen.

Ich musste erklären, dass die Engländer jeden Alters eine seltsame Vorliebe dafür haben, im Dunkeln zu gehen, und nach einer Pause von ein paar Minuten, die von den Ausrufen der Familie über meine bemerkenswerte Aktivität ausgefüllt wurde, setzte ich meinen Weg über die wackelige Brücke fort, beobachtete, wie im Osten allmählich ein blassgelber Schimmer erschien, und fragte mich, ob das bedeutete, dass die Sonne bald herauskommen würde. Der Fluss war höher als je zuvor. Normalerweise ist der Rio Tinto ein Strom von wundervollen Farben, Kupfergrün und Bronze und Orange, die sich im Sonnenschein in geschmolzenes Gold verwandeln; aber jetzt hatte das Hochwasser den Rest so vollständig überschwemmt, dass er eher wie ein Meer aus flüssigem Schlamm aussah als wie der „gefärbte Fluss". Es schien mir fraglich, ob die Brücke weitere 24 Stunden halten würde, und ich wusste, dass es klug wäre, umzukehren und mit dem nächsten Zug nach Sevilla zurückzufahren. Ich hatte jedoch fest vor, das Kloster in

Moguer noch einmal zu besuchen, und noch mehr wollte ich die Fotos machen, die ich mit Erlaubnis der Mutter Oberin machen durfte. Und ich konnte nur hoffen, dass der gelbe Streifen im Osten einen Tag ohne Regen und eine geringere Überschwemmung am nächsten Tag bedeuten würde.

Ich habe meine Fotos zwischen den Regenschauern gemacht, und eines davon hätte durch die anmutige Gestalt der Nonne, die mich herumführte, ganz bezaubernd ausgesehen. Sie beugte sich über den Brunnenkopf, um den Eimer aus dem Wasser weit unten zu heben. Aber als sie merkte, dass sie auf dem Bild war, flüchtete sie hinter die Kamera, und nichts konnte sie dazu bewegen, für mich zu posieren.

„ *Por Dios!* “, rief sie. „Ich kann nicht auf einem Foto in die Welt hinausgehen!“

Am Abend begann es wieder zu regnen, und ich hörte ihn gegen die Fenster prasseln, als ich mit der Señora de Pinzón und ihrer Tochter um die gemütliche *Camilla saß* und über gemeinsame Freunde sprach. Wir neigen dazu zu denken, dass ein Kohlenbecken in einer kühlen Nacht kein ausreichendes Mittel ist, um ein Zimmer zu wärmen, aber wenn wir etwa eine Stunde mit unseren Zehen unter dem runden, mit Petticoat bedeckten Tisch neben der Holzkohlepfanne sitzen, sind wir von Kopf bis Fuß von einer warmen Glut durchdrungen, die keineswegs zu verachten ist. Es war spät, als ich mich von der Familie verabschiedete, der ich so viel von der Freude an meiner Reise zu verdanken hatte, und ich musste gegen 4 Uhr morgens aufstehen, um die frühe Postkutsche zum Bahnhof zu erwischen. Ich wollte so schnell wie möglich über die Mündung kommen und hatte besonderen Befehl gegeben, mir vorher einen Platz im Bus zu sichern.

„Es wird Ihnen nichts ausmachen, selbst hinauszugehen“, sagte die Wirtin fröhlich, als ich ihr gute Nacht sagte. „Ich habe dem Fahrer gesagt, er soll um fünf Uhr einen Mann nach unten schicken, um Ihr Gepäck abzuholen. Er wird an Ihr Fenster klopfen, wenn er kommt, und Sie werden den Schlüssel in der Tür finden. Wir stehen nicht so früh auf, wenn wir es vermeiden können, und wir wissen, dass Sie eine Dame sind, der man vertrauen kann, dass sie die Haustür hinter sich schließt.“

Fonda nicht viel zu stehlen gab , aber was auch immer da war, ich hätte es mitnehmen können, wenn ich gewollt hätte, als ich Moguer am nächsten Morgen verließ, und ich dachte, es wäre genauso gut, dass die Señora de Pinzón am Eingang zu ihren Gemächern im oberen Stockwerk mit all ihren wertvollen historischen Inhalten ein robustes Eisengitter hatte, wenn dies die übliche Art war, den scheidenden Gast auf die Schnelle zu begleiten. Ich stand um vier auf, kochte Wasser zum Waschen auf meinem Spirituskocher, trank heißen Kaffee aus meiner Thermoskanne und packte meine Sachen, um um fünf aufzubrechen. Aber es schlug fünf und dann fünf Uhr Viertel nach fünf und dann halb fünf, und niemand kam aus der Postkutsche, und schließlich schloss ich in meiner Verzweiflung die Haustür auf, ließ sie eingerastet und eilte im Regen und im Dunkeln den Hügel hinauf zum Postamt. Die Kutsche stand schon zur Abfahrt bereit und der Kutscher trank gerade seinen frühen *Aguardiente* in der nahegelegenen Bar, aber es war niemand da, der mein Gepäck abholen konnte. Als ich den Kutscher erreichte, sagte er, er hätte nichts davon gehört und könne auch niemanden schicken.

„Aber die Wirtin hat mir erzählt, dass sie gestern Abend besondere Anweisungen gegeben hat und dass Sie versprochen haben, mich um fünf Uhr abzuholen.“

„Sie hat es mir nicht gesagt, denn ich war nicht im Büro. Hätte sie es mir gesagt, hätte ich schon längst in der *Fonda sein* müssen. Sie muss es dem anderen Fahrer gesagt haben, der sich mit mir abwechselt, um zum Bahnhof zu fahren. Was ist zu tun? Kannst du deine Tasche nicht selbst zum Bus tragen, wenn ich hier auf dich warte?“

„Das kann ich bestimmt nicht. Und inzwischen steht die *Fonda-* Tür Dieben offen, und die Insassen können in ihren Betten ermordet werden. Warum holen Sie es nicht selbst und verdienen meine Peseten, anstatt dass ich sie jemand anderem gebe, der sie nicht einmal halb so sehr verdient? Ich wäre Ihnen sehr verbunden, und Sie bekommen Ihr Trinkgeld trotzdem am Bahnhof, zusätzlich zu Ihren Peseten jetzt.“

„ *Andando! (Komm mit!) Sicherlich kann ich eine Pesetita* genauso gut gebrauchen wie ein anderer Mann.“

Und nachdem er einer alten Frau im Laden gesagt hatte, sie solle auf seine sanftmütigen und niedergeschlagenen Pferde aufpassen, machte er sich mit mir auf den Weg zum Gasthof, schulterte meine Sachen, rief vor dem Zimmer der Wirtin ein „Guten Morgen“, was alle im Zimmer aus dem Schlaf gerissen haben muss, den sie so gerne verlängern wollten, und knallte die Haustür zu, als wir hinausgingen, und zwar mit einem Lärm, der so laut war, dass die ganze Stadt davon aufgewacht wäre.

„Sie haben es wirklich verdient“, sagte er, als wir gemeinsam davoneilten. „Was für eine schändliche Unhöflichkeit, einer Dame wie Eurer Ehre zu erlauben, die *Fonda* unbeaufsichtigt zu lassen! *Gracias à Dios* , dass ich zur Stelle war, um ihre Mängel wiedergutzumachen. Sie werden mich das nächste Mal, wenn Sie nach Moguer kommen, nach mir rufen lassen, Señora, und Sie müssen sich nie wieder über Nachlässigkeit beschweren!“

Ich werde ihn sicher in Erinnerung behalten, denn ich habe nie einen schnelleren Wechsel von gefühlloser Gleichgültigkeit gegenüber meiner Lage zu übereifriger Höflichkeit erlebt, als den, den er bei der Erwähnung des Zauberworts „Peseta" vollzog.

Es regnete weiterhin heftig; wir pflügten in stockfinsterer Nacht durch ein Meer aus Schlamm, und die Postkutsche schaukelte und rollte in den Spurrillen den ganzen langen Hügel hinunter zum Fluss. Aber ich war von der Unterhaltung meines einzigen Mitreisenden so gut unterhalten, dass wir in San Juan ankamen und am Bahnhof anhielten, bevor ich merkte, dass wir die gefährliche Brücke sicher und unversehrt überquert hatten.

Er wollte, sagte er, einen Verwandten seiner Familie treffen, der vor kurzem in Sevilla eingetroffen war, Señor Bethancourt, der eine hohe diplomatische Position in einer der südamerikanischen Republiken innehatte. Die Karriere seines Verwandten, sagte der schlicht wirkende Landsmann, sei äußerst romantisch gewesen. Er stamme aus einer sehr alten Familie französischer Herkunft, habe als kleiner Junge sein Zuhause in Moguer verlassen, sei Schiffbruch erlitten und auf dem Anwesen eines reichen Mannes gestrandet, der ihn in seine Dienste nahm, ihn schließlich zum Teilhaber des Unternehmens machte und ihm erlaubte, seine einzige Tochter zu heiraten.

„Aber er hat seine Familie in Moguer nie vergessen", schloss mein Freund, „und obwohl ich nur durch meine Frau mit ihm verwandt bin, hat er mir kürzlich geschrieben, dass er nach Spanien kommen würde, und mich eingeladen, ihn in Sevilla zu treffen."

Ich habe die Einzelheiten dieser Romanze vielleicht nicht ganz richtig wiedergegeben, aber es gab keinen Zweifel an der Loyalität dieses großen Mannes gegenüber denen, die er zurückgelassen hatte, und während der ganzen Fahrt klang der Name Bethancourt in meinen Ohren, während ich vergeblich versuchte, mich daran zu erinnern, was ich zuvor über die Familie gewusst hatte.

Als ich sie in den zahllosen Notizen nachschlug, die ich mit meiner Gabe mache und wieder vergesse, stellte ich fest, dass hier eine weitere Verbindung Moguers zur spanischen Geschichte bestand.

Im Jahr 1344 übergab Papst Clemens VI. die Herrschaft über die Kanaren, damals als die Glücklichen Inseln bekannt, an Don Luis de la Cerda, einen Enkel von Alfons X., mit dem Titel eines Fürsten und der Anweisung, sie zu erobern und zu christianisieren. Man hätte meinen können, dass die Inseln erobert werden sollten, bevor man sie verschenkte, aber es scheint Brauch gewesen zu sein, dass die Päpste hergaben, was sie nicht besaßen. Einige Historiker behaupten, dass Alfons XI., der souveräne Herr der Inseln, nicht sehr erfreut darüber war, dass die Inseln seinem Cousin geschenkt wurden, und er schrieb einen Brief an den Papst, der für das leichtfertige moderne Auge etwas satirisch verfasst zu sein scheint, denn er „dankte Seiner

Heiligkeit für das Geschenk, obwohl es in seinem (des Schreibers) souveränen Herrschaftsgebiet lag."

Don Luis de la Cerda profitierte jedoch nicht von den ihm verliehenen, etwas zweifelhaften Rechten, denn er ging nach Frankreich, dem Heimatland seiner Mutter, und wurde dort zwei Jahre später in der Schlacht getötet, ohne die Kanaren je besucht zu haben. Und das nächste, was wir über die Glücklichen Inseln hören, ist, dass sie nach einigen Wechselfällen im Laufe einer Geschäftstransaktion in die Hände von „Mossen Juan de Betancur " gelangten, einem französischen Edelmann, der sein Unternehmen so erfolgreich durchführte, dass das Volk ihm den Titel eines Königs verlieh.

Das war im Jahr 1417, und inzwischen herrschte ein reger, sehr lukrativer Handel zwischen den „Götzendienern" der Inseln und Sevilla sowie anderen andalusischen Häfen, darunter anscheinend auch unsere kleinen Palos und Moguer. Es gab erneut Bemühungen, sie zu bekehren, einige Franziskanermönche hatten sich dort niedergelassen, und nun ernannte Papst Martin V. „Mossen" Bethancourts Cousin Don Mendo zum Bischof des Rubikon, wie die Diözese wohl genannt wurde, und er kam nach Sevilla, um dem Erzbischof als sein Suffraganbischof Gehorsam zu schwören.

Zwanzig Jahre später, als der Handel mit den Kanaren mutmaßlich immer lukrativer wurde, stellte sich heraus, dass es ein großer Fehler gewesen war, einem Franzosen die Herrschaft über die Inseln zu überlassen. Aus Spanien wurde eine Streitmacht gesandt, um Mossen Juans Sohn, der nun an seiner Stelle regierte, zu vertreiben. Als Vorwand diente Misswirtschaft und Respektlosigkeit gegenüber den Mönchen, die damit beschäftigt waren, aus den Untertanen von „Mossen Menaute" Bethancourt „neue Christen" zu machen.

Mossen Menaute war den Chronisten zufolge nicht stark genug, um gegen die Spanier zu kämpfen, aber er kam mit dem Geschäft ziemlich gut zurecht, denn er verkaufte seine Rechte mit allem Drum und Dran an den Grafen von Niebla, einen Angehörigen der Familie Medina Sidonia, und ließ sich mit dem Erlös in Moguer nieder. Als seine lenkende Hand wegfiel, ging es mit dem florierenden Handel, der die Habgier der Mächte in Spanien geweckt hatte, so schnell bergab, dass die Kanarischen Inseln eher eine Kosten- als eine Gewinnquelle wurden und im nächsten halben Jahrhundert immer wieder den Besitzer wechselten; während „Mossen Betancur" auf seinem neuen Anwesen florierte und die Familie gründete, mit der mein Reisegefährte so gern in Verbindung stand.

Ich kam nicht zu früh nach Sevilla zurück, denn der Regen, der mich von Moguer weggetrieben hatte, hielt an und wurde immer stärker, bis alle Flüsse Andalusiens über die Ufer traten. Die Eisenbahn von Sevilla nach Huelva stand unter Wasser und das Land von Kolumbus war isoliert. Was die wackelige Brücke anging, hatte das Böse jedoch Gutes bewirkt, denn sie wurde durch die Überschwemmungen so viel wackeliger, dass die Behörden schließlich gezwungen waren, einzugreifen, und jetzt können Pilger nach La Rabida beruhigt *über* Moguer und Palos dorthin fahren, denn es besteht keine unmittelbare Gefahr mehr, dass die Postkutsche in den Fluss stürzt.

KAPITEL XV

Der Guadalquivir – Arabische Gärten – „Vogelmilch" – Wilde Kamele – Tartessische Rinder – Die Stadt des Herkules – Die Fundamente von Tharsis – Unterirdische Galerien – Das „Labyrinth" – Ein fürsorglicher Vater – Die Vorstadt der Töpfer – Die Stadt der Polen – Überschwemmtes Triana – Steigende Brunnen – Ein Zufluchtsturm – Unter Wasser stehende Dörfer – Launen der Überschwemmten – Vernachlässigung durch die Regierung – Eine Nacht des Schreckens – Der tapfere Priester – König Alfonso speist die Hungrigen – Die „sparsame Küche" – Ehrungen für die englischen Damen.

Der Guadalquivir scheint den Engländern vor allem durch Byrons Erwähnungen bekannt zu sein, und unglücklicherweise reimt er ihn auf „river", was für ihn praktisch war, aber nicht für den Touristen, der Byron als seinen Ausspracheführer nimmt. Denn der Guadalquivir ist der *Wady al kabir* der Araber (der große Fluss) und der Name wird noch immer mit der Betonung auf der letzten Silbe ausgesprochen, wie im Arabischen. Wenn der Reisende also nach dem Weg zum „Gwaddlequiver" fragt, ist der Einheimische ratlos, was er meint. Baedeker könnte sich nützlicherweise darum kümmern; und wenn er schon dabei ist, könnte er auch erwähnen, dass Granáda die Betonung auf der zweiten Silbe hat. Denn wenn ein Reisender in Eile nach dem Zug nach „Grannader" fragt, geraten die Gepäckträger leicht durcheinander und setzen ihn in den ersten Zug in jede Stadt, deren Name auf der ersten Silbe betont wird – *z. B.* Málaga. Dies geschah tatsächlich im Fall eines Bekannten von uns, der ziemlich taub war und kein Wort Spanisch konnte. Er befand sich in Málaga statt in „Grannader", und seine Sprache war lebhaft und bildhaft. All diese Zeit-, Nerven- und Geldverschwendung hätte vermieden werden können, wenn Baedeker seinen Lesern beigebracht hätte, wie man das spanische Wort Granatapfel ausspricht.

Sevilla scheint seit jeher Opfer von Überschwemmungen gewesen zu sein. Das Einzugsgebiet des Guadalquivir ist enorm, da er mit seinen Nebenflüssen praktisch ganz Andalusien entwässert, von der Sierra Morena im Norden bis zur Sierra Nevada im Süden. Von Córdoba aus fließt der Fluss durch weite Ebenen, die größtenteils aus Schwemmland von großer Fruchtbarkeit bestehen. Dieser Boden ist so fruchtbar, dass die Araber zu sagen pflegten, man könne aus den Gärten rund um Sevilla Vogelmilch gewinnen, was bedeutet, dass es dort nichts gibt, was mit genügend Sorgfalt und Aufmerksamkeit nicht wachsen würde. Die arabischen Historiker versichern uns, dass es vor neun Jahrhunderten zwischen Córdoba und Sevilla zwanzigtausend Bauernhöfe und Dörfer gab, die alle von der Landwirtschaft und dem Gartenbau lebten; und obwohl die Zahl offensichtlich übertrieben ist, besteht kein Zweifel daran, dass die gesamte Flussebene stark kultiviert war. Damals wurden der große Fluss und seine Nebenflüsse für Mahl- und Bewässerungszwecke so sorgfältig eingedeicht und aufgestaut, dass Überschwemmungen weitaus seltener auftraten als heute.

Doch die örtlichen Archive zeigen, dass das Bewässerungssystem innerhalb eines Jahrhunderts, nachdem die Christen die Herrschaft über Sevilla übernahmen, verfiel und das Flussbett rasch versandete. Von dem hydraulischen System, das wir aus Ägypten oder vielleicht aus Tartessus übernommen hatten, ist heute kaum noch eine Spur übrig, denn auch die Tartessier bauten bewundernswerte Wasserwerke. Heute ist das Tal des Guadalquivir, hauptsächlich aus Wassermangel, eine Wüste mit rauem Weideland, im Winter ein Sumpf und im Sommer eine Wüste. Wenn die Regenschauer im Frühjahr und Herbst eine Ernte groben Grases hervorgebracht haben, streifen hier Herden halbwilden Viehs umher; es ist der Zufluchtsort für Vögel aller Art, der Lebensraum von Wildschweinen, Hirschen, Hasen und anderen großen und kleinen Wildtieren und der sichere Zufluchtsort einer Herde wilder Kamele, die nie angefahren und nur selten gesehen werden, außer von Passagieren oder der Besatzung eines Flussdampfers, wenn sie im Morgengrauen zum Wasser kommen. So wurden sie einmal von einer Freundin von mir beobachtet, die sie für Vieh hielt, bis plötzlich die Sonne aufging und sie ihre Höcker sah. Danach hielt sie immer nach ihnen Ausschau und sah sie nicht lange danach wieder, nahe genug und lange genug, um sechzehn von ihnen zu zählen, alte und junge.

Der Ursprung dieser Herde wilder Kamele ist unbekannt, aber es scheint klar, dass sie über eine große Vitalität verfügen. Generationenlang schossen die Sumpfbewohner die Jungen und verkauften ihr Fleisch als Wildbret in den Städten; doch die Herde brütete weiterhin an ihren geheimen Orten in der Wildnis, und jetzt, da das Abschießen streng verboten ist, wächst sie — ein Beweis für die immense Ausdehnung des Ödlands sowie für das milde Klima dieser Provinz. Was die Kamele tun, wenn das Tal überschwemmt ist, weiß niemand, aber sie müssen an einen Zufluchtsort gehen, denn jeder weiß, was mit dem Vieh passiert, wenn es von der Flut erfasst wird.

Vor einigen Jahren wurde eine zehnmonatige Dürre durch ein schreckliches Gewitter unterbrochen, das den Guadalquivir in einer Nacht um mehrere Meter ansteigen ließ. Ein Freund von uns hatte etwa 800 Rinder auf der Isla Mayor getrieben, einer großen Insel im Fluss etwa auf halbem Weg zwischen Sevilla und San Lucar. Sie wurden von den Fluten erfasst, obwohl diese nicht hoch genug stiegen, um sie mitzureißen. Am nächsten Morgen lagen über 400 von ihnen tot da, nicht durch Ertrinken, sondern durch die plötzliche Kälte, der ihre durch die lange Dürre und den Kampf gegen den Wasserstrom geschwächten Körper nicht widerstehen konnten.

In tartessischer Zeit weidete das Vieh der berühmten Rasse Geryon, die später der neuen Gottheit der Tartessier geweiht und als Herkules bekannt wurde, im Tal des Guadalquivir oder Flusses Tartessus. Aber ihr Weidegebiet kann nicht annähernd so groß gewesen sein wie heute, denn wir erfahren, dass der Fluss damals wie eine große Lagune war und eine Kette von großen und kleinen Inseln umgab, auf denen das tartessische Vieh weidete und sich zum großen Nutzen seiner Besitzer fortpflanzte. Es muss jedoch viele Untiefen und Erhebungen gegeben haben, die durch die ständig wachsenden Schwemmablagerungen des Flusses entstanden, denn Strabo erzählt uns, dass das tartessische Vieh zweimal täglich, wenn die Flut vom Meer heraufkam, von sich aus die tiefer gelegenen Weiden verließ und auf den höheren Ebenen der Inseln Zuflucht suchte.

In den Annalen eines sevillanischen Schriftstellers aus dem 16. Jahrhundert finde ich eine Anmerkung, die besagt, dass Herkules, als er zum ersten Mal den Guadalquivir hinaufstieg, Sevilla selbst auf einer Insel mitten im Fluss liegen sah und es die Stadt der Pfähle nannte, weil es auf Pfählen gebaut war. Später, so sagen unsere unkritischen Chronisten, beschlossen Herkules und sein „Bruder" Atlas, die „große Stadt" auf dem höchsten Punkt derselben Inseln zu errichten und ersetzten die „Pfähle" durch festeres Material.

Bis ins 17. Jahrhundert glaubten die Sevillaner so fest an diese naiven Legenden, dass kein Skeptiker es wagte, sich durch ihre Widerlegung einen Kopfstoß einzuhandeln. Und tatsächlich sehen wir bis heute drei Granitmonolithen an genau der Stelle, die Herkules nach Rücksprache mit Atlas für den Bau seines Tempels ausgewählt hatte. Sie sind noch immer allgemein als die Säulen des Herkules bekannt, obwohl eine kluge Gemeinde vor etwa einem halben Jahrhundert ohne ersichtlichen Grund beschloss, den Namen der Straße in Marmoles zu ändern, was nicht Granit, sondern Marmor bedeutet.

Mit der allmählichen Verbreitung des Wissens geriet die Legende von Herkules und der Stadt, die er hier erbaute, in Misskredit, bis sie nach dem 17. Jahrhundert als lächerlicher Mythos ohne jede Grundlage abgetan wurde. Aber das dumme „einfache" Volk nannte seine Monolithen weiterhin „Die Säulen des Herkules", denn da sie weder lesen noch schreiben konnten, hatten die altertümlichen Diskussionen der sevillanischen Professoren keinen Einfluss auf ihren traditionellen Glauben.

Und nun kommt der Kern meiner Geschichte. Vor drei oder vier Jahren begann ein ehrenwerter Geschäftsmann, der nichts wusste und sich noch weniger um die Theorien der gelehrten Herren kümmerte, die entschieden, was in Sevilla geglaubt werden sollte und was nicht, für seine eigenen Zwecke in der Nähe des Ortes zu graben, den der Überlieferung zufolge Herkules als Standort seiner Stadt gewählt hatte. Und zu seinem Ärger fand er auf seiner Suche nach festen Fundamenten, auf denen er neue Geschäfte bauen konnte, eine Schicht alter Gebäude unter der anderen, bis er etwa siebenundsiebzig Meter unter das Niveau der heutigen Straße von Marmoles gelangt war. Hier fand er unterirdische Galerien, mannshoch und breit genug, dass zwei Männer nebeneinander hindurchgehen konnten, gebaut aus Stein und jenem unzerstörbaren Zement, der das Geheimnis von Tartessus gewesen zu sein scheint, zusammen mit kleinen zerbrochenen Säulen aus demselben Granit und demselben Schnitt wie jene drei des Herkules, von denen zwanzig von vierzig Fuß noch immer aus der Spitze dieses Hügels herausragen. Und jetzt scheint es klar, dass dies die verlorene Stadt Tharsis war, deren Standort so lange ein Rätsel war.

Unter diesem ganzen Viertel von Sevilla finden sich unterirdische Galerien, deren Zweck noch nicht geklärt ist. Man beginnt zu erkennen, dass die Herakles-Legende aus dem 16. Jahrhundert eine gewisse Grundlage in der Realität haben könnte und dass die Anbeter des Herkules oder seines Vorgängers Geryon diese gemauerten Galerien buchstäblich anstelle der vergänglichen Fundamente der prähistorischen „Pfahlhäuser" auf Pfählen errichtet haben könnten. Diese Ansicht wird von Don Carlos Cañal, Abgeordneter des Cortes, unterstützt, der vor zwanzig oder mehr Jahren ein Buch über das *prähistorische Sevilla schrieb*, bevor die Entdeckungen auf Kreta die Archäologie revolutionierten.

Einige Teile der tartessischen Galerien sind noch immer perfekt erhalten; diese liegen jedoch unter dem höchsten Teil der Stadt, wo es nie zu Überschwemmungen gekommen sein kann, und ich denke, sie müssen für einige der Mysterien der tartessischen Sonnenanbetung gebaut worden sein, von denen man anderswo Relikte findet. Andere, auf einer niedrigeren Ebene, scheinen dazu gedacht gewesen zu sein, dem Wasser des Flusses freien Durchgang zu gewähren.

Eine der interessantesten und leicht zugänglichen Galerien befindet sich leider in Privatbesitz, und es ist äußerst schwierig, eine Genehmigung für den Besuch zu erhalten. Ich habe es dreimal geschafft, dank der Beharrlichkeit eines Priesters, der sich ebenso für Archäologie begeistert wie ich. Aber es ging dem Eigentümer furchtbar gegen den Strich.

Er ist ein Herr mittleren Alters, der sich noch nie in seinem Leben die Treppe hinabgewagt hat, die als Zugang zu dem sogenannten Labyrinth gebaut wurde, als es im 16. Jahrhundert zufällig entdeckt wurde. Bei meinem ersten Besuch stieg ich die siebenundzwanzig Fuß bis zum Boden der Galerien mit dem Sohn des Besitzers hinab, einem intelligenten Jungen, der sich sehr für diesen seltsamen Ort interessierte. Obwohl es stockfinster ist, ist es durch unsichtbare Öffnungen zur oberen Luft, deren Auslässe man schon lange nicht mehr gesehen hat, perfekt belüftet, und wir gelangten im Licht der Kerzen mühelos von einem runden Raum zum anderen durch die fassförmigen Gänge, die angenehm breit und über mannshoch sind, und ich war entzückt, eine solche Gelegenheit zum Studium sozusagen vor meiner eigenen Tür zu finden.

Aber ach! Ich hatte die Rechnung ohne meinen Gastgeber gemacht. Noch bevor wir zehn Minuten dort waren, begann dieser Herr vom oberen Ende der Treppe her zuzuschreien, wir sollten zurückkommen –

„Du bist schon lange genug da unten. Du wirst dich in der Dunkelheit verlaufen. Du wirst dir in der Kälte und Feuchtigkeit eine Lungenentzündung holen. Komm herauf! Komm herauf! Ich bestehe darauf! Ich befehle es! Mein Sohn, warum gehorchst du mir nicht? Ich werde nicht zulassen, dass du dir eine Lungenentzündung holst. Du hattest mehr als genug Zeit, um alles zu sehen. Es gibt nichts zu sehen. Dreißig Jahre lang habe ich hier gelebt und bin nie hinuntergegangen. Der Ort ist völlig unwichtig. Du musst sofort heraufkommen."

Er hörte keinen Augenblick auf zu schreien. Zuerst sagte mir der Junge, ich solle so tun, als hätte ich nichts gehört, und den Protesten seines Vaters keine Beachtung schenken, aber sehr bald sagte er, er dürfe nicht länger bleiben, und wenn ich jetzt heraufkäme, würde er mich übermorgen wieder herunterbringen, und dann würde er seinen Vater überreden, uns unten bleiben zu lassen, so lange wir wollten.

Und wieder, ach! Trotz vieler Proteste durfte ich wie vereinbart übermorgen wieder hinunter, aber die Rufe „Kommt herauf!" waren anhaltender und eindringlicher als je zuvor, und es konnte kaum etwas getan werden.

Einige Monate später errang ich dem Besitzer widerstrebend die Erlaubnis, einen angesehenen Architekten mitzunehmen, aber wir durften das heilige Gelände nur um acht Uhr morgens betreten, wenn der freundliche Sohn, der nichts von unserem Besuch wusste, sicher im Bett lag. Zwei alte Dienerinnen wurden hinuntergeschickt, um zu sehen, dass wir keinen Unfug anstellten, während der Besitzer eine ganze Stunde lang schrie, dass wir, wenn wir nur ein bisschen Rücksicht auf unsere Gesundheit hätten, nicht in dieser gefährlichen Dunkelheit verweilen würden.

Als ich den Jungen das nächste Mal sah, der unbedingt wollte, dass der Ort wissenschaftlich untersucht wird, erzählte er mir, sein Vater sei entschlossen, alle weiteren Anträge auf eine Besuchserlaubnis für dieses nahezu einzigartige Relikt einer verschwundenen Zivilisation abzulehnen.

„Und um ganz sicherzugehen, dass ich die Tür nicht aufmache, wenn er nicht im Weg ist", sagte der Junge, „hat er den Schlüssel jetzt den ganzen Tag in der Tasche und schläft damit unter seinem Kopfkissen."

Auf diese Weise werden die Archäologen in Sevilla ermutigt.

Es scheint klar, dass die Bewohner einer Stadt, die nach dem Prinzip einer prähistorischen Pfahlbauweise errichtet wurde, aber statt Pfählen solide Steingalerien als Fundamente hatte, kaum Hochwasser zu befürchten hatten. Und tatsächlich finden wir vom Beginn der spanischen Geschichte bis nach der Rückeroberung im Jahr 1248 nichts, was auf ernsthafte Probleme dieser Art hindeutet. Doch von da an hören wir immer mehr von den zunehmenden Verwüstungen, die das Wasser anrichtete, und diese können nur auf die anhaltende Vernachlässigung der hydraulischen

Ingenieursarbeiten zurückgeführt werden, die die Araber und Mozaraber aus Sevilla so perfektioniert hatten.

Triana, seit jeher der Töpfervorort von Sevilla, liegt, obwohl heute bis zu einem gewissen Grad durch Kais geschützt, deutlich unter dem Niveau, das selbst bei mäßiger Überschwemmung erreicht werden könnte. Wahrscheinlich war es in alten Zeiten vollständig auf Galerien und Arkaden gebaut, und selbst heute hat die Hauptstraße auf einer kurzen Strecke auf beiden Seiten alte Arkaden. Die Straße dazwischen ist so stark angestiegen, dass eine Säule, vielleicht römisch, nur noch drei oder vier Fuß hoch ist, und wenn die Flut kommt, füllt das Wasser die Räume im Erdgeschoss schnell bis zur Decke. Es ist möglich, dass dies ein tatsächliches Relikt der „Stadt der Polen" ist, obwohl sie natürlich immer wieder umgebaut wurde, bis nur noch die Idee des ursprünglichen Teils übrig blieb.

Triana ist bei Überschwemmungen stets das erste Viertel, das überschwemmt wird, und das letzte, das geräumt wird, denn die Abwasserkanäle liegen unterhalb der Hochwassermarke, und es scheint unmöglich, sie angesichts der Last des Hochwassers zu schließen - überdies hat der Regen bei geschlossenen Kanälen keinen Abfluss und sammelt sich in den Straßen. Eines Tages werden sich vielleicht die Behörden in Madrid der Petition der 10.000 Trianeros annehmen, die Jahr für Jahr und wer weiß wie lange wiederholt wurde, und dann wird das alte Flussbett (*la madre vieja*), das seit Jahrhunderten versandet ist, geräumt und zum Ableiten des Hochwassers genutzt. Aber dieses naheliegende Heilmittel ist von den klugen Ministern, die Spanien regieren, bisher nicht umgesetzt worden, und die Angst, die bei einsetzenden schweren Regenfällen alle ergreift, die unterhalb der Hochwassermarke leben, wird man nie vergessen.

Im Februar 1912 lebten wir in einem modernen Haus in einem tiefer gelegenen Teil von Sevilla, ein Stückchen vom Fluss entfernt. Das Erdgeschoss des Hauses war künstlich etwa fünf Fuß über das Straßenniveau angehoben worden, aber wenn der Fluss zwei oder drei Zoll höher als die sieben Meter gestiegen wäre, die er in der Nacht vor seinem Rückgang erreicht hatte, wäre die ganze Straße schnell überflutet gewesen, und wir hätten, wie Triana, mit dem Boot versorgt werden müssen. Die ganze Nacht wütete ein heftiges Gewitter, das unserer Panik den letzten Schliff gab; denn zwischen Sevilla und dem Fluss befand sich jetzt nichts außer einigen improvisierten Barrieren, die die Soldaten der Garnison in sechzig Stunden unaufhörlicher Arbeit hastig errichtet hatten, und gegen diese strömte das Wasser bereits mit Gewalt.

Aber unser Fall war zwar ernst genug, aber bei weitem nicht so kritisch wie der vieler anderer, denn es war jedenfalls unwahrscheinlich, dass das Wasser tatsächlich in unser Haus eindringen würde. Eine Freundin von mir hat, wie

Dutzende von Einwohnern Sevillas, in ihrem Haus einen Brunnen mit Brackwasser, und alle diese Brunnen werden auf irgendeine Weise vom Flussbett aus gespeist. Meine Freundin weiß, dass nur die Mauern der neuen Kais, die in den letzten zwanzig Jahren oder so gebaut wurden, verhindern, dass ihr Brunnen überläuft, wenn der Fluss auch nur ein paar Fuß ansteigt. Und wenn die Brunnen in diesem Teil der Stadt erst einmal vom Fluss überlaufen, kann nichts das Eindringen des Wassers aufhalten, denn der gesamte Bezirk liegt weit unter dem Hochwasserniveau. Eine Woche lang nahm sie Tag und Nacht Peilungen vor, bis in der letzten Nacht, der Nacht des Gewitters, das Wasser im Brunnen endlich zu steigen begann, einen Meter ... zwei Meter ... drei Meter ... Bei Tagesanbruch war es trotz all ihrer Gebete und Gelübde an die Jungfrau Maria nur noch sechs Fuß unter dem Rand und stieg immer noch schnell.

„Und dann", sagte sie, „erhörte Unsere Liebe Frau im letzten Moment meine Gebete."

Der Sturm legte sich, die Sonne kam heraus, und bevor die Flut um die Mittagszeit kam, wehte die Flagge auf dem Torre del Oro, um dem in Panik geratenen Sevilla zu signalisieren, dass der Fluss zurückging. Tatsächlich kam die Wende gerade noch rechtzeitig, denn die Flut war kurz davor, die schwachen provisorischen Barrieren zu überfluten, die als einzige das Wasser aus dem Hauptteil der Stadt fernhielten.

Zu diesem Zeitpunkt stand Triana am gegenüberliegenden Ufer bereits seit sechs Tagen unter Wasser, und in jedem einzelnen Haus standen zwischen zwei und drei Metern Wasser. Das gesamte Flusstal von Córdoba bis zur Mündung war ein einziges riesiges Binnenmeer. In den Dörfern am Flussufer war kaum ein Haus über Wasser. Algaba, das erste Dorf oberhalb Sevillas, stand vollständig unter Wasser, und etwa 750 der 800 Einwohner, die nirgendwo anders hinkonnten, drängten sich in dem alten Turm zusammen, der, wie die Dorfbewohner sagen, eigens als Zufluchtsort für den Fall des Hochwassers des Flusses gebaut worden war. Stellen Sie sich 750 Menschen vor, die eine Woche lang in einem kleinen Turm eingesperrt waren! Sobald es möglich war, gegen die zurückgehende Strömung zu rudern, fuhr ich mit einem Boot voller barmherziger Samariter hin, um einigen Familien, die wir kannten, Hilfe zu bringen, und ich werde nie vergessen, was ich sah.

Die Felder waren meterhoch mit Schlamm bedeckt, die Frühjahrsernten vernichtet, die Straßen eine Masse unbeschreiblichen Schmutzes, die ärmlichen Häuschen, die sonst hübsch und hübsch und oft weiß getüncht waren, waren mit stinkendem Schlamm zugeschüttet. Doch die glühende Februarsonne strahlte auf all das Elend herab; bunte Kleider, Decken, Matten, Vorhänge, Betten und Bettzeug hingen zum Trocknen auf, die Frauen waren alle schwer mit ihren Tünche- und Schrubbeimern beschäftigt, und ein erstaunlicher Geist von Mut und Philosophie durchdrang den ganzen Ort.

Von dem Moment an, als sie die Fähre überqueren konnten, waren drei Familien zu Fuß nach Sevilla unterwegs – eine etwa zweieinhalb Kilometer lange Straße, die größtenteils unter Wasser stand –, um sich in der „englischen" Suppenküche Verpflegung zu holen. Und wir waren hergerudert, um ihre unglaublichen Geschichten über das Leid zu bestätigen.

„Ja, es stimmte, dass es kaum etwas zu essen gab. Es stimmte auch, dass es im Moment keine Arbeit gab, und daher waren die Vorräte an Reis, Kichererbsen und weißen Bohnen, die die Señores gaben, so willkommen, dass man sie kaum in Worte fassen konnte. Aber die gute Sonne schien, und bald würde alles vertrocknen, und dann müssten die reichen Señors Fulano und Mengano, denen das ganze Land in der Umgebung gehörte, jede Hand anstellen, die sie kriegen konnten, um die Felder neu zu besäen, denn sie würden sicher nicht die Ernte einer ganzen Saison verlieren, und sie müssten auch gute Löhne zahlen, denn es würde Arbeit für jeden arbeitsfähigen Mann von Sevilla bis Córdoba geben. Und so könnte, wenn Gott wollte, aus ihrem gegenwärtigen Elend bald etwas Gutes erwachsen."

Eine der wohlhabenderen Frauen, die über ihrem Häuschen einen Dachboden hatte – eine große Seltenheit in diesem einstöckigen Dorf – und so ihre Möbel retten konnte, bestand darauf, uns vor unserer Abreise heißen Kaffee zu geben, und lehnte empört ab, dafür bezahlt zu werden. „Es war das Mindeste, was sie tun konnte, nachdem wir so gut zu ihnen gewesen waren", sagte sie und ließ ein Kohlenbecken brennen, damit wir die Feuchtigkeit des Zimmers nicht spürten, das sie gerade vor unserer Ankunft weiß getüncht hatte.

Wir schämten uns, Einwände zu erheben, zehn Minuten lang in der muffigen Küche zu sitzen, wo die Familie leben musste, aber bevor wir uns anständig verabschieden konnten, zitterten wir vor Kälte, und seither habe ich mich immer gefragt, warum nicht das ganze Dorf an Fieber und Schüttelfrost starb, anstatt für seine ausgezeichnete Gesundheit bekannt zu sein.

Die Heiterkeit, mit der man in Algaba auf die Katastrophe reagierte, war in Triana noch bemerkenswerter. Hier suchten alle, deren Häuser zwei oder drei Stockwerke hatten, Zuflucht in den oberen Stockwerken und wurden während der sechs Tage, während derer der Vorort unter Wasser stand, von Booten aus versorgt. Die Behörden stellten für alle Rationen bereit, und niemand hätte hier verhungern müssen, obwohl die Organisation der Versorgung von etwa zehntausend Menschen allein in diesem Viertel und von mehreren tausend weiteren in den überfluteten Straßen am Stadtrand eine nicht unerhebliche Aufgabe war. Alle erging es gleich, sie bekamen nur Brot und die einfachsten Speisen, aber in ausreichender Menge, um Leib und Seele zu erhalten, wenn jeder nicht mehr als seinen gerechten Anteil nahm. Nur sehr wenige konnten durch die überfluteten Straßen zur Brücke nach Sevilla befördert werden, und tatsächlich war für ein oder zwei Tage der Verkehr auf Rädern über die einzige Brücke verboten, außer zum Transport von Nahrungsmitteln, denn das Wasser stand fast bis zur Oberkante des Bogens und die gesamte Struktur war bedroht. Wäre die Brücke weg, hätte ganz Triana verhungern müssen, denn kein Boot konnte diesen reißenden Strom überqueren.

Es kamen nur wenige Menschen ums Leben, obwohl in den ältesten und ärmsten Vierteln ein Haus nach dem anderen einstürzte. In einem Fall war eine ganze Familie in einem alten Gebäude ohne Fenster zur Straße eingeschlossen. Als man sie drei Tage später entdeckte, waren zwei der Kinder vor Kälte und Hunger gestorben. Denn es war sehr kalt in diesen grauen, sonnenlosen Tagen. Aber die Rettungsarbeiten waren ebenso gut organisiert wie das Kommissariat, und der junge Pfarrer der Gemeinde, Don Bernardo Guerra, der wie ein Mann arbeitete, wurde zum Helden der inhaftierten Trianeros. Er selbst schien sich seiner Popularität überhaupt nicht bewusst zu sein. Er sagte sogar, seine Leute seien wütend auf ihn, weil „er zwar so viele Stunden am Tag für die Hilfsarbeit arbeitete, dass er kaum Zeit zum Essen, Trinken, Schlafen oder Beten hatte, es aber unmöglich war, auch nur ein Hundertstel ihrer Bedürfnisse zu decken."

„Aber jetzt, wo die Sonne wieder scheint, läuft es besser", sagte er. „Tatsächlich war es selbst während der schlimmsten Zeit der schlimmen Woche überraschend, wie ein unregelmäßiger Sonnenstrahl die überschwemmten Menschen belebte. Die Trianeros haben eine ganz eigene Fröhlichkeit, die sie nie lange verlässt, und es war merkwürdig zu sehen, wie sie unter den Hunderten von Flüchtlingen zum Ausdruck kam, die in unseren neuen Schulgebäuden untergebracht waren. Es war auch sehr bemerkenswert, wie die Frauen selbst dort ihre Gewohnheiten der Sauberkeit und des Anstands bewahrten. Keine von ihnen hatte mehr Privatsphäre, als sie erreichen konnten, indem sie Schals und Laken aufhängten, um eine Familie von der anderen zu trennen, und doch schafften es die meisten von ihnen, ihre eigenen kleinen Räume ordentlich und relativ komfortabel zu halten. Die Zigeuner sahen zwar aus, als würden sie auf einem Lumpenmarkt picknicken, aber sie blieben an einem Ende der großen Klassenzimmer zusammen, getrennt von den anderen Flüchtlingen. Und man hätte lächeln müssen, wenn man gesehen hätte, wie die Mädchen ihre Haare wie für ein *Fest frisierten* und sogar tanzten, während die jungen Männer zu einer Gitarre sangen, die einer von ihnen aus den Trümmern seines Hauses gerettet hatte. Als die Sonne für einige Augenblicke schien, konnte man kaum glauben, welche Trostlosigkeit draußen herrschte. Doch als es Nacht wurde, war das Leid am schlimmsten. Den Behörden gelang es, Wasser, Gas und elektrisches Licht auf den Straßen aufrechtzuerhalten, doch in den Häusern standen alle Armaturen unter Wasser, und die Dunkelheit machte die Not noch größer. Und dann die Pistolenschüsse, die um Hilfe baten, und die Schwierigkeit, das Geräusch in den überfluteten Straßen zu orten, und die Angst, zu spät zu kommen, um Leben zu retten ... das war eine Erfahrung, die man in einem Jahrhundert nicht vergessen wird.“

Don Bernardo hielt inne und seine dunkelbraunen Augen blickten ihn an, als hätte er einen Albtraum.

„Aber Sie waren doch immer pünktlich da?“, fragte ich sanft. „Und was ist mit der Veranstaltung in der Calle Evangelio? Ich habe in der Zeitung gelesen, dass sie erwähnt wurde. Sie sagten, Sie hätten Beifall bekommen.“

„In den Zeitungen steht viel Unsinn“, sagte der Priester und lächelte erneut. „Es war nichts, und was es an Verdienst gab, ist nicht meins. Und nun zu den Matratzen? Wie viele können Sie noch aus dem englischen Hilfsfonds bereitstellen? Wir sollen fünfzehnhundert aus der Regierungszuwendung bekommen, sagt man mir, aber nicht, bevor das Geld ausgezahlt ist, und ich frage mich, ob es vor dem nächsten Sommer kommt. Inzwischen waren die hundert, die die englischen Damen geschickt haben, ein großer Segen, und es kamen auch sechzehn von einer spanischen Dame. Aber wir brauchen sofort tausend für Familien, die alles verloren haben und jetzt auf dem Boden von Häusern schlafen, die vor einer Woche noch unter Wasser standen. *Ay de mi de mi alma!* Und all dieses Leid wäre verhindert worden, wenn die Regierung letztes Jahr den Schutzarbeiten am alten Flussbett zugestimmt hätte!“

„Aber ich möchte etwas über die Affäre in der Calle Evangelio wissen“, beharrte ich, und Don Bernardo, immer höflich, konnte es mir nicht verübeln.

„Es war nichts – solche Vorfälle gab es viele. Ich lag im Bett. Müde? Na ja, vielleicht; wir schlafen im Moment nicht viel. Plötzlich hörte ich Pistolenschüsse, mehrere, schnell hintereinander abgefeuert, also wusste ich, dass die Gefahr unmittelbar bevorstand. Ich rannte zum Fenster, um den Bootsmann zu rufen, der mir Tag und Nacht zu Diensten sein sollte, aber der arme Kerl war erschöpft und weit weg, am anderen Ende dieser langen Straße. Ich konnte sein Boot erkennen, das an einem Balkon festgebunden war. Ich vermutete, er war eingeschlafen oder vielleicht – denn wir sind alle nur Menschen – im Haus, um etwas zu trinken. Man kann ihm keine Vorwürfe machen. Diejenigen, die den ganzen Tag im kalten Wind und im strömenden Regen draußen geblieben waren, wussten genau, wie verzeihlich seine Pflichtverletzung war. Wenn da ein Karren oder sogar ein Esel gewesen wäre, hätte ich ihn ohne Erlaubnis genommen. Aber es war mitten in der Nacht. Ich wagte nicht, durchzuwaten; ich bin nicht groß und das Wasser in meiner Straße war über einen Meter tief. Und dann bot einer meiner Nachbarn, ein ausgezeichneter Kerl, der wie ich durch die Schüsse aufgeschreckt worden war, an, mich auf seinen Rücken zu nehmen. Er ist ein Fischer, hat starke Beine und ist viel größer als ich. Verstehen Sie, dass er keine Belohnung verlangte; tatsächlich lehnte er eine Zahlung aus den Mitteln ab, die ich für die Hilfe bereithalte. Er trug mich auf seinen Schultern zum Boot, und der Bootsmann kam schnell und sehr beschämt heraus. Mein Fischer begann, ihn zu beschimpfen, aber ich sagte: „Sparen Sie Ihren Atem, um beim Rudern zu helfen, denn ich fürchte, wir könnten zu spät ankommen." Wir ruderten alle drei mit aller Kraft, und die Strömung schien wie die Hand eines Riesen, die unser Boot zurückzog. Sie sehen, der Bahndamm nach Huelva verursacht Wirbel im Hochwasser in unseren Straßen. Ich verstehe nichts von Ingenieurskunst, aber jeder in Triana weiß, dass der Damm unser Ruin ist. Er wurde von Ingenieuren in Madrid geplant, und der Protest derer, die den Fluss kannten, wurde nicht beachtet. Die armen Leute von Triana verfluchen den Damm jedes Mal, wenn es Hochwasser gibt, und dieses Mal hätten sie ihn mit ihren eigenen Händen abgerissen, wenn sie ihn hätten erreichen können, ohne unterwegs zu ertrinken. Nun, wir erreichten schließlich die Calle Evangelio. Die Schüsse wurden aus einem zweistöckigen Haus abgefeuert, und alle Bewohner hatten seit Beginn der Flut im oberen Stockwerk gelebt. Das Wasser in der Straße war sechs Fuß hoch und es war ganz dunkel. Wir brachten sie alle von einem Balkon aus ins Boot, bis auf einen Mann. Er musste springen, denn gerade als er über das Geländer klettern wollte, schien die ganze Vorderseite des Hauses wegzuschmelzen. Sie war vom Wasser unterspült worden und stürzte auf einmal hinein. Ja, ich nehme an, die armen Leute wären alle ertrunken, wenn der liebe Gott den Fischer nicht rechtzeitig geweckt hätte, um ihnen zu Hilfe zu eilen. Ich war in gewissem Sinne verantwortlich, aber ohne ihn hätte ich nicht rechtzeitig dort sein können. Daher hätte die Zeitung ihm und nicht mir die Ehre zuschreiben sollen."

Am letzten und schlimmsten Tag der Überschwemmung kam der König mit dem Minister für öffentliche Arbeiten nach Sevilla. Und dann waren die armen Trianeros froh, dass sie den Bahndamm nicht abgerissen hatten, denn das Erste, was Seine Majestät tat, war, auf dieser Strecke durch die Wassermassen zu dampfen, um ein Dorf zu besuchen, das kaum mehr als seine Dächer über der Flut hatte. Ich sah zu, wie die Lokomotive mit ihrem einzigen Waggon sehr langsam über die Brücke und den Damm kroch, denn man konnte nicht wissen, welche unsichtbaren Schäden die trübe gelbe Flut unter den Schienen und Schwellen angerichtet haben könnte.

Jeder dachte, da der König und der Minister nun selbst gesehen hätten, welchen unerträglichen Schaden diese schlechte Ingenieursleistung Sevilla zufügte, würde die notwendige Genehmigung für die Arbeiten am alten Flussbett sofort erteilt werden. Das war vor einem Jahr und neun Monaten, und Don Bernardo und seine Kollegen haben seitdem unablässige Anstrengungen unternommen, um die Angelegenheit in die Hand zu nehmen. Aber wir hatten in diesen einundzwanzig Monaten drei verschiedene Ministerien an der Macht, und keines von ihnen hatte Zeit, an solche Kleinigkeiten wie den Schutz des drittwichtigsten Hafens Spaniens vor verheerenden Überschwemmungen zu denken. Im November 1913 musste der Hafen wegen des hohen Hochwassers zweimal für die Schifffahrt gesperrt werden, und es dürfte nicht schwer sein, zu berechnen, wie viel Geld die Stadt dadurch verloren hat, obwohl niemand, der die Überschwemmung von Triana nicht miterlebt hat, die Kosten an Angst und Sorge für die Väter abschätzen kann, die kein Brot für ihre Kinder verdienen können, und für die Mütter, die in stündlicher Angst vor dem unwiederbringlichen Ruin ihrer Häuser zusehen müssen.

Aber niemand macht dem König Vorwürfe. Sie wissen, dass es nicht seine Schuld ist, denn sie haben ihn an jenem Februartag im Jahr 1912 in Triana gesehen, wie er mit einem Karren oder einem Boot von Haus zu Haus fuhr und mit seinen eigenen Händen Lebensmittel in Körben hochhob, die er von den Balkonen herabhing, und sie haben ihn beobachtet, wie er knöcheltief im Wasser am Brückenkopf stand und darauf bestand, die Straßen zu besuchen, die am meisten gelitten hatten.

„Weiß Gott, keine Straße hatte mehr gelitten als die andere", sagte der Töpfergeselle, der mir das erzählte, „denn alle standen gleichermaßen unter Wasser. ‚Was für eine schreckliche Katastrophe!', sagte der König. Seine Herren versuchten ihn zurückzuhalten, denn sie mussten ihm folgen und wollten sich nicht die Füße nass machen. Aber sie hätten genauso gut versuchen können, den Fluss zurückzuhalten. Er ist ein *König*! Er gab auf der Stelle zweitausend Peseten und schickte gleich nach seiner Rückkehr zwanzigtausend weitere aus Madrid. Aber das Beste von allem war die Küche des Königs. Er ordnete an, dass jedem Trianero, der darum bat, täglich und den ganzen Tag über kostenlose warme Mahlzeiten auf seine Kosten serviert wurden, solange die Flut dauerte – keine Empfehlungen erforderlich, keine religiösen Bedingungen. Der König sagte, niemandem dürfe eine Frage gestellt werden: Jeder, der hungrig sei, sollte in seiner Küche eine Mahlzeit bekommen. Dadurch wurden viele Leben gerettet. Wir alle hatten zwar Brot vom Stadtrat, aber wir Väter konnten uns unseren Anteil nicht nehmen, solange die Kinder Hunger hatten und wir vom langen Fasten geschwächt waren. Denn Sie müssen wissen, dass viele von uns wegen des schlechten Wetters schon einen Monat lang arbeitslos waren, bevor der Fluss über die

Ufer trat. Was für einen schlimmen Winter hat Gott uns beschert! Aber Gott sei Dank gibt es jetzt Arbeit für ganz Triana, denn es müssen so viele Häuser repariert und wiederaufgebaut werden, dass wir nicht schnell genug Ziegel herstellen können und die Meister unsere Löhne erhöhen mussten."

Suppenküchen oder, wie die Sevillaner sie nennen, „Sparküchen" (*cocinas economicas*), werden hier in Zeiten öffentlicher Not kaum genutzt. Die wohlhabenden Damen Sevillas scheinen nie auf die Idee zu kommen, dass sie mit sehr wenig Mühe und Organisation leicht private Suppenküchen in ihren eigenen Häusern eröffnen könnten, und sei es nur für die Freunde und Verwandten ihrer zahlreichen *Haushalte* . Natürlich war eine Suppenküche die erste Idee, die einigen Mitgliedern der englischen Kolonie kam, als die Überschwemmungen kamen, und innerhalb von vierundzwanzig Stunden nach der Überflutung von Triana hatten unser Konsul Mr. Keyser, ich und einige andere Damen bei unseren persönlichen Freunden genug Geld gesammelt, um zwei Wochen lang zweihundert Rationen pro Tag einzuplanen.

Die Verteilung fand in unserem Haus statt, da unser Innenhof für diesen Zweck am praktischsten war, und alle unsere Bediensteten, wie die im Konsulat, arbeiteten die ganzen zwei Wochen über in Doppelschichten, so dass kein Geld des Hilfsfonds für zusätzliche Arbeitskräfte ausgegeben werden musste. Zunächst wollten wir nur Familien ernähren, die mit den englischen Geschäftshäusern in Verbindung standen, aber wir stellten bald fest, dass es unmöglich war, feste Regeln aufzustellen. Eines Nachmittags brach ein Mann, der eine Stunde auf das gewartet hatte, was übrig blieb, nachdem die privilegierten Leute gefüttert worden waren, ohnmächtig auf dem Boden zusammen, und es dauerte eine halbe Stunde, bis er wieder zu sich kam. Danach schöpften wir unsere Suppe so schnell wir konnten an jedes zitternde, bleiche Wesen, das sich vorstellte, ohne nach seiner Abonnentenkarte zu fragen, denn wir wollten nicht, dass sich der Schreck wiederholte, der uns ergriff, als der Mann ohnmächtig wurde, denn bei dieser Gelegenheit sah es eine Zeit lang so aus, als würde unser sehr kleiner bürokratischer Aufwand ein Leben kosten.

Bevor wir unsere Suppenküche schlossen, bekamen wir bis zu 500 Rationen pro Tag und hatten sogar noch Geld übrig, um die 100 Matratzen und Kissen zu kaufen, die dem Priester von Triana so nützlich waren – und das alles für etwas über 60 Pfund in englischer Währung. Die Matratzen waren zwar sehr billig, denn ein Hersteller trug zur Hilfe bei, indem er uns alles, was wir verlangten, erheblich unter dem Selbstkostenpreis verkaufte – eine praktische Form der Wohltätigkeit, die die Menschen sehr ansprach. Aber selbst wenn wir 6000 Pfund statt 60 Pfund ausgegeben hätten, hätten wir nicht auf größere Dankbarkeit stoßen können. Es lag nicht so sehr an der Menge oder Qualität der Suppe, erklärte unser Gemeindepfarrer. Es lag daran, dass sie genau in dem Moment fertig war, als sie gebraucht wurde, denn sie wurde sehr schnell bereitgestellt und wir waren sogar vor der King's Kitchen. So seltsam es den Engländern erscheinen mag, die an organisierte Wohltätigkeit gewöhnt sind, hat kein anderer Privatmann oder privater Verein in Sevilla diese einfache Methode angewandt, warme Mahlzeiten zu minimalen Kosten bereitzustellen.

Aber wir hatten keine Ahnung von dem Ruhm, den wir erlangten – tatsächlich hatten wir keine Zeit darüber nachzudenken, wie unsere bescheidene Anstrengung auf die Öffentlichkeit wirken würde. Daher waren wir überrascht und amüsiert, als der Herausgeber einer lokalen Wochenzeitung seinen Fotografen vorbeischickte, um eine Illustration für einen Artikel über die „edle Initiative der englischen Damen" zu besorgen. Wir sagten ihm, dass wir lieber mit unseren Kesseln im Ruhestand blieben. Aber er wies darauf hin, dass ein Foto unserer wirklich „sparsamen" Küche die Damen von Sevilla ermutigen würde, bei einer anderen Gelegenheit dasselbe zu tun; und danach konnten wir uns natürlich nicht weigern, mit unseren Blechtöpfen um uns herum verewigt zu werden, und sei es nur, um zu zeigen, wie leicht fünfhundert Menschen mit einem Dutzend Petroleumkanistern auf Gasherden verköstigt werden könnten. Und nachdem unser philanthropischer Herausgeber sein Foto bekommen und seinen kleinen Artikel veröffentlicht hatte, bot er jedem unserer Helfer eine Kopie des Fotos zum dreifachen Marktpreis an!

Eine weitere nette Rede brachte, wenn nötig, weitere Beweise für die allgemeine Einstellung gegenüber der jungen Königin. Wir legten etwas von unserem Geld beiseite, um Pfandscheine für zwei oder drei Familien einzulösen, die vor der Flut verhältnismäßig wohlhabend gewesen waren und jetzt nur noch anständige Kleidung brauchten, um wieder eine gute Anstellung zu bekommen. Und diese war natürlich viel billiger zu bekommen, wenn man ihre eigenen Kleidungsstücke aus dem Mont de Piété holte, als wenn man neue für sie kaufte.

Eine der armen Frauen sagte mit Tränen in den Augen, als sie mir einen Stapel dieser deprimierenden kleinen Papiere reichte:

„Oh, Señora Elena, Sie sind wie die Königin!"

Ich musste über diese Bemerkung lächeln, denn obwohl es unter spanischen Galanen seit langem Mode ist, englischen Mädchen zu sagen, sie ähnelten der Königin, wenn sie ihnen die größte Schmeichelei machen wollten, konnte ich mir nicht vorstellen, dass selbst die glühendste Dankbarkeit irgendeine

Ähnlichkeit zwischen einer alten Frau mit weißem Haar und der schönen jungen Königin feststellen konnte.

„Nicht im Gesicht, Señora, obwohl Sie auch *muy guapa* (sehr attraktiv) sind, sondern in Großzügigkeit mit den Pfandscheinen. Haben Sie nicht gehört, was die Königin auf diese Weise getan hat? Eine sehr arme Frau aus Triana warf eines Tages ein ganzes Bündel Pfandscheine in die Kutsche der Königin, als sie durch Triana fuhr, und anstatt verärgert zu sein, schickte die Königin nach ihrer Rückkehr in den Palast zu Juanas Haus, um zu sehen, ob es wahr sei, dass sie alles verkauft habe. Und es war ganz wahr, und die Königin löste ihre Pfandscheine und später viele weitere für andere Frauen ein, als sie von Fällen großer Not erfuhr, für die die Frauen keine Schuld trugen. Ich wünschte, die Reichen wüssten, wie hilfreich es ist, unsere Pfandscheine einzulösen, denn viele unserer Kleidungsstücke und insbesondere unsere Stiefel sind sehr gut, wenn wir sie ‚weglegen‘ – tatsächlich gibt uns der Mont de Piété nichts dafür, wenn sie nicht gut sind.“

Dies war jedoch noch nicht das Ende der Komplimente, die man uns machte; denn ein paar Tage später kam unser Diener zu mir und erzählte mir, dass man ihn nach den vollständigen Namen, Familien- und Taufnamen aller englischen Damen gefragt hatte, die beim Servieren der Suppe geholfen hatten. Dasselbe hatte auch ein bekannter Flamenco-Sänger in einem gewissen Varieté verlangt.

„Aber ich weigerte mich, es ihm zu sagen“, sagte unser Mann stolz. „Da ich mit den Señores in England gewesen war und die englischen Gepflogenheiten kannte, teilte ich ihm mit, dass Komplimente in Ihrem Land auf Umwegen gemacht werden müssen und dass er, wenn Ihre Namen erwähnt würden, eher beleidigen als erfreuen würde.“

„Aber warum in aller Welt wollte er unsere Namen wissen?“, fragte ich völlig verblüfft.

„ *Por Dios* , Señora! Wissen Sie nicht, dass im Blankblankblank jeden Abend ein Vers zum Lob der englischen Sparküche gesungen wird, zusammen mit einem über die Küche des Königs und die tapferen Taten von Don Bernardo Guerra? Señora! Dieses Lied ist seit vielen Abenden der beliebteste Programmpunkt, und deshalb wollte Pepito einen zweiten Vers improvisieren, in dem alle Damen mit Namen genannt werden. Aber seien Sie unbesorgt: Ich versichere Ihnen, ich habe mit genügend Kälte abgelehnt, um ihm klarzumachen, dass er sich eine Freiheit herausnahm.“

Der Witz dabei war, dass das Blankblankblank ein bekanntes Café chantant in Sevilla ist, das seit Jahren ein Ärgernis für Mrs. Grundy ist, sowohl für die englische als auch für die spanische Variante, und wohlerzogene Mitglieder der Gesellschaft wie wir hätten es um keinen Preis betreten. Natürlich hätte unsere Missbilligung, selbst wenn sie sich dessen bewusst gewesen wären, die Leute im Café chantant überhaupt nicht gestört, aber wir hatten das Gefühl, als würden diese schwarzen Schafe feurige Kohlen auf unsere respektablen Köpfe häufen, als wir erfuhren, dass Lieder über unsere bürgerlichen Tugenden jeden Abend volle Häuser erfreuten. Aber jedenfalls waren wir in guter Gesellschaft, mit dem König auf der einen Seite und dem Gemeindepfarrer auf der anderen.

Und so endete mit einer komischen Note unsere Rolle in der Tragödie der größten Überschwemmungen, die es in der langen Geschichte der Verwüstungen gibt, die der Guadalquivir Jahrhundert für Jahrhundert angerichtet hat.

TEIL IV.
FRÜHLING

KAPITEL XVI

Beliebte Monarchen – König Alfonso und die Wäscherin – Königliche Wohltätigkeit – Kein Stierkampf erforderlich – Reaktion gegen die Stierkampfarena – Ein monarchistischer Republikaner – Der Wächter des Poloplatzes – Der König stellt die Königin vor – Ein treuer alter Gärtner – Die Trauer von Enriqueta – Der König in Ronda – Ein glücklicher Eseltreiber – Vorsichtige Randalierer – *Viva el Rey!*

Besucher fragen mich oft, ob die englische Königin in Spanien beliebt ist, und ich wundere mich immer, warum ihnen diese Frage einfällt. Wie könnte sie nicht beliebt sein, wenn ihre Jugend, Schönheit und ihr gutes Herz ihrer Krone noch mehr Glanz verleihen?

Tatsächlich ist es so: Je länger man in Spanien lebt und je mehr man von der Bauernschaft und der Arbeiterklasse im Allgemeinen sieht, desto mehr reizende Geschichten hört man über die privaten Beziehungen des Königs und der Königin und des Rests der königlichen Familie mit dem „einfachen" Volk. Und da nur sehr wenige davon in den englischen Zeitungen veröffentlicht wurden, scheint es der Mühe wert, sie aufzuzeichnen, bevor sie in Vergessenheit geraten. Ich bürge nicht für ihre wörtliche Wahrheit, aber ich glaube kaum, dass solche Geschichten kursieren würden, wenn sie nicht auf einer Tatsachengrundlage beruhen würden. In jedem Fall glauben die Leute, dass sie wahr sind, und so veranschaulichen sie die allgemeine Einstellung gegenüber den Königen.

VOM MARKT NACH HAUSE GEHEN.

Vielleicht ist die Geschichte von König Alfonso und der Wäscherin schon ein Klassiker, obwohl ich sie nie gedruckt gesehen habe. Sie stammt aus der Zeit, als Motoren noch verhältnismäßig in den Kinderschuhen steckten und der junge König sein Gefolge durch seine Hingabe an die neue Maschine in einem Zustand chronischer Nervosität hielt, die nach Meinung der Ängstlichen jeden Moment durchgehen oder explodieren könnte. An einem Winternachmittag kam der König nicht zur erwarteten Zeit zurück und es gab ernsthafte Überlegungen, eine Abteilung der Guardia Civil mit einem Krankenwagen auf die Suche nach dem verirrten Motor zu schicken. Als Seine Majestät erschien, wurde seine Verspätung damit erklärt, dass er eine lahme alte Wäscherin, beladen mit sauberer Wäsche, etwas außerhalb von

Madrid aufgelesen und sie in seinem Auto zum Wohnsitz ihrer Arbeitgeber gebracht hatte, bevor er nach Hause kam.

Möglicherweise ist dies eine von Ben Trovatos Geschichten, aber ich selbst kann sie durchaus glauben, da ich aus erster Hand von vielen anderen Vorfällen gehört habe, bei denen die gleiche impulsive Freundlichkeit gegenüber den Armen und Niedrigen und die gleiche Missachtung von Konventionen und königlichem Status zum Ausdruck kam.

Nicht nur der König und die Königin, sondern auch die Königinmutter und andere Mitglieder der königlichen Familie haben hin und wieder Unglückliche aufgenommen, die auf der Straße einen Unfall erlitten hatten, und sie nach Hause oder in ein Krankenhaus gebracht. Einmal saß Königin Christina eine halbe Stunde lang auf einer Bank im Park von Madrid, während ihr Motorrad einen unglücklichen Radfahrer ins Krankenhaus brachte. Es handelte sich um einen Studenten, der sich am Kopf schlimm verletzt hatte, und die Königin selbst wies ihre Diener an, ihn so bequem wie möglich auf die Kissen zu legen, nachdem sie seine Wunden mit ihren eigenen Händen verbunden hatte.

Infantin Isabel, die Tante von König Alfonso, begeisterte kürzlich die Menge mit einer Aktion, die heute weniger üblich ist als vor einem Jahrhundert. Zwar war das Fahrzeug ein modisches Auto und nicht wie früher eine große königliche Kutsche, aber die Inspiration war dieselbe.

Auf ihrer Nachmittagsfahrt begegnete die Prinzessin einer Prozession, die die Wegzehrung von einer der kleineren Kirchen zu einem Sterbenden brachte. Sie stieg aus ihrem Auto, ließ den Priester mit seiner heiligen Last einsteigen und ging selbst in der Prozession hinter der Hostie zum Haus des Kranken, eine brennende Kerze tragend. Sie ist in Spanien sehr beliebt, besonders unter den Stierkampf-Liebhabern, denn ihre Hingabe an den Nationalsport ist so leidenschaftlich, dass sie sie für die unverhohlene Abneigung einiger anderer Mitglieder ihrer Familie entschädigt.

Der König und die Königin gehen selten zu einem Stierkampf, obwohl, wenn sie doch einmal bei einem erscheinen, dies so offen angekündigt wird und Fotos ihrer Majestäten von denjenigen, die an der Aufrechterhaltung des „Sports" interessiert sind, so weit verbreitet werden, dass die Außenwelt wahrscheinlich glaubt, sie seien ihm ergeben. Es ist natürlich unmöglich, dass diejenigen, die Pferde lieben und selbst Reitkunst beherrschen, Sympathie für eine Unterhaltung empfinden, bei der das Zerfleischen von Pferden ein wesentlicher Bestandteil ist, obwohl ein König und eine Königin manchmal scheinbar Dinge dulden müssen, die sie nicht gutheißen können. Aber ihre wirkliche Meinung kann man anhand eines kleinen Vorfalls beurteilen, den ich von einer ausgezeichneten Quelle erfahren habe – dem Privatsekretär des Mannes, mit dem der König sprach.

Der Anlass war ein Besuch Ihrer Majestäten in einer bestimmten Stadt, die für ihre Stierkämpfe berühmt ist und den Ruf hat, die besten *Toreros* Spaniens hervorzubringen. Der Alcalde legte dem König sein Festprogramm zur Genehmigung vor, nannte ein oder zwei freie Termine und fragte:

„Wann möchten Sie den Stierkampf haben, Sir?"

Der König antwortete, dass er und die Königin gekommen seien, um Ferien zu machen, und dass sie nicht wünschten, dass jeder Tag im Voraus ausgebucht wäre. „Und deshalb", sagte seine Majestät, „werde ich um einen Stierkampf bitten, wenn ich Lust dazu habe."

Der Gerichtshof verbrachte einen ganzen Monat in dieser Stadt, und es fand kein Stierkampf statt.

Natürlich ist dies, wie alles andere in Spanien, eine politische Frage. Die Reaktionäre, getreu ihren Prinzipien, unterstützen die bestehenden Institutionen, während die Konservativen, Liberalen, Radikalen, Republikaner, sowohl Reformer als auch Revolutionäre, Sozialisten usw. gemeinsam das anprangern, was sie als einen der Hauptfaktoren des *atraso de España* (der Rückständigkeit Spaniens) betrachten.

Ausländer, die Einwände gegen den Stierkampf haben, müssen bedenken, dass die Eigentümer großer Ländereien, die die Stiere züchten, enorme Geldsummen in den Bau und die Instandhaltung der Stierkampfarenen und in die sehr kostspieligen Geräte der Show stecken, und es ist nur natürlich, dass Kapitalisten für die Institution kämpfen, in die ihr Geld investiert wird. Wenn Ausländer empört fragen, warum der König dem barbarischen „Sport" kein Ende bereitet, wenn es wahr ist, dass er ihn ablehnt, dann begreifen sie nicht, dass ein verfassungsmäßiger König, so radikal er auch ein Reformer sein mag, nicht mit einem Federstrich die begründeten Interessen eines großen und mächtigen Teils der Gesellschaft zerstören kann. König Alfonso vorzuschlagen, alle Stierkampfarenen willkürlich zu schließen, wäre etwa so, als würde man vorschlagen, dass der König von England von sich aus *alle* Varietés schließen solle, ohne Rücksicht auf die Rechte der Aktionäre. Und die Stierkämpfe können sich jedenfalls auf ein ehrwürdiges Alter berufen. Ihr Ursprung ist nicht genau bekannt, aber es ist möglich, dass sie aus der Zeit der Libysch-Tartesser stammen, als Minos auf Kreta herrschte und Stierkämpfe förderte.

Neu ist die Reaktion gegen den Ring, die sich mit ermutigender Geschwindigkeit ausbreitet. Eine der größten Tugenden von Isabel II. war nach Ansicht ihrer Zeit, dass sie „die Stiere sehr liebte", und selbst heute noch sprechen alte Damen und Herren aus der Generation dieser unglücklichen Königin von ihrer Vorliebe für den Stierkampf als einer ihrer guten Eigenschaften. Nicht zuletzt hat König Alfonso anerkanntermaßen den Respekt und die Sympathie der radikalen und republikanischen Teile seiner Untertanen (und dazu gehört auch die Masse der Arbeiterklasse) für sich beansprucht, und zwar seine offensichtliche Vorliebe für andere und männlichere Formen des Sports.

Der Republikanismus des Bauern ist ein interessantes und interessantes Studienobjekt, und ich liebe es immer, ihn zu diesem Thema zu überreden. Eines Tages, als ich in den Bergen grub, setzte ein heftiger Regenschauer ein, und ich suchte mit meinen Arbeitern Schutz in einem Kammergrab, das wir gerade freigeräumt hatten. Wie das Thema Monarchie zwischen ihnen zur Sprache kam, bemerkte ich nicht, denn ich war ganz in die dramatische Veränderung der Gewitterszene vertieft, als ich sie von einer groben Öffnung im Fels eingerahmt sah, wo ein herabgefallener Stein die Existenz unserer Grabhöhle verraten hatte. Die Hügel waren vor den Gewitterwolken violett, fast schwarz gewesen, als sich plötzlich ein Riss im bedeckten Himmel bildete, ein Sonnenstrahl hervorschoss und durch den strömenden Regen wie durch Zauberei eine große silberne Fläche auf dem entfernten Hügel erschien, wo einen Augenblick zuvor alles in unerbittlicher Düsternis geherrscht hatte. Es war nur ein Stück grauer Fels, aber er wurde durch eine Kaskade von Regenwasser von den Gipfeln darüber in ein Ding von ätherischer Schönheit verwandelt, das ebenso schnell verschwand, wie es erschienen war.

Ein kleiner Junge – ein Ziegenhirte in seinem Sonntagsstaat auf dem Weg zu einem Jahrmarkt in der Nachbarstadt – hatte bei uns in der Höhle Unterschlupf gefunden und sang auf Bitte der Männer zu meiner Freude die örtlichen Lieder in schriller Stimme; und als meine Gedanken von der Gesellschaft zu jenem glorreichen Hügel wanderten, jammerte er ein Liebeslied, von dem ich kein Wort verstehen konnte. Es war ein ziemlicher Schock für mich, als ich wieder auf den Boden der Tatsachen zurückgeholt wurde, als der sanfteste und höflichste meiner beiden Gräber sagte, er wünschte, er hätte den König und den Alcalde der Stadt zusammen in der Höhle, damit er sie beide erwürgen könnte.

Er erklärte, dass der Stadtrat ihm eine beträchtliche Summe Geld für einen Auftrag schulde, den er und sein Vater (der vor kurzem verstorben war) ausgeführt hätten. Seiner Ansicht nach hätte der König, wenn er wirklich seiner Aufgabe gewachsen wäre, Korruption und Schikane schon längst ein Ende gesetzt und die bestehende Bürokratie durch ehrliche Leute ersetzt, die armen Arbeitern zahlen würden, was sie ihnen schuldeten, anstatt ihnen für ihr privates Vergnügen Autos zu kaufen. Und da der König dies nicht getan habe, solle man ihn erdrosseln, oder wenn nicht das, dann lasst uns wenigstens eine Republik einführen und ihn zum Präsidenten machen.

Der arme Ramón! Er litt an einem schlimmen Anfall politischer Magenverstimmung, und das war kein Wunder, denn die unbezahlte Rechnung in Höhe von einigen Hundert Peseten bedeutete einen sehr schweren Verlust für einen jungen Mann, der eine verwitwete Mutter und mehrere junge Brüder und Schwestern zu ernähren hatte. Ich gab ihm ein Empfehlungsschreiben an den Alcalde, von dem ich wusste, dass er besser war als die meisten seiner Klasse, und ich hoffe, dass er sein Geld bekam, wenn der nächste Zahltag kam. Aber ich dachte traurig über den Staat Spanien nach, der nach einem System verwaltet wird, das jedes Glied des politischen Körpers vergiftet und es den lokalen Behörden fast unmöglich macht, ihre Arbeiter zu bezahlen und gleichzeitig die Forderungen der Blutsauger zu erfüllen, die ohne Arbeit leben, während sie die Fäden ziehen, die die Amtsträger nach ihrer Pfeife tanzen lassen.

In einem Land, in dem die Politik alles durchdringt und verunreinigt, ist es nicht leicht, sich von ihr fernzuhalten. Doch ich habe viele kleine Anekdoten über den König und die Königin gehört, die glücklicherweise frei von diesem Makel sind. Und wenn sich die meisten davon auf Sevilla beziehen, muss ich mich damit entschuldigen, dass ich den größten Teil meines Lebens in Spanien in dieser Stadt verbracht habe.

Etwa eine Meile außerhalb der Stadt erstreckt sich entlang des Guadalquivir eine große Wiesenfläche, die als Tablada bekannt ist und in der andalusischen Geschichte oft eine Rolle gespielt hat.

Hier weidete das im letzten Kapitel erwähnte langhörnige tartessische Vieh. Hier inspizierte Julius Cäsar die einheimische Miliz, als sich die Eingeborenen von Hispalis unter seiner Flagge meldeten, nachdem sie sich geweigert hatten, Varro, dem Leutnant des Pompejus, ihre Tore zu öffnen. Hier wurden die Nachkommen Witizas, des letzten legitimen Königs der Westgoten, reich, indem sie die fruchtbare Ebene bebauten und Schiffe bauten, um den lukrativen Handel mit dem Osten zu betreiben, der Ishbiliyah unter der Herrschaft von Witizas Nachkommen reich machte, die in freundschaftlicher Absprache arabische Prinzen heirateten und das Land unter nomineller Unterwerfung unter die Sultane von Córdoba regierten. Hier wurden die Nordmänner vor zehn Jahrhunderten zurückgeschlagen, als sie den Fluss hinaufsegelten und versuchten, die Stadt in Brand zu stecken. Hier schlug der heilige Fernando sein Lager auf, als er im Jahr 1248 Sevilla belagerte, und verbrachte anderthalb Jahre mit dem vergeblichen Versuch, sich einen Eingang durch die unverwüstlichen Mauern zu schaffen, die etwa zu der Zeit errichtet worden waren, als Minos den Stierkampf in Mode brachte.

Zwar eroberten die Karthager Tharsis, plünderten und zerstörten die Stadt ihrer Rivalen, der Griechisch-Tartessischen (die in den letzten Jahrhunderten zweimal Cadiz erobert hatten) und nahmen Tharsis sogar seinen Namen, indem sie ihn dem von Cadiz als weiteres Juwel in der gaditanischen Krone hinzufügten. Aber die Umfassungsmauer widersetzte sich ihrer Rache, und obwohl sie hier und da eine Bresche schlugen, konnten sie sie nicht zerstören, denn der „Kegel" des vorrömischen Spaniens ist so hart wie Stein, und zum Glück für die Nachwelt kannten die Karthager die Verwendung von Dynamit nicht.

Ohne Hilfe von innen gelangte keiner ihrer Feinde jemals nach Sevilla, bis die Mauern verfielen. Selbst Marschall Soult hätte die Belagerung Sevillas kaum als eine solche Farce empfunden, wenn die Befestigungen nicht durch die spanische Vernachlässigung in einen ruinösen Zustand geraten wären. Zwar hätte er nicht wie der heilige Fernando auf Tablada lagern müssen, um die Stadt auszuhungern und zur Kapitulation zu zwingen, aber die Einwohner hatten Zeit, viele ihrer Schätze, Kunstschätze und andere, in den unterirdischen Gewölben und Galerien zu verstecken, die seit dem Bau von Tharsis existieren, bevor der französische General ihre Tore einschlug.

In der Ebene von Tablada herrscht heute reges Treiben, denn quer über sie wird derzeit ein großer Kanal gebaut, der in Verbindung mit einer weiteren Vertiefung des Flussbetts das etwa 80 Kilometer landeinwärts gelegene Sevilla für Dampfschiffe mit über 10.000 Tonnen öffnen und es zum wichtigsten Hafen Spaniens machen wird, abgesehen vielleicht von Barcelona.

Ein Teil dieser Ebene ist jedoch verschiedenen Sportarten gewidmet, und hier wird ein Polofeld angelegt, wenn der Hof nach Sevilla kommt. So sind hier, wie in Moguer, meine kleinen Anekdoten mit einem Faden der Geschichte verknüpft, und dieser lange Exkurs hat mehr Inhalt, als es zunächst den Anschein macht.

Ein alter Mann war zum Torwächter am Eingang des Sportplatzes von Tablada ernannt worden, weil sein Sohn, ein *Torero* , bei einem Stierkampf getötet worden war und die Stiere, die in der Arena von Sevilla sterben sollen, immer ein oder zwei Tage vor dem Kampf auf einem Feld in Tablada eingepfercht werden. Er war ein gewissenhafter alter Mann und verließ nie seinen Posten, auch nicht, als die ganze Stadt zusammenkam, um den König und die Königin bei ihrer Ankunft aus Madrid zu empfangen. In diesem Jahr wurden sie besonders begeistert empfangen, weil König Alfonso vor kurzem ein großes Stück Land aus den Gärten des Alcazar abgetreten hatte, um einem armen Viertel, das hinter den hohen Mauern des Palastes zusammengepfercht war, Zugang, Licht und Luft zu geben; und es war ein ziemliches Opfer seitens des alten Mannes, zur üblichen Zeit nach Tablada hinauszugehen, anstatt erst mit seinen Freunden am Bahnhof „*Vivas*" *zu rufen* : aber er bekam seine Belohnung in einer unerwarteten Form.

Einige Tage nach der Ankunft des Hofes wurde unserem Freund mitgeteilt, er müsse besonders darauf achten, keine unbefugten Personen in das Gelände zu lassen, da Ihre Majestäten im Laufe des Nachmittags hinausfahren würden, um sich den Poloplatz vor einem für den nächsten Tag angesetzten Spiel anzusehen. Als daher ein junger Mann, den er nicht kannte, leicht zerzaust vom schnellen Ritt im steilen Wind herangaloppierte, weigerte sich der Torwächter rundweg, das Tor zu öffnen, und begründete dies damit, dass der König und die Königin kämen.

„Kennen Sie den König?", fragte der Reiter.

„Nein, die Königin auch nicht", antwortete der alte Mann. „Und ich wünschte, ich könnte sie sehen, denn meine Enkelkinder nerven mich jeden Tag mit der Frage, ob ich sie schon gesehen habe und ob sie so schön ist, wie alle sagen."

„Nun, jetzt kannst du es ihnen sagen", sagte der Reiter, „denn hier kommt sie."

Die Königin fuhr hinauf, und der alte Mann wurde sich daraufhin bewusst, dass sein Gesprächspartner – wie meine Leser natürlich schon erraten haben – der König selbst war, denn er erzählte ihr von dem Gespräch auf eine Weise, die sie herzlich lachen ließ.

„Und nun, da Sie die Königin gesehen haben, was werden Sie Ihren Enkeln erzählen? Ist sie so schön, wie alle sagen?", fragte der König in bester Laune, denn wie alle Welt weiß, freut ihn nichts mehr als diese spontanen Beweise der Bewunderung, die er seiner Frau entgegenbringt.

„Mehr, mehr, tausendmal mehr", stammelte der alte Mann ganz verlegen.

Der königliche Gefolge wartete, während die Königin sich nach den Kindern erkundigte, wie viele es waren, wie alt sie waren und warum sie bei ihrem Großvater lebten. Und als der König hörte, dass sie zu Waisen geworden waren und von seinem bescheidenen Verdienst am Tor abhängig waren, gab er ihm eine Banknote – die nicht weniger als fünfundzwanzig Peseten wert gewesen sein konnte, denn das ist die kleinste Banknotenart, und vielleicht auch mehr – und sagte ihm, er solle den Kindern ein Festmahl mit Kuchen und Schokolade zum Andenken an die Königin geben.

Es ist schön zu sehen, wie viel echte Zuneigung dieses brillante junge Paar selbst in den bescheidensten Mitgliedern seines Gefolges ausstrahlt.

Während das der Stadt zugesprochene Stück Land von den Schlossgärten abgetrennt wurde, stand eine Woche oder länger ein langer Abschnitt an der neuen Straße der breiten Öffentlichkeit offen, denn obwohl die Arbeiten mit aller Eile vorangetrieben wurden, musste eine hohe und starke Mauer gebaut werden, und die konnte nicht im Handumdrehen hochgezogen werden. Es war Januar und für Sevilla sehr kalt, und als ich eines Tages durch die Gärten ging, vermisste ich den ältesten Gärtner, der mit seiner pummeligen, fröhlichen Tochter ein besonderer Freund von mir ist.

Es schien, als sei der alte Toro von einer schlimmen Erkältung gelähmt und konnte nur mit Mühe von seiner Hütte zu der Stelle humpeln, wo die Bauarbeiten stattfanden, wo er als Wache fungierte, bis die neue Mauer fertig war.

„Wie ist er nur ausgerechnet jetzt krank geworden?", fragte ich, denn er war ein kräftiger alter Kerl, den keine noch so große Arbeit jemals zu ermüden schien.

„Das liegt daran, dass er mehrere Nächte dort Wache gehalten hat", erklärte seine Tochter. „Der Stadtrat hat zwei zusätzliche Polizisten eingesetzt, aber mein Vater war der Meinung, dass sie nicht ausreichen würden, um sicherzustellen, dass keine bösen Gestalten im Dunkeln hineinkamen, denn es ist ein langer Weg, wie Sie sehen, und er wollte keine bösen Gestalten im Garten Seiner Majestät haben, wenn *er* es verhindern konnte."

„Gut gemacht, Toro", sagte ich. „Ich weiß, wie loyal er dem König gegenüber ist, und ich hoffe, er bekommt für seine besondere Sorgfalt ein großzügiges Trinkgeld."

„Oh nein, er hat es nicht deswegen getan, es ist rein freiwillig; und er wird sowieso nichts bekommen, weil der Señor Marqués (der Gouverneur des Alcazar) nichts davon weiß. Sie können sicher sein, dass mein Vater es ihm nicht erzählen wird. Und bitte, Doña Elena, sagen Sie meinem Vater nichts davon, denn er wäre böse auf mich, wenn ich es Ihnen erzählen würde. Er meint, er tue nur seine Pflicht."

Man bewundert den König, dessen Freundlichkeit gegenüber seinen Angestellten ihm solch selbstlose Zuneigung sichert, und man bewundert das hohe Pflichtgefühl, das einen alten Mann, der eher siebzig als sechzig ist, dazu bringt, eine Woche lang die ganze Nacht draußen zu verbringen, um den Garten seines königlichen Herrn zu bewachen. Ich weiß nicht, ob Toros Hingabe jemals die Ohren des Königs erreichte, aber ich fürchte nicht. Als ich die pummelige Enriqueta das letzte Mal sah, weinte sie, weil das Haus, in dem sie und ihr Vater so viele Jahre gelebt hatten, aufgrund umfangreicher Umbauarbeiten in eben diesem Garten abgerissen werden sollte und sie sich außerhalb des Geländes eine neue Bleibe suchen mussten.

Sie munterte sich jedoch auf, als ich sie dazu brachte, wieder über die königliche Familie zu sprechen, schon immer ihr Lieblingsgesprächsthema.

Sie vergöttert den kleinen Prinzen von Asturien und erzählt voller Stolz, wie sie ihn vor langer Zeit einmal auf Englisch mit seinem Pony reden hörte. „Er war kaum vier Jahre alt und konnte schon in einer Sprache sprechen, die ich nicht verstand!"

Ihre liebste Erinnerung ist jedoch die an einen Tag voller Alarme und Ausflüge, als der Hof aufgrund einer politischen Krise Sevilla mit einer Vorankündigung von wenigen Stunden verließ, also ein oder zwei Tage früher als geplant.

„Ich war noch nie im Palast beschäftigt", sagte Enriqueta, „nur um hier in unserer eigenen Wäscherei Tischwäsche und dergleichen zu waschen. Aber an diesem Tag waren alle so beschäftigt, dass wir alle gerufen wurden, um beim Packen zu helfen. Es gibt bestimmte Dinge, bei denen die Königin selbst das Packen beaufsichtigt, und eine ihrer Damen sagte mir, ich solle ein Tablett mit Silber tragen, und sprach ziemlich scharf, weil ich damit langsam war, da ich an solch heikle Arbeit nicht gewöhnt bin. Und eine Stimme hinter mir sagte im freundlichsten Ton: ‚Schimpfen Sie nicht mit dem armen Mädchen; ich bin sicher, sie tut ihr Bestes.' Und da war die Königin selbst, die gekommen war, um zu sehen, ob das Silber fertig war! Wir würden alle auf die Knie fallen, um Ihren Majestäten zu dienen, die für jeden ein freundliches Wort haben, und es ist ein tiefer Kummer für mich, dass ich, wenn wir nicht mehr im Palast leben, keine Chance haben werde, der Königin zu dienen, nicht einmal, indem ich ihre Tischwäsche wasche."

Ich habe eine nette Geschichte über den König in Ronda gehört, die er vor etwa einem Jahr auf dem Rückweg von einer Militärparade in Algeciras besuchte.

Der Alcalde war zwar von edler Geburt, aber sehr alt und so lange nicht mehr bei Hof gewesen, dass er sogar vergessen hatte, wie man seinen König anredet. Er nahm zunächst den Ehrenplatz in der Kutsche ein, und als der König ihn nach der Tiefe des Tajo fragte – jener gewaltigen Felsspalte, durch die der Guadelevín fließt – antwortete er, dass er es nicht wisse. Der Tajo ist der Stolz und Ruhm aller guten Rondeños, denn die Schlucht hat einen steilen Abhang von 150 bis 180 Metern, und groß war die Empörung der Stadt, als die Gleichgültigkeit des Alcalde gegenüber diesen äußerst wichtigen lokalen Statistiken bekannt wurde.

Der König wurde zum neuen Hotel Reina Victoria gefahren, das auf einem Hügelkamm liegt, wo der Tajo in ein fruchtbares Tal mündet. Und hier scheint der Alcalde seinen königlichen Gast abgesetzt und sich selbst überlassen zu haben, ohne ihm auch nur ein Glas Wein vorzusetzen.

Später am Tag wurde ein armer Maultiertreiber, der den gewundenen Pfad hinauf mühte, der von den Getreidemühlen unten in die „Altstadt" auf dem Gipfel des Hügels führt, von einem seltsamen jungen Herrn angesprochen, der mit einem Begleiter den Aufstieg begann. Niemand reagiert empfänglicher auf eine freundliche Begrüßung als der andalusische Bauer, und der *Arriero* stieg sofort von seinem Esel, um das Gespräch bequemer zu Fuß fortsetzen zu können.

„Ich nehme an, dass Sie, meine Herren, als Fremde heute Morgen den König gesehen haben", sagte er. „Man sagt, er sei sehr *sympathisch* und sehr gut zu den Armen."

„Das freut mich zu hören", sagte einer der Fremden, „aber haben Sie ihn nicht selbst gesehen?"

„Ich nicht", sagte der *Arriero* . „Ich kann es mir nicht leisten, meinen Tageslohn zu verlieren, nur um mich zu amüsieren, und ich habe keine Chance, Seine Majestät zu sehen, es sei denn, er kommt zum Tajo hinunter, um mich zu suchen."

Sie stiegen den steinigen Zickzackpfad weiter hinauf, und bald darauf fragte der junge Mann den *Arriero* , ob der Esel sein Gewicht tragen könne, denn er empfand das Hinauflaufen auf dem fast senkrechten Hügel als ziemlich anstrengend.

„Natürlich konnte er auf den Esel steigen und war willkommen. Castaño trug oft zwei Zentner Kartoffeln in die Stadt, und der Señor wog das sicher nicht. Er, Castaños Besitzer, hielt nicht viel davon, mehrmals am Tag den Hügel hinaufzusteigen, wenn es viel zu verkaufen gab, aber er konnte verstehen, dass ein *Forastero* [Fremder – jeder, der nicht aus dem Heimatort des Sprechers stammt], der nicht an den Tajo gewöhnt war, das Gehen als anstrengend empfinden könnte."

Also stieg der Herr auf den Esel, ließ sich auf den Körben nieder und ließ seine langen Beine in echter ländlicher Manier zu beiden Seiten des Halses des Tieres baumeln. So erreichte die kleine Prozession die neue Straße, die vor kurzem durch eine Bresche in der Stadtmauer gegraben worden war, um eine bequeme Zufahrt für Kraftfahrzeuge zu ermöglichen.

Hier stieg der „Fremde" ab und gab dem *Arriero ein Trinkgeld* , das ihn vor Überraschung und Freude sprachlos machte, denn er fand mehr als den Lohn einer ganzen Woche in der Hand.

„Vielen Dank für den angenehmen Ausritt", sagte der Herr. „Und Sie können Ihren Freunden erzählen, dass der König Sie nicht nur am Fuße des

Tajo besucht hat, sondern sich auch sehr gern Ihren Esel geliehen hat, um wieder hinaufzukommen."

Als König Alfonso am Abend abreiste, soll er gesagt haben, er werde Ronda nie vergessen, denn es sei der erste Ort in seinem Leben gewesen, an dem ihm weder etwas angeboten noch etwas von ihm verlangt worden sei.

Dies sind nur einige der vielen Geschichten, die wir über den König, die Königin und ihr Volk hören, aber sie werden genügen, um die Wertschätzung Ihrer Majestäten und einige der Gründe dafür zu zeigen. Und zum Abschluss des Kapitels möchte ich noch einen Vorfall aus der jüngsten Geschichte hinzufügen, der sich erst im November 1913 ereignete und meiner Meinung nach für den gegenwärtigen Zustand der spanischen Politik von Bedeutung ist.

Die Steuer, die in Frankreich als „ *Octroi*" und in Spanien als „ *Consumos*" *bekannt ist* , weil sie auf fast alles erhoben wird, was im Rahmen der Nutzung verbraucht wird – *also auf* Lebensmittel und Brennholz –, belastet die Armen stark und verursacht mehr Unzufriedenheit als jede andere Einzelheit der lokalen Verwaltung. Sie wird vielerorts sehr streng durchgesetzt, jede Kiste, jeder Korb oder jedes Bündel, das in die Stadt gelangt, wird mit irritierender und unnötiger Gründlichkeit untersucht. Jeder Reisende hat bei seiner Ankunft am Bahnhof darunter gelitten, und was noch schlimmer ist, man sieht oft müde Arbeiter, die gezwungen sind, ihre müden Esel auf dem Heimweg von der Arbeit abzuladen und wieder aufzuladen, weil der *Konsument* sich vorstellt, dass irgendein Lebensmittel unter einem Zentner Holzkohle oder Brennholz verborgen sein könnte. Ich selbst wurde nach einem langen Tag in den Bergen im strömenden Regen am Eingang einer Stadt aufgehalten, während ein mürrischer Beamter die Körbe eines Maultiers anstachelte und schubste, das mit nichts anderem Zollpflichtigem beladen war als alten Ziegeln, Ziegeln und dergleichen aus meinen Ausgrabungen. Im Zusammenhang mit dieser Steuer ereignete sich in einem Küstendorf, wo wir einen Sommer verbrachten, ein schockierender Unfall. Eine arme Frau hatte ihr schlafendes Kind in die Körbe ihres Esels gelegt, und der *Konsument* , der ohne weitere Nachforschungen annahm, dass es sich dabei um Gemüse handelte, durchbohrte das Baby mit einem langen, spitzen Dorn, der zum Prüfen des Inhalts einer Ladung verwendet wird, die nicht vor ihnen ausgepackt wird, und tötete es auf der Stelle.

In Wahlzeiten, wenn das ganze Land in großer Aufregung ist, ist die Beschwerde *der Verbraucher* immer im Vordergrund, und die Empörung der Bevölkerung kann sich in offener Sprache über die Stadträte äußern, denn diese haben das gesetzliche Recht, die Verbrauchersteuer durch eine andere lokale Steuer zu ersetzen , wenn sie dies wünschen. Natürlich haben die

Armen das Gefühl, dass sie, bei deren Hungerlöhnen jeder Pfennig zählt, unter einer direkten Steuer auf Nahrungsmittel mehr leiden als die Reichen, und so ist dies zu einer Klassenfrage geworden, die in kritischen Momenten äußerst vorsichtig behandelt werden muss.

In einem bescheidenen Dorf mit zwei- oder dreitausend Einwohnern in der Provinz Huelva, Bolullos del Candado, war die Stimmung wegen der „*consumos*" *(Verbraucher)* schon vor Beginn der Kommunalwahlen von 1913 auf den Siedepunkt gestiegen, und einige Missstände im Rathaus ließen die Unzufriedenen glauben – vielleicht zu Recht –, dass die Abstimmung nicht fair verlaufen würde. In kürzester Zeit versammelten sich etwa fünfhundert Menschen vor dem Rathaus, und die Behörden, alarmiert von ihrem bedrohlichen Aussehen, verriegelten die Türen und befahlen der Guardia Civil, auf die Menge zu schießen. Wütend darüber, dass auf sie geschossen wurde, obwohl sie nichts Unrechtes oder Illegales getan hatten, stürmten die Leute die Türen herein, und es kam zu einer Schlägerei. Als diese zu Ende war, hatten sie die Situation unter Kontrolle, plünderten das Rathaus und machten auf dem Dorfplatz ein Freudenfeuer aus den Möbeln.

Doch bevor Hand an das städtische Eigentum gelegt wurde, nahm einer der „Randalierer" ein Bild des Königs herunter, das im Ratssaal hing, und eine Abteilung von ihnen brachte es an einen sicheren Ort, während die ganze Menge „*Viva el Rey!*" rief.

Es war der Triumph der Persönlichkeit König Alfonsos über die politischen Leidenschaften und zeigt meiner Meinung nach, dass in Spanien keine große Angst vor einer Volksrevolution gegen die Monarchie besteht.

Eine Rast an der Furt.

KAPITEL XVII

Die Musik und die Menschen – Arabische Instrumente – Die *Saetas* von Andalusien – Der Tango im Theater – Eine Hochzeit der Arbeiterklasse – Ein Drama in einem Tanz – Die erschrockene Witwe – Der Jota von Aragón – Unsere Liebe Frau auf dem Pfeiler – Spanier in Marokko – Mauren, wild und zivilisiert – Der Sultan und seine Gefangenen – Die Tragödie der Wolfsschlucht – Nach dem Rückzug – Die Rettung eines Regiments – Die Macht der Gitarre.

Der Einfluss der traditionellen Volksmusik auf das Leben der Menschen ist hier vielleicht in mancher Hinsicht stärker ausgeprägt als in jedem anderen Land. Uns mag das seltsam vorkommen, denn westliche Ohren haben Schwierigkeiten, die unmelodischen Lieder mit ihren seltsamen Intervallen und dem Mangel an Tonalität und Rhythmus zu verstehen, die ein weiteres Erbe Spaniens aus der Zeit sind, als seine Künste und Wissenschaften noch ausschließlich orientalisch waren. Die seltsamen und für uns sinnlosen Kadenzen der Guajiras, Malagueñas, Granadinas, Sevillanas und der übrigen stellen für die Andalusier jedoch keine Schwierigkeiten dar, obwohl selbst kultivierte ausländische Musiker sie kaum reproduzieren können.

Während der Zeit der muslimischen Herrschaft in Spanien war Sevilla für seine Hingabe an die Musik bekannt; so sehr, dass es in den glorreichen Tagen des Kalifats, als Sevilla und Córdoba fast ein Jahrhundert lang ein gutes Verhältnis zueinander hatten, üblich war, wenn ein reicher Mann in Córdoba starb, seine Musikinstrumente zum Verkauf nach Sevilla zu schicken. Aber während der muslimischen Zeit wurde Musik überall in Spanien gepflegt, wie Abhandlungen über die Kunst in der Bibliothek des Escorial und die lange Liste der von den Arabern verwendeten Instrumente zeigen, von denen einige oder ihre Gegenstücke heute noch existieren, obwohl andere heute unbekannt sind. Dazu gehörten Flöten aus Knochen, die elegant mit geschnitzten Mustern verziert waren, von denen ein fast perfektes Exemplar in einem Grab in Malaga gefunden wurde, neben Fragmenten von zwei anderen bei einer Ausgrabung in Sevilla. Möglicherweise ist die Geschicklichkeit des Andalusiers auf dem Militärhorn ein Erbe dieser Zeit, ebenso wie seine Vorliebe für Trommel- und Pfeifenkapellen. Die Trommel oder Tambor ist orientalischen Ursprungs, und ich habe bereits eine Variante davon beschrieben, die als *Zambomba bekannt ist*.

Es ist nur zu erwarten, dass arabische Musik im Repertoire der Andalusier weiterbesteht, und das ist auch der Fall. Aber das Merkwürdigste ist, dass sie nicht in der Musik des Theaters oder zu Hause weiterlebt, sondern in improvisierten Hymnen, die von eifrigen Gläubigen auf der Straße gesungen werden, wenn die Bilder unseres Herrn und seiner Mutter bei großen religiösen Festen wie der Karwoche, Fronleichnam oder dem Schutzheiligen des Ortes in Prozessionen getragen werden.

Das Merkwürdige an diesen Hymnen ist, dass zwar die Musik orientalisch ist, der Name „ *saeta* " jedoch nicht. Er bedeutet „ein Pfeil" (lat. *sagitta*), und das spanische Wörterbuch gibt ohne Erklärung die andere Bedeutung an, „ein kurzer Hymnus zur Erregung der Hingabe". Ich selbst denke, er muss aus der frühchristlichen Zeit stammen, vor der arabischen Eroberung, denn man kann kaum annehmen, dass der Name auf diese erotischen Ausbrüche oder die Hymnen selbst angewendet wurde, die nach der Rückeroberung Sevillas komponiert wurden. Man muss nur die Hymnen, die anderswo zu dieser Zeit gesungen wurden, mit den „ *saetas* " *vergleichen* , um zu sehen, wie sehr sich ihre Stimmung unterscheidet. Hier sind zwei Zeilen aus einem Hymnus von „Bruder Heinrich von Pisa" aus dem 13. Jahrhundert:

„Christus, mein Christus,

Christus, der Herr und König von allem."

Und hier sind zwei Zeilen aus einer *Saeta* an Unsere Liebe Frau im traditionellen Stil, die jedes Jahr in ganz Andalusien neu improvisiert wird, wenn die Menschen zu einer religiösen Prozession zusammenkommen: –

„Du bist die Passionsblume

Das öffnet sich für Deinen Sohn."

Noch exotischer als die Worte ist die Ekstase, die der Sänger in sie hineinlegt. Plötzlich erklingt inmitten der ehrfürchtigen Stille, die über die lachende, schwatzende Menge hereinbricht, während die *Santos* vorbeigetragen werden, die pathetische Moll-Kadenz, die jeder *Saeta* vorangeht, und solange die Hymne dauert, stehen die Umstehenden still und hören zu. Wenn sie vorbei ist (sie dauert nie mehr als vier oder fünf Zeilen), wird dem Sänger heftiger Applaus zuteil, und die Menge wird wieder banal. Der Sänger, der für einen kurzen Moment völlig verloren schien, der alles außer dem Gegenstand seiner Anbetung vergessen hatte, den Kopf zurückgeworfen, die Augen auf das Bild gerichtet und den ganzen Körper von frommer Erregung angespannt, kommt sofort wieder auf die Erde zurück und nimmt lächelnd die Komplimente seiner Freunde entgegen.

Die *Saeta* ist immer ein Solo: nicht unbedingt, weil sie improvisiert ist, denn es gibt ein paar traditionelle Verse, die jeder kennt, sondern weil niemand versucht, eine *Saeta zu singen* , es sei denn, die Stimmung bewegt ihn. Und da der Erguss so kurz ist, ist er vorbei, bevor die Zuhörer ihn einfangen und mitsingen könnten, selbst wenn sie es wollten.

ist es nicht das geringste Merkwürdige an diesen *Saetas* , dass sie von der Menge nie in Chöre verwandelt werden. Vielleicht liegt das an der arabischen Herkunft der Menschen, denn es scheint nichts darauf hinzuweisen, dass die moslemischen Musiker ihre Instrumente kombinierten, um Orchestereffekte zu erzielen, und gegenwärtig gibt es in Spanien im Vergleich zu anderen europäischen Ländern ausgesprochen wenig Sinn für konzertierte Musik jeglicher Art . Aber die Sympathie der Menge für den Sänger und noch mehr für das Thema seines Liedes zeigt sich in der atemlosen Stille, mit der sie jedem Triller und jeder Bewegung des endlosen Rezitativs folgen, das in unseren Ohren so hart und unmusikalisch, in ihren aber so schön klingt.

Kommen wir nun zu einem anderen Zweig spanischer Popmusik. Der sogenannte argentinische Tango ist hier natürlich bestens bekannt, und die Resonanz der lebhaften Diskussionen in der englischen Presse über seine Moralität oder das Gegenteil, die Spanien erreicht haben, hat für viel Belustigung gesorgt; denn wie jeder hier weiß, hängt die Angemessenheit des Tangos – ob „argentinisch" oder andalusisch – ganz vom Interpreten ab. Er kann ein anmutiger und harmloser Salontanz sein, oder er kann zu einer unanständigen Darbietung gemacht werden, die einen Bewohner der Salomonen erröten lässt.

An seinem orientalischen Ursprung kann natürlich nicht der geringste Zweifel bestehen, abgesehen von den Hinweisen in der spanischen oder spanisch-arabischen Geschichte auf seinen Vorgänger, die *Zambra* , gegen die die Kirche mehr als einmal gewettert hat, anscheinend mit sehr wenig Erfolg. Was die improvisierten Verse betrifft, die in Andalusien den Tango begleiten, so sind sie so wechselhaft wie die Bewegungen des Tänzers; aber unter den zahlreichen gedruckten Versen in meinem Besitz gibt es kein Wort, das auch nur den Zimperlichsten beleidigen könnte.

Ich habe den Tango zum ersten Mal bei einer öffentlichen Aufführung von einem gutaussehenden Zigeuner tanzen sehen und ich muss sagen, dass ich nie etwas weniger Anmutiges oder Abstoßenderes gesehen habe. Das war in den ersten Tagen unseres Aufenthalts in Spanien, und wir hatten angehalten, um das Ende der Aufführung zu sehen, ohne zu wissen, dass alles, was gegen die Schicklichkeit verstoßen könnte, immer bis zum Schluss aufgespart wird und dass die Beleidigung in den Schlussszenen einer späten Veranstaltung wahrscheinlich beträchtlich sein wird.

Wenn man sich auskennt, ist es leicht, diese zu vermeiden, denn Theateraufführungen sind in der Regel „Dreiervorstellungen", und Damen können die Stücke, die vor elf Uhr aufgeführt werden, ganz bequem besuchen. Populäre Komödien, ob musikalisch oder nicht, werden von Abend zu Abend zu unterschiedlichen Zeiten aufgeführt und variieren, um jedem Geschmack gerecht zu werden, wobei sie für das frühe Publikum sorgfältig entschärft werden. Ein Stück namens *Las Bribonas* (Die Hochstaplerinnen – weiblich) hatte eines Winters einen enormen Erfolg, und ich ging mit einer Gruppe zu einer Vorstellung, die um zehn begann. Es war unterhaltsam und gut gespielt, aber es gab eine Szene, die entschieden vulgär, wenn auch nicht wirklich unanständig war. Ich sprach später zufällig mit zwei englischen Freunden darüber, die es bei verschiedenen Gelegenheiten gesehen hatten. Einer, der zu einer Acht-Uhr-Vorstellung gegangen war, fand es wie Nahrung für Babys; die andere unglückliche Dame, die in ihrer Unwissenheit zur letzten Vorstellung gegangen war, war fast zu schockiert, um darüber zu sprechen. Es bedarf kaum einer Erwähnung, dass der Tango eines der Hauptelemente der zweifelhaften Szene in *Las Bribonas war*.

Der unterhaltsamste Tango, den ich je gesehen habe, wurde bei der Hochzeit einer unserer Bediensteten getanzt. Sie hatte den Tag höflich auf die Wünsche ihrer Señores abgestimmt, so sehr wollte sie, dass das große Ereignis durch unsere Anwesenheit beehrt wurde.

Die Mutter war eine wohlhabende Wäscherin, die das gesamte Erdgeschoss eines kleinen Mietshauses mietete, und die Gäste strömten vom Patio in die Brautsala *und* die *Alcoba*. Die *Alcoba* oder Nische ist eine durch Vorhänge vom Wohnzimmer abgetrennte Nische, die mit einem Bett ausgestattet ist, das sie in den Häusern der Armen normalerweise ganz ausfüllt. Dieselbe Anordnung gibt es auch in den Häusern der Reichen, und hier ist es üblich, dass das Schlafzimmer der Herrin vom Salon aus zugänglich ist, wobei die Türen dazwischen zurückgeschlagen und die Vorhänge zur Seite gezogen sind, um die elegante Einrichtung des Ehegemachs zu zeigen. Obwohl es in den anderen Schlafzimmern oft an dem fehlt, was wir als gewöhnliche Notwendigkeiten bezeichnen würden, ist dieses Schlafzimmer immer mindestens ebenso schön eingerichtet wie die entsprechende *Sala* und bildet einen auffallenden Kontrast zu den übrigen Privatgemächern. Die Erklärung dafür ist, dass die Mutter bei der Geburt eines Kindes ihre ganze Familie, die Verwandten ihres Mannes und alle ihre engen Freunde in ihrem Schlafzimmer empfängt, wenn das Kind 24 Stunden alt ist; daher muss dieser Raum mindestens ebenso gut möbliert sein wie das Wohnzimmer; und derselbe Brauch herrscht in allen Gesellschaftsschichten. Den Ärzten oder sonst jemandem scheint nie in den Sinn zu kommen, dass diese gesellschaftlichen Feierlichkeiten etwas mit der hohen Sterblichkeit unter jungen Frauen und ihren Babys zu tun haben, und ich wurde oft gedrängt, mich zu einer unglücklichen Bekannten zu setzen, die nach einer schlimmen Entbindung schwer erkrankt war, wenn ich vorbeikam, um mich nach ihr und ihrem Kind zu erkundigen, mit der Begründung, sie hätte an diesem Tag nur wenige Besucher gehabt und da sie sehr schwach sei, würde meine Gesellschaft sie aufmuntern.

Die *Alcoba* von Carolina, der Tochter der Wäscherin, hielt nur das Bettgestell und einen Tisch mit ihrem *Santos* - einer Chromolithographie einer Jungfrau aus Murillo, flankiert von einem Heiligen Antonius von Padua und einem „San Juan de Dios", davor standen Vasen mit Kunstblumen und, zu diesem großen Anlass, ein paar brennende Kerzen. Die ganze übrige Schlafzimmereinrichtung befand sich in der *Sala* . Hierher wurden wir von der Braut eingeladen, Manzanilla zu trinken, und als Ehrengäste hatten wir (glücklicher als bei Carmencitas Hochzeit) jeder ein Glas für uns. Alles war sauber und hell und fröhlich, und als wir auf den Patio hinaustraten, begannen Carolinas Freundinnen *Seguidillas zu tanzen* .

Es war ein schöner Anblick, sie unter dem Februarhimmel tanzen zu sehen, während ein strahlender Mond den alten Hof bestrahlte und seine Strahlen mit denen einer Glühbirne vermischte, die von dem verrückten Balkon hing – das war das einzige Licht, das ein großzügiger Hauswirt seinen zwanzig oder dreißig Mietern zur Verfügung stellte. Das Dröhnen der einzelnen Gitarre ging völlig im Händeklatschen und Fußstampfen übertönt, mit dem die Zuschauer die Tänzer begleiteten, aber es fiel uns nicht auf. Es wäre sogar ein kraftvolles Instrument gewesen, das sich über all das rhythmische Geklapper hinweg Gehör verschafft hätte. Ich persönlich finde die *Palmas* , wie dieses Händeklatschen genannt wird, sehr anstrengend, denn der Lärm ist überwältigend; aber das liegt daran, dass ich kein orientalisches Blut in meinen Adern habe. Für Andalusier, welcher Gesellschaftsschicht auch immer, scheint Lärm jeglicher Art ein reines Vergnügen zu sein.

Die Stimmung wurde allmählich lebhafter, als die leichte Zurückhaltung, die unsere Ankunft verursacht hatte, nachließ, obwohl die Gäste sich immer vollkommen wohlerzogen und anständig verhielten; und bald darauf kam Carolina zu mir, um mir zu erzählen, dass Juanillo Carrera, ein berühmter Sänger und Tänzer, in der Küche ihrer Mutter Tango aufführen würde, wenn die Señores ihn sehen wollten.

„Warum sollte er nicht im Innenhof tanzen?", fragte ich, denn ich genoss das Bild, das das Mondlicht gemalt hatte.

„Oh, das wäre nicht das Richtige für die Mädchen, die selbst weitertanzen wollten. Aber wenn wir in die Küche gingen und es uns nichts ausmachen würde, ein paar Minuten zu stehen, würde Juanillo auf dem Tisch tanzen, damit die *Señora Viuda* (die Witwe), die mit der Señora kam und andalusischen Tanz so sehr mag, ihn von ihrer besten Seite sehen könnte."

Juanillo war ein dünner, pockennarbiger Mann von etwa vierzig Jahren, dessen Gesicht außer einem Paar tiefliegender, glänzender schwarzer Augen keine guten Züge aufwies. Er trug eine gestreifte Baumwollbluse und eine Hose mit einer schwarzen Schärpe, die mehrfach um seine Taille geschlungen war, und leuchtend gelbe Stiefel mit langen, spitzen Zehen. Ich fand, dass er wie ein unglückliches Exemplar eines andalusischen Tänzers aussah, aber ich stellte bald fest, dass der Schein in diesem wie in so vielen anderen Fällen täuschte.

Die Witwe war zwar nicht mehr ganz so jung, aber groß, gutaussehend und sehr gut gekleidet. Sie hatte schon seit Tagen ihren Wunsch geäußert, diesen Tango zu sehen, von dem sie vor ihrer Reise nach Spanien so viel gehört hatte, und ich fürchte, sie hoffte eher, davon schockiert zu werden. Ich sah, als sie hereinkam, dass Juanillo sie bewunderte, und hörte, wie er zu Carolina sagte, sie sei *guapisima* , was so viel bedeutet wie äußerst attraktiv. Carolina klopfte ihm auf die Finger, ohne zu wissen, dass ich zusah, und sagte ihm, er solle sich benehmen und daran denken, dass der Tango für vornehme Damen aufgeführt werde und nichts mit einem *Corral* (Mietshaus der unteren Klasse) zu tun haben dürfe; aber ich fragte mich schon, was passieren würde.

Mit der anmutigen Beweglichkeit einer Katze sprang er auf den Tisch und begann mit einem Fuß das Klopfen, das allen diesen Tänzen vorangeht, wobei er die Augen auf die Witwe richtete, die noch nicht begriff, dass sie sein Ziel war. Dann plötzlich, ungeachtet des Stimmengewirrs, *des Palmas* und des Stampfens im Innenhof, begann er zu singen.

Ich konnte nicht alle Worte verstehen, aber ich hörte genug, um ihren Tenor zu erfassen. Der Schurke richtete eine leidenschaftliche Liebeserklärung an die amerikanische Witwe; und jetzt begannen seine tiefen Augen zu leuchten, und selbst sie, die sich der Bedeutung seines Liedes nicht bewusst war, merkte, dass er sie sehr eindringlich ansah. Und als er zu tanzen begann, war nicht nur ihr, sondern allen anderen im Raum klar, dass die ganze Vorstellung einzig und allein an sie gerichtet war. Ich habe nie eine geschicktere Pantomime von Hingabe, Eifersucht , Verachtung, Stolz, Demut und endgültiger Verzweiflung gesehen, als die, die der freche Schlingel durch seine Bewegungen in diesem Tango zu zeigen verstand. Und das alles, ohne sich von der Mitte des Küchentischs zu bewegen, auf dem er tanzte — tatsächlich wäre er, wenn er sich nicht genau in der Mitte darauf gehalten hätte, unweigerlich krachend auf den Boden gefallen, denn dieser war ohnehin nicht mehr als einen Meter groß. Das Ganze war bis zu einem gewissen Grad dramatisch: Die Aufmerksamkeit wurde gleich zu Beginn durch den Ausdruck seiner Augen gefangen genommen, und er ließ keinen Augenblick locker. Sein hässliches Gesicht, sein schäbiges Kleid und seine scheußlichen gelben Stiefel passten alle in das Bild, das nicht weniger wirkungsvoll war, weil das einzige Licht eine flackernde Petroleumlampe war, die der Bräutigam hochhielt, der sich über die Darbietung seines Freundes freute und sie gefährlich herumschwenkte, um sie wie das Rampenlicht im Theater immer auf das Gesicht der Tänzerin zu richten.

„So etwas Grausames habe ich in meinem Leben noch nie gesehen", murmelte mir die Witwe ins Ohr, als der Tango zu Ende war. „Lass uns gehen, ich habe große Angst! Der Mann sieht aus, als könnte er einen Mord begehen. Keine Tangos mehr für mich, danke! Ich hatte das Gefühl, als könnte er mir jeden Moment ein Messer in den Leib rammen."

Sie war wirklich verängstigt, und da Humor nicht ihre Stärke ist, hatte ich das Gefühl, dass es sinnlos wäre, ihr den Witz klarzumachen. Dramatische Ausdrucksformen liegen dem Andalusier im Blut, und ich wusste, dass Juanillo sie zur Heldin seiner Pantomime gemacht hatte, einfach weil sie das auffälligste Mitglied unserer Gruppe war, und erwartete, dass sie sich über das Kompliment genauso freuen würde wie eine spanische Señorita. Während ihres restlichen Aufenthalts hörte die Dame auf, mich mit Forderungen zu belästigen, ob ich sie zu den lokalen Tänzen mitnehmen wolle; aber als sich ihre Nerven von dem Schock erholt hatten, wurde klar, dass die kleine Bewunderungskomödie, die Juanillo spielte, nicht die am wenigsten angenehme ihrer Erinnerungen an Spanien sein würde. In dieser Version des Tangos gab es nichts, was die Wangen der Scham vor Scham erröten ließ, aber ich kann mir vorstellen, dass es nicht ganz das ist, was in London oder Paris getanzt wird.

Ein anderer Tanz mit begleitendem Lied, der zumindest außerhalb Spaniens bekannt ist, ist die Jota von Aragón, deren Musik nicht orientalischen Ursprungs zu sein scheint. Niemand versucht zu entscheiden, wann sie zum ersten Mal entstand, aber es ist wahrscheinlich, dass sie, wie der „Kriegstanz" der Basken, aus prähistorischen Zeiten stammt, als Frauen nicht durch Gunst, sondern durch Gewalt gewonnen wurden. Wie dem auch sei, die Jota ist heute die Hymne von Aragón und ihr Nationaltanz und hat denselben außerordentlichen religiösen Einfluss auf die Aragonesen wie die *Saeta* auf die Andalusier. Um seinen Schwung und seine Dynamik richtig zu würdigen, muss man ihn von einem Einheimischen der Provinz singen hören, aber wo und von wem auch immer er aufgeführt wird, bringt er das Blut zum Tanzen, wenn der Refrain erklingt:

„ À la jota, jota,

Es lebe Aragón

Und die Pilarica

Aus meinem Herzen. "

(Singt dem Jota,

Es lebe Aragón

Und die Pilarica

Von meinem Herzen.)

Die Schutzpatronin von Saragossa, der Hauptstadt von Aragón, ist Unsere Liebe Frau auf der Säule (*Nuestra Señora del Pilár*), die angeblich vom Himmel herabgestiegen ist, als der heilige Jakob Spanien bekehrte, um ihn in seiner heiligen Arbeit zu unterstützen. Sie saß, so erzählt man sich, auf einer Säule, während er vor ihr die Messe las, und wie es sich für einen guten Heiligen gehört, gründete er an dieser Stelle die Kathedrale von Saragossa mit der Säule Unserer Lieben Frau als Schrein.

Saragossa hat zwei Kathedralen, eine der NS del Pilár gewidmet, die andere Unserem Herrn von Seo (aragonesisch für Kathedrale). Die Leute werden Ihnen versichern, dass die von Pilár die viel ältere der beiden ist, ungeachtet ihres architektonischen Stils, und es ist durchaus möglich, dass das schwarze Bild Unserer Lieben Frau älter ist als alles in Seo, obwohl es bei Reliquien der mozarabischen Kirche in Spanien nie ratsam ist, über Daten dogmatisch zu sein. Tatsächlich gibt es Fälle, in denen Volkstraditionen lange, nachdem sie von den Gelehrten als reine Fantasie bezeichnet worden waren, aus unerwarteten Quellen materielle Bestätigung erhalten haben. Die Kathedrale von Pilár, oder wie ihre verehrenden Aragonesen sie gerne nennen, die Pilarica, ist recht modern, während Teile von Seo aus der Zeit vor dem 12. Jahrhundert stammen. Aber das eigentliche Bild Unserer Lieben Frau von der Säule mit der Säule, auf der es steht, ist von uralter Zeit. Die Säule war durch die Küsse der Gläubigen so abgenutzt, dass sie jetzt durch ein Gehäuse aus Silber und Kristall geschützt ist. Man kann sich vorstellen, wie viele Jahrhunderte der Hingabe vergangen sein müssen, bevor ein Stein allein durch die Berührung menschlicher Lippen einen derartigen Eindruck hinterlassen konnte.

Jedes Jahr am 12. Oktober findet in Saragossa eine einzigartige Aufführung statt, das Fest der Pilarica, bei dem gewisse seltsame Figuren, die *Gigantes y Cabezudos genannt werden* , eine wichtige Rolle spielen. Die Riesen stellen einen Mann, eine Frau und einen Neger (keinen Mauren) dar, während die Großköpfe (*Cabezudos*), die von Männern normaler Größe getragen werden, keine besondere Bedeutung zu haben scheinen. Ich habe vergeblich versucht, den Ursprung dieses Festes herauszufinden. Es muss aus der Zeit vor der Rückeroberung Saragossas (die um 1120 stattfand) stammen, denn der Neger wäre sicherlich ein Maure gewesen, wenn er eingeführt worden wäre, nachdem Saragossa in die Herrschaftsgebiete des Königs von Aragón eingegliedert worden war, aber es gibt keine überzeugenden Aufzeichnungen darüber. Eine Nachbildung der Pilarica wird durch die Straßen getragen, und die prächtige Prozession des Domkapitels, der Militär-, Zivil- und Stadtbehörden, alle in ihrer Galakleidung, der Stadtkapelle und der Gläubigen beiderlei Geschlechts, die Kerzen tragen, wird von diesen einzigartigen Relikten eines vergessenen und wahrscheinlich heidnischen

Festes abgerundet. Eine der Faszinationen Spaniens ist diese enge Verbindung zwischen Gegenwart und Vergangenheit mit ihrem malerischen und völlig unverständlichen Durcheinander von Heiligem und Profanem.

Es ist nur natürlich, dass die Liebe der Pilarica, die so eng mit der Religion der Aragonier verbunden ist, jede Handlung ihres täglichen Lebens prägt. Ein Vorfall, der sich während des Krieges in Marokko im Jahr 1909 ereignete, ist ein gutes Beispiel dafür.

Die Aragonesen sind gute Kämpfer und hervorragende Soldaten, obwohl das Gleiche von allen Spaniern gesagt werden kann. Aber in jedem Krieg gibt es Zeiten, in denen der Kampfgeist angesichts des menschlichen Schmerzes und der Trauer darüber, dass Kameraden in der Blüte ihrer Jugend getötet werden, erlahmt. Ein solcher Tag erlebten die spanischen Truppen in Melilla, als der tödliche Angriff auf den Berg Gurugú erfolgte, den ich bereits im Zusammenhang mit Trauerbräuchen erwähnt habe.

Aufgrund der strengen Zensur hörte man damals in England so wenig darüber, dass es mir verziehen sei, kurz wiederzugeben, was ich von einem der daran Beteiligten hörte, der selbst schwer verwundet wurde.

Als die Probleme mit Marokko begannen, machte die spanische Regierung den üblichen Fehler, die Stärke des Feindes zu unterschätzen. Sie hatte es mit verstreuten Stämmen zu tun, von denen einige Barbaren der wildesten Art waren, andere sanftmütig, vergleichsweise zivilisiert und durchaus bereit, die Handels- und Bildungsvorteile zu nutzen, die der Kontakt mit europäischen Nationen mit sich brachte.

Obwohl sie keine Verbindung zu den Pilarica und den Jota von Aragón haben, ist es vielleicht interessant, zwei kleine Geschichten zu erzählen, die den großen Unterschied zwischen diesen beiden Klassen von Mauren veranschaulichen, denn die Fakten sprechen für sich.

Im Sommer 1913 strandete ein spanisches Kanonenboot, die *General Concha*, im Nebel an der maurischen Küste, und ein feindlicher Stamm griff das Wrack an. Sie schossen einige der Seeleute nieder, die versuchten, an Land zu schwimmen, und nach einer beherzten Verteidigung unter Führung eines Unteroffiziers (der Kapitän und der Oberleutnant waren durch die erste Salve getötet worden) gelangten sie an Bord, plünderten das Schiff und nahmen die Überlebenden gefangen. Um die Sache noch schlimmer zu machen, hatten sie zunächst vorgetäuscht, einem befreundeten Stamm anzugehören, und waren so ohne Widerstand bis in die Nähe des Bootes gekommen, hatten von den Klippen darüber das Feuer eröffnet und die beiden Offiziere und mehrere Mann niedergestreckt, bevor die Besatzung die Kanonen feuern konnte.

Natürlich machte man sich die größte Sorge um das Schicksal der Gefangenen, doch zwei oder drei Wochen später wurde bekannt, dass sie durch den Einfluss eines befreundeten Häuptlings in das Haus eines seiner Freunde gebracht worden waren, wo man sie gut behandelte und ihnen schließlich half, zu einem kleinen Boot zu entkommen, das am Strand ein paar Meilen von ihrem Gefängnis entfernt versteckt lag. Die freundlichen Mauren führten sie nicht nur zum Boot, sondern halfen auch, sie zu einem spanischen Kriegsschiff zu rudern, das ausgesandt worden war, um die Küstendörfer zu bombardieren. Sie waren nicht nur mit dem Lebensnotwendigen versorgt worden, solange sie bei den freundlichen Mauren blieben, sondern die Frauen hatten auch ihr Bestes getan, um die Verwundeten zu pflegen, und dank ihnen erholte sich nur einer – ein Fall für eine Amputation – nicht. Und die Mauren trugen diejenigen, die nicht laufen konnten, etwa zwölf Meilen durch das Feindesland zum Boot, obwohl sie genau wussten, dass es für sie und die Gefangenen nicht leicht wäre, wenn die Flucht entdeckt würde.

Soviel zu den „zivilisierten" Mauren. Nun zur Rückseite der Medaille.

Ein spanischer Offizier erzählte mir, dass er den folgenden Vorfall selbst gesehen habe. Dabei handelte es sich nur um einen von vielen Vorfällen während der acht Jahre, die er in Ceuta stationiert war. Von hier aus führte ihn seine Arbeit in Friedenszeiten in verschiedene Teile des Landes.

Der Vater des gegenwärtigen Sultans, der gegen jede Art von Änderung seiner Regierungsmethoden war, unternahm jedes Jahr einen „königlichen Vorstoß" von Fez nach Marokko, und ausgewählte Truppen zogen vor ihm her, um jede mögliche Gefahrenquelle für den Monarchen zu beseitigen. Er zahlte diesen Männern einen Dollar für einen lebenden Gefangenen und zwei für einen toten, und so, sagte mein Freund, „können Sie sich vorstellen, dass mehr Tote als Lebende hereingebracht wurden." Jeder, der auch nur im Entferntesten der Unzufriedenheit verdächtigt wurde, wurde umgehend enthauptet und sein Eigentum konfisziert. Kurz gesagt, der „königliche Vorstoß" war in Wirklichkeit ein mörderischer Raubzug, dessen Beute den Unterhalt der Truppen finanzierte und einigen das Eintreiben zusätzlicher Steuern ersparte.

Einmal traf mein Freund in seiner offiziellen Funktion den Sultan an einem Ort, wo zweihundert Gefangene in einer Reihe aufgestellt waren, jeder mit einem hölzernen Halsband um den Hals, das mit einem Seil an das des nächsten Mannes gebunden war. Als der Sultan heranritt, warf sich eine arme Frau vor ihm auf den Boden und umklammerte die Knie seines Pferdes mit solcher Kraft, dass es sich nicht bewegen konnte. Sie rief, ihr Sohn, der unter den Gefangenen war, sei unschuldig, und flehte, man möge ihm das

Halsband abnehmen. Der Sultan wandte sich an die beiden schwarzen Henker, die ihn überallhin begleiteten.

„Nehmet ihrem Sohn das Halsband ab", sagte er, „und dazu seinen Kopf, und gebt es der Frau."

Und dies geschah sofort vor Ort.

„Sie werden verstehen", sagte der Offizier, der mir die Geschichte erzählte, „warum wir, die wir solche Dinge gesehen haben, das Gefühl haben, dass wir unsere Zivilisierungsmission in Marokko nicht aufgeben können, obwohl es Jahre dauern kann, bis wir für das Blut und das Geld, das es uns jetzt kostet, eine materielle Belohnung erhalten. Aber", fuhr er fort, „wir gewinnen jedes Jahr mehr Freunde unter den Stämmen, und seit 1909 kommen wir mit unseren spanisch-arabischen Schulen und Krankenhäusern und Hochschulen für Landwirtschaft und Handel sehr hoffnungsvoll voran, während unsere einheimischen Truppen bereits der Stolz unserer Armee in Marokko sind."

Doch kehren wir nach diesem langen Exkurs zum Jota zurück. Im Sommer 1909 standen die Dinge wirklich sehr schlecht, und die Regierung befahl dem kommandierenden General, getreu der altehrwürdigen spanischen Regel, einen Fernkrieg von den Sesseln der Ministerbüros in Madrid aus zu leiten, einen Frontalangriff auf den Gurugú zu starten, den Gipfel, der Melilla überragt. Dies sollte zum Teil das Wespennest der Scharfschützen, die die spanische Garnison beunruhigten, ein für alle Mal vertreiben, aber vor allem durch einen glänzenden Sieg das wachsende Gemurmel der Nation gegen eine Kampagne zum Schweigen bringen, die, wie Volksredner erklärten, im Interesse einiger reicher Kapitalisten begonnen worden war, die wertvolle Minen in der unmittelbaren Umgebung von Melilla besaßen.

Der General Marina, ein guter Offizier und fähiger Stratege, protestierte vergebens. Die Befehle waren eindeutig. Die öffentliche Meinung war gefährlich aufgeregt, und es musste sofort eine brillante und entscheidende Aktion durchgeführt werden. Der Angriff wurde daher versucht, mit dem Ergebnis, dass eines der Infanterieregimenter in einen Hinterhalt geriet und ein ganzes Bataillon der Cazadores de las Navas praktisch ausgelöscht wurde. Weit über tausend Offiziere und Männer dieses und anderer Regimenter fielen in der Wolfsschlucht des Gurugú, und die Niederlage war so vollständig, dass die Leichen dieser Märtyrer der Pflicht und eines absurden Regierungssystems drei Monate lang nicht geborgen werden konnten.

In der Nacht der Katastrophe ging der Oberst der Cazadores zu den wenigen Überlebenden seines unglückseligen Regiments, um ihnen so viel Aufmunterung wie möglich zu spenden. Selbst zutiefst betrübt, fand er keine Worte für die untröstlichen Männer, die kaum den Mut hatten, aufzustehen und ihn zu grüßen – die Hälfte ihrer Kameraden war tot, ihr Soldatenstolz gedemütigt, ihre Demoralisierung schien nicht mehr zu heilen. Doch als er inmitten von ihnen stand, so stumm und von Trauer erfüllt wie sie selbst, sah er, dass einer der Männer, der kaum bewusst war, was er tat, seine Gitarre aufgehoben hatte und leicht die Saiten berührte. Hier muss erklärt werden, dass die Cazadores de las Navas zwar ein katalanisches Regiment sind, aber größtenteils in Aragón rekrutiert werden.

„Ein Hoffnungsschimmer erhellte mein Herz", sagte der Oberst, als er viele Tage später erzählte, was geschehen war. „Wenn er nur laut genug spielen würde, um gehört zu werden, würde er uns retten; ich weiß, was ihre Musik den Männern von Aragón bedeutet. Ich wagte nicht zu sprechen, ich hatte solche Angst, ihn zu verärgern, denn wenn er gewusst hätte, dass ich da war, hätte er die Gitarre fallen lassen und strammgestanden. Aber er machte weiter, ein bisschen lauter und ein bisschen lauter, und ein anderer Mann ergriff die Stimme, und dann noch einer, bis schließlich das ganze Regiment – alles, was davon übrig war – seinem Beispiel folgte und alle zu singen begannen:

„ Die Jungfrau von Pilar sagt

Ich will weder Moros noch Moras,

Wer Kapitän sein will

Aus der aragonesischen Tropa. " [8]

„Zuerst sangen sie ganz leise, als wäre es ein Trauerlied für ihre toten Freunde, aber als sie zum Refrain kamen, klangen ihre Stimmen so tapfer und fröhlich, als ob alles in Ordnung wäre –

„' À la jota, jota,

Es lebe Aragón,

Und die Pilaríca

Aus meinem Herzen. '

„Dann", sagte der Oberst, „entschlich ich mich leise. Sie brauchten meinen Trost nicht mehr, denn sie erinnerten sich daran, dass sie, was auch immer sie verloren hatten, immer noch die Pilarica hatten, die Geliebte aller Herzen."

Als der Gurugú schließlich eingenommen war, kommentierte ein englischer Zeitungskorrespondent die außergewöhnliche Unbeschwertheit und verantwortungslose Fröhlichkeit dieser spanischen Soldaten und sagte, er habe tatsächlich einen von ihnen mit einer Gitarre unter dem Arm gesehen, als er die steilen Hänge hinaufkletterte, die drei Monate zuvor Schauplatz der

Katastrophe gewesen waren. Der Zeitungsmann zog seine Schlussfolgerung zu voreilig, was ihm jedoch verziehen werden kann, denn er konnte kaum wissen, was die auf der Gitarre gespielte Jota den Männern von Aragón bedeuten könnte.

DAS COLUMBUS-DENKMAL.

KAPITEL XVIII

Karwoche in Sevilla – Was man nicht sehen sollte – Die Palmensegnung –
Würdenträger der Kathedrale – Der Kardinal und die Kinder – Das Lächeln
des Dekans – Die Stufen der Kathedrale – Der Einzug in Jerusalem – Licht
an dunklen Orten – Mozarabisches Ritual – Das Aufstellen des Banners –
Unsere Liebe Frau aus alten Zeiten – Mozarabische Kunst – Das Banner der
Menestrales – Ein Porträt des Heiligen Fernando – Die römischen Adler – Die
Grablegung – Der silberne Schrein und sein goldener Schlüssel – Radverkehr
verboten – Bruderschaften, reich und arm.

Ich vermute, *dass „Mein spanisches Jahr"* ohne ein Kapitel über die Zeremonien
der Karwoche und die Feria de Sevilla unvollständig wäre. Aus der Sicht der
Touristen wurde zu diesen Themen jedoch schon so viel geschrieben, dass
ich, wenn ich etwas dazu sagen soll, versuchen muss, einige charakteristische
Merkmale zu beschreiben, die mehr oder weniger unbemerkt bleiben.

Jeder weiß, dass während der Karwoche zahlreiche Bruderschaften und
Gilden in Prozessionen durch die Straßen von Sevilla und anderen
andalusischen Städten ziehen. Der ursprüngliche Zweck dieser Prozessionen
war es, Bilder zu zeigen, die Ereignisse der Passion unseres Herrn darstellen,
um den Analphabeten die Tragödie der Kreuzigung nahezubringen. Und
jeder, der diese Prozessionen in Sevilla sieht, bemerkt den künstlerischen
Wert vieler der Bilder, die prächtigen Gewänder und die malerische Wirkung,
die in den Straßen und in der Kathedrale durch die unzähligen Kerzen
erzeugt wird, die um die Plattformen flackern, auf denen die Bilder getragen
werden.

Dies sind die Gemeinplätze der Karwoche in Sevilla. Sie fallen jedem
Besucher auf, der auch nur die geringste Ahnung von oder ein Gespür für
Kunst hat; doch schon lange vor Ende der Woche haben diejenigen, die nur
kommen, um etwas Neues zu sehen, die ewige Wiederholung des Gleichen
satt – die „Brüder" oder „Nazarener" in ihren voluminösen Gewändern und
hohen spitzen Kapuzen, die Blaskapellen, die Zivilgarde, der erste *Paso* , der
mit Samt oder Satin behangen und von silbernen Kandelabern und
Blumenvasen umgeben ist, mit einem Bild Unseres Herrn in der Mitte; mehr
Brüder oder Nazarener, mehr Musik, mehr Zivilgarde und dann der *Paso*
Unserer Lieben Frau, der jede Prozession abschließt, mit Ausnahme einiger,
die eingeführt wurden, bevor die Unbefleckte Empfängnis der Jungfrau
Maria zum Dogma der römischen Kirche wurde.

Wenn man zwanzig bis dreißig Pasos gesehen hat , die alle im
Schneckentempo dahinkriechen, mit einer Pause alle paar Meter, damit die
Träger sich ausruhen und die Leute sie bewundern können, fängt man an,
gewisse Aspekte dieser Prozessionen zu ermüden. Aber wir, die wir Sevilla

kennen, haben gelernt, was man sehen und was man meiden sollte, und wir achten darauf, uns nicht körperlich und geistig zu erschöpfen, indem wir versuchen, dem langsamen Vorankommen von einem Dutzend *Pasos am* selben Tag an derselben Stelle zuzuschauen, denn die Prozessionen sind tatsächlich nur ein Aspekt der vielfältigen Zeremonien der Karwoche, und wenn man es richtig angeht, kann man seine Gefühle fast jede Stunde des Tages verändern.

Deshalb möchte ich, der es mir oft leid tat, wenn meine Landsleute größte Strapazen auf sich nehmen mussten, um nur das Mindeste von dem zu sehen, was an diesen merkwürdigen Überbleibseln der frühen Kirche am interessantesten ist, versuchen, auf einige Vorkommnisse aus dem langen Programm kirchlicher Zeremonien hinzuweisen, die in der offiziellen Darstellung der unpassenderweise als „ *Fiestas de Semana Santa*" bezeichneten *Feste nicht vorkommen* .

Die Palmensegnung am Palmsonntag ist eine der schönsten Zeremonien in der Kathedrale. Ich gehe früh – nicht später als 8 Uhr morgens und so viel früher, wie es mir passt, und wenn die Frühmesse vorbei ist, gehe ich zum Kolumbus-Denkmal vor dem Südportal und habe von dort einen perfekten Blick auf die Prozession, die majestätisch durch den langen Gang zur Tür von San Miguel marschiert. Zuerst geht der Träger des Kathedralkreuzes, dessen Messing über dem merkwürdigen runden Rahmen glänzt, der hier verwendet wird, um die Gemeindekreuze in der rituellen Farbe des Tages zu schmücken. Dann folgen die niederen Geistlichen in schwarzen Soutanen und steif gestärkten Rochetten mit wallenden Ärmeln; die Weihrauchfassträger in wunderschönen Dalmatiken aus altem Brokat, die ziselierte silberne Weihrauchfässer schwingen, die einen Platz in einem Museum wert wären; die Chorknaben in scharlachroten Soutanen und weißen Rochetten; Die begünstigten Geistlichen haben vor kurzem als besondere Gunstbezeugung für das Kardinalat von Sevilla die Erlaubnis erhalten, ihre schwarzen Seidenumhänge (*capa corál*) mit rotem Seidenfutter zu versehen; die beleibten Kanoniker in purpurner Seide, der Geistliche und seine Ministranten in prächtigen, Jahrhunderte alten, bestickten Gewändern und dann – unterstützt vom Dekan und dem Erzpriester der Diözese – der Kardinal-Erzbischof.

Er ist zwar kaum über die mittleren Lebensjahre hinaus, ist aber schon sehr kräftig gebaut, doch seine schwerfällige Gestalt wird durch ein kräftiges Gesicht mit einem kräftigen Kinn und freundlichen, humorvollen grauen Augen ausgeglichen, und er sieht prächtig aus in seiner weißen Pelzkapuze und dem Gewand aus scharlachroter Seide mit einer vier Meter langen

Schleppe, die hinter ihm von zwei der Seises getragen wird, deren Geschichte bereits erzählt wurde. Er ist erst seit vier Jahren hier und kam nach einem langen Interregnum aufgrund zweier plötzlicher Todesfälle im Episkopat, doch die Art und Weise, wie er die Diözese aufgewühlt hat, ist überraschend. Die Musik in der Kathedrale war zuvor die schlechteste, gehört nun aber zu den besten in ganz Spanien, die Gottesdienste beginnen pünktlich statt zu jeder beliebigen Stunde, und vor allem hat er dem unerlaubten Verkauf von kunsthistorisch wertvollen Gegenständen aus ihren Kirchen durch Gemeindepriester, Mönche und Nonnen ein Ende bereitet. Früher wurde hiermit ein reger Handel betrieben, doch unser tatkräftiger Kardinal hat jedes Bild, jede Schnitzerei und jedes Kirchenornament seiner Diözese inventarisieren lassen, und jetzt darf nicht einmal eine bemalte Fliese ohne Genehmigung des Palastes berührt werden.

Und doch ist er ein freundlicher Mensch, dieser energische Prälat. Ich folgte ihm einmal bei einer Wohltätigkeitsveranstaltung, bei der ich das Privileg hatte, ihm etwa zwanzig kleine Kinder aus der Arbeiterklasse zu präsentieren, die ich zu ihrer und meiner großen Freude in Kostüme gesteckt hatte. Und für jedes Kind hatte der Kardinal, als er ihnen seinen Ring zum Küssen gab, ein Lächeln parat und eine freundliche und witzige Bemerkung über ihr Kostüm oder die historische Figur, die es darstellte; so dass alle kleinen Gesichter hinter ihm strahlten, als er durch den Saal ging, wo sie stramm standen. Das Küssen von Bischofsringen ist nicht gerade mein Ding, aber Kardinal Almaraz' Freundlichkeit gegenüber den Kindern lässt mich immer mit Freude an meinen Anteil an dieser Zeremonie zurückdenken.

Als nächstes folgt in der Pracht des Gewandes der Dekan, ein äußerst höflicher Herr, kaum über vierzig und wie sein Bischof mit einem ausgeprägten Sinn für Humor gesegnet. An einem denkwürdigen Palmsonntag, als die Prozession am Kolumbus-Denkmal vorbeizog, erblickte der Dekan mich dort mit einem großen englischen Mädchen, dem er ein paar Wochen zuvor bei einem Abendessen in unserem Haus bei der Aussprache in gebrochenem Spanisch geholfen hatte. Seine Augen begannen zu funkeln und seine Finger gingen instinktiv nach oben, um uns einen andalusischen Gruß zu erweisen. Er gewann seine Ernsthaftigkeit sofort zurück und verwandelte seinen Gruß mit großer Geistesgegenwart in eine Bewegung, die das Publikum als Segen auffassen würde. Aber die Tat war vollbracht. Als wir uns das nächste Mal vor der Kathedrale trafen, dankten wir ihm für seinen „Segen", und jetzt kann er uns in der Menge während einer Prozession nie mehr ansehen, ohne dass seine Augen funkeln und seine Lippen sichtlich zusammenpressen, aus Angst, er könnte uns wieder unanständig anlächeln.

Die Haltung einer spanischen Gemeinde während der Messe ist im Vergleich zum Verhalten in vielen ausländischen Kathedralen bemerkenswert ehrfürchtig: Man findet hier wirklich eine Atmosphäre aufrichtiger Hingabe. Aber die Prozessionen werden von einem anderen Standpunkt aus betrachtet. Die Würdenträger stehen dort inmitten der Menge, und die Menge, obwohl vollkommen respektvoll, tut ihr Bestes, um ein Zeichen der Anerkennung von ihren Freunden und Bekannten in den langen Reihen von Geistlichen, Chorsängern und *Monocillos* (kleinen Affen), wie die singenden Jungen im Volksmund genannt werden, zu erhalten.

Die Tür von San Miguel – gegenüber dem Kolleg oder dem gleichnamigen Kreuzgang, in dem alle mozarabischen Priester wohnten, die noch lebten, als San Fernando Sevilla betrat – steht weit offen, als die Prozession sich nähert, und ein wunderbar schimmernder Effekt aus Licht und Schatten entsteht, als die wehenden Palmen der Geistlichen aus der Dunkelheit der Kathedrale in das gleißende Sonnenlicht der Straße treten. Aber ich folge den Palmen nie; man verliert sich nur in der Menge und verpasst das Beste des Bildes. Sobald der letzte Schimmer des Scharlachrots des Kardinals durch die Tür verschwindet, drehe ich mich um und gehe der Prozession entgegen, die auf dem Rückweg ist.

Campanillas) hinauszugehen , wo früher Glocken geläutet wurden, um Herumtreiber zur Messe zu rufen, und um das Tor von los Palos herumzugehen – so genannt, weil es einst zu einem Wäldchen mit Bäumen (Pfähle, *Palos*, die heute längst gefällt sind) führte – und hat einen guten Blick auf die Prozession, die vor dem Orange Court auf der breiten Terrasse vorbeikommt, die sechs Stufen über dem Straßenniveau liegt. Diese Terrasse ist ein Relikt aus dem halben Jahrhundert, in dem die alte westgotische Kathedrale für muslimische Zwecke umgebaut wurde. Jede mozarabische Kirche, die als Moschee genutzt wurde, hat eine erhöhte Terrasse auf einer oder mehreren Seiten, wie die Moschee von Córdoba. Ursprünglich war es dazu gedacht, die überfüllten Gemeinden während des Ramadan unterzubringen, aber nach der Rückeroberung ließen die Christen es zu einem Treffpunkt für Händler verkommen, um Geschäfte zu machen, wie die Geldwechsler im Tempel, bis der Skandal zu groß wurde und im 17. Jahrhundert die Casa Lonja (heute beherbergt sie das Archiv von Indien) gebaut wurde. Die Terrasse bietet einen schönen Aussichtspunkt für diejenigen, die die Prozessionen der Karwoche sehen möchten. Die kürzliche Verbreiterung der Calle Canovas del Castillo bietet einen uneingeschränkten Blick vom Tor San Miguel, durch das man die Kathedrale betritt, bis hin zum Rathaus.

Gerade als die Palmsonntagsprozession die Tür des Palos erreicht, wird diese geschlossen und die ganze Prozession kommt zum Stehen, während der Zeremonienmeister der Kathedrale dreimal daran klopft. Dies stellt zusammen mit den vor dem Kardinal verstreuten Palmen und Olivenzweigen den Einzug unseres Herrn in Jerusalem dar. Ein Vers wird angestimmt und dann öffnen sich inmitten einer Totenstille langsam die Türen und die bunte Prozession mit ihren wehenden Palmen verschwindet im Zwielicht im Inneren, während Frauen und Kinder versuchen, einen Olivenzweig zu ergattern, denn sie sind wie die Palmen gesegnet. Ein am Balkon aufgehängter Palmzweig schützt das Haus vor Blitzeinschlägen und der Olivenzweig bringt Frieden und Zufriedenheit, wenn er nach Hause getragen und vor Ihren „Heiligen" abgelegt wird.

Der Abend des Palmsonntags ist der ersten Straßenprozession gewidmet. Diese finden spät statt und erreichen die Tribünen mit reservierten Sitzplätzen vor dem Rathaus bei Einbruch der Dunkelheit. Es ist ratsam, sich die ersten Eindrücke von den *Pasos am Sonntagabend zu holen* , nachdem ihre Kerzen angezündet wurden, damit die Bilder der Passion und Unserer Lieben Frau die schöne symbolische Idee vermitteln, Licht in dunkle Orte zu bringen. Früher wurden alle Straßenlaternen entlang der Marschstrecke gelöscht, damit der Weg der Menschen buchstäblich von ihren „Heiligen" erleuchtet wurde; aber das ist lange her, und jetzt können wir uns nur vorstellen, wie beeindruckend der alte Brauch war, wenn man das Leuchten betrachtet, das die Straßen von Sierpes überflutet, bevor die Prozession selbst in Sicht kommt.

Es ist unmöglich, alle interessanten und schönen Zeremonien der Karwoche in dieser Kathedrale in einem einzigen Kapitel zusammenzufassen , abgesehen von ihrem historischen Aspekt. Sevilla bewahrt in keiner seiner Kapellen das eigentliche mozarabische oder westgotische Ritual, wie dies in Toledo der Fall ist, denn als San Fernando hierher kam, hatten die Päpste über eineinhalb Jahrhunderte lang versucht, den Ritus der Kirche zu unterdrücken, die aufgrund der Umstände so lange von Rom abgeschnitten und fast unabhängig war, und deshalb wurde der Ritus nach der Rückeroberung nicht beibehalten. Es ist jedoch klar, dass der heilige König den treuen mozarabischen Priestern des Kollegs von San Miguel erlaubte, eine führende Rolle in den Ämtern der umgebauten Moschee zu übernehmen, als diese wieder zur Kathedrale von Sevilla wurde, denn die orientalischen Überreste, die wir heute sehen, hätten Mitte des 13. Jahrhunderts von Priestern und Bischöfen aus Kastilien niemals eingeführt werden können.

Viele dieser Überreste sind bloße Details, die eher für Kirchenarchäologen als für Laien interessant sind. Andere sind jedoch so beeindruckend, dass sie keinem intelligenten Besucher entgehen sollten.

Eines davon ist das sogenannte „Zerreißen des weißen Schleiers" nach der Neun-Uhr-Messe am Mittwoch der Karwoche. Dies wird dadurch dargestellt, dass riesige Vorhänge aus wunderschönem, altem, weißem *Taft auseinandergezogen* werden, einer feinen, weichen Seide, wie sie die muslimischen Fürsten trugen, als Sevilla für seine Herstellung von Samt, Brokat und Atlas berühmt war, und die alle mit diesem hauchdünnen Taft gefüttert waren . Niemand weiß genau, warum der weiße Schleier an diesem Tag zerrissen wird, doch mir wurde gesagt, dass dies ein weiteres Erbe der Mozaraber ist. Er wird von der Stange gerissen, an der er hängt, sodass beim Zerreißen jeweils ein Vorhang in einem Haufen zu beiden Seiten des Altars herunterfällt, von wo aus sie von den Seises in die Sakristei gezogen werden.

Am Dienstag der Karwoche findet um 15.30 Uhr das sogenannte Bannerentfalten statt, eine weitere Zeremonie, die dem römischen Ritual fremd ist. Zwei Priester knien auf den Altarstufen, während ein dritter über ihnen ein voluminöses Banner aus demselben weichen, hauchdünnen Taft *schwenkt* wie der Weiße Schleier. Das Banner ist dunkelgrün, so dunkel, dass es in der trüben Kathedrale schwarz erscheint, wo während dieser Bußzeit alle bemalten Fenster mit schwarzen Vorhängen verhangen sind. Früher warfen sich die beiden Priester nieder, jetzt knien sie nur noch. Niemand kann diese Zeremonie erklären, die insgesamt viermal stattfindet, vom Vorabend des Passionssonntags bis zum Kardienstag, aber es wird angenommen, dass sie irgendeine Verbindung mit der mozarabischen *Virgen de la Antigua hat*, einem Fresko aus dem 12. Jahrhundert in der gleichnamigen Kapelle, deren Geschichte es wert ist, erzählt zu werden.

Als die Almohaden Sevilla einnahmen und die alte gotische Kathedrale für ihre neue Moschee in Beschlag nahmen, wurde dieses Wandgemälde Unserer Lieben Frau an seiner Stelle belassen. Alfonso X. BERICHTET in seinen *Cántigas de la Virgen Maria* (Hymnen der Jungfrau), dass die fanatischen Almohaden das Bildnis mehr als einmal zerstören wollten, aber es strahlte eine solche Herrlichkeit aus, dass es ihre Augen blendete, und sie zogen sich zurück, weil sie sich fürchteten, es zu berühren. Die Wahrheit war wahrscheinlich, dass der Almohadenherrscher, der für seine Änderungen und Ergänzungen an seiner Moschee und seinem Alcazar auf sevillanische Künstler angewiesen war, [9] es nicht wagte, einen Aufstand unter seinen mozarabischen Untertanen zu riskieren, denn die christliche Gemeinde war hier immer zahlreicher als anderswo im muslimischen Spanien. Obwohl er sich die alte Kathedrale aneignete oder vielleicht sogar kaufte, wie es Abderrahman I. mit der Kathedrale des Heiligen Vinzenz in Córdoba getan hatte, überließ er dieses verehrte Bildnis und die dazugehörige Kapelle den Christen, die einen Eingang von der Straße aus schufen und die alte Tür schlossen, die sonst mit der Moschee verbunden gewesen wäre.

In denselben *Cántigas wird berichtet*, dass San Fernando, als er Sevilla belagerte, eines Nachts auf wundersame Weise durch das Jerez-Tor – das der Kathedrale am nächsten gelegene – in die Kapelle N'ra Señora de la Antigua (Unsere Liebe Frau der Alten Zeit) eingelassen wurde, und als er dort von den Mauren entdeckt wurde, kam er nur knapp mit dem Leben davon. Die

Überlieferung besagt, dass Unsere Liebe Frau der Alten Zeit danach von den Moslems eingemauert wurde, wahrscheinlich aus Empörung über das, was ihnen als Verrat der Mozaraber innerhalb der Mauern erschienen sein muss, denn nur sie hätten den christlichen König in ihre eigene Kapelle einlassen können. Die Stadt kapitulierte wenige Wochen später, und es gibt derzeit nichts, was darauf hinweist, wann das Bild entdeckt wurde. Aber es wird ab dem 13. Jahrhundert darauf Bezug genommen, und ich habe den Eindruck, dass die Kapelle sofort wieder geöffnet wurde, denn es war sicherlich keine Zeit geblieben, ihren Standort zu vergessen, wie es anderswo bei Bildern geschah, die vergraben wurden, um sie vor der Entweihung zu bewahren.

Im 16. Jahrhundert wurde das Fresko von der Wand, auf die es gemalt war, entfernt und auf den Altar der heutigen Kapelle übertragen, die zu seinem Unterbau gebaut worden war. Es wurde damals leider „restauriert", „renoviert" und „verschönert" und entfernt, wie uns ein zeitgenössischer Bericht erzählt, und viel von seinem mittelalterlichen Charakter ging dadurch verloren. Aber das Kind hat immer noch den charakteristischen runden, kugelförmigen Kopf mit den steifen schwarzen Locken, der in allen mozarabischen Werken dieser Region zu sehen ist, und ist in jedem Fall in der Technik so merkwürdig schlechter als die der Mutter, dass man es nur als einen Typus akzeptieren kann, der seit primitiven Zeiten verehrt und von Generation zu Generation kopiert wurde. Die Jungfrau hingegen ist, wie alle Werke des 12. Jahrhunderts, sowohl in der Technik als auch in den Gesichtszügen wunderschön, und ihre seltsame Drapierung mit ihren steifen diagonalen Falten erinnert eigenartig an die Drapierung einiger der ägyptisch-tartessischen Figuren, die vor einigen Jahren auf dem Cerro de los Santos gefunden wurden und sich heute im Archäologischen Museum in Madrid befinden.

Die lokalen Kunstkritiker haben lange und erbittert über die Zeit und den Ursprung dieses Freskos gestritten, aber nachdem die Geschichte der Christen von Sevilla unter dem Islam geklärt ist, deutet alles darauf hin, dass Unsere Liebe Frau der alten Zeit hier war, als San Fernando kam, und dass das Bild während der gesamten Almohaden-Besatzung von den Mozarabern verehrt wurde . Und im Licht des gegenwärtigen Wissens scheint es sehr wahrscheinlich, dass die Zurschaustellung des Banners eine Erinnerung an einen Akt der Demütigung ist, der den treuen Priestern auferlegt wurde, die selbst nach der Flucht ihres letzten Bischofs im Jahr 1239 noch im Kloster von San Miguel lebten und weiterhin die Riten ihrer Religion ausübten. Die Mauren haben die Zeremonie vielleicht zur Bedingung dafür gemacht, dass die Christen ihre Kapelle innerhalb des Geländes der Moschee behielten; und es ist keineswegs unmöglich, dass eines Tages etwas Endgültiges zu diesem Thema ans Licht kommt, wenn die Masse der ungeprüften Dokumente in den Archiven der Kathedrale endlich sortiert und gelesen ist.

Obwohl bisher sehr wenig darüber bekannt ist, ist das Interesse an dieser eigenartigen Zurschaustellung des Banners enorm, wenn man bedenkt, dass sie eine direkte Verbindung zur maurischen Herrschaft in Sevilla darstellt und uns sechs Jahrhunderte zurückversetzt, in die Zeit, als das prächtige Ritual, das heute Augen und Ohren Tausender erfreut, in dieser alten Basilika von ein paar armen Priestern dargestellt wurde, die in der Kapelle von *La Antigua die Messe lasen* – vielleicht unter Einsatz ihres Lebens.

Die meisten der übrigen Zeremonien der Karwoche sind bis auf kleinere Einzelheiten, die hier nicht beschrieben werden müssen, dieselben wie in Rom und anderswo. Die Prozessionen auf den Straßen stammen jedoch aus dem 13. Jahrhundert, und es besteht kaum Zweifel daran, dass auch sie aus der frühen christlichen Kirche erhalten geblieben sind.

Menestrales (Mechaniker: die Gilde bestand aus berufstätigen Schneidern) ein Banner mit seinem eingestickten Porträt. Auch diese muss vor der Rückeroberung existiert haben, denn der König starb nur vier Jahre später, und uns ist nicht bekannt, dass er die Bruderschaft in der Zwischenzeit gegründet hat. Hätte er dies tatsächlich getan, wäre dies in ihren Annalen sehr sorgfältig vermerkt worden, ebenso wie sein Geschenk des Banners. Als älteste der Bruderschaften und vom König bevorzugt, wurde ihnen das Privileg zuteil, an seinem Sarg zu wachen, als er starb, und sie behielten ihr Recht auf diesen Ehrenplatz am Jahrestag seines Todes, bis ihre Gilde vor nicht allzu vielen Jahren aus Geldmangel aufgelöst wurde. Eine andere und reichere Gilde versuchte vor zwei oder drei Jahrhunderten, sie zu verdrängen, aber die *Menestrales* zogen vor Gericht und gewannen ihren Fall. Das von San Fernando geschenkte Banner hängt jetzt in einer Glasvitrine in der Kirche St. Isidore. Von dem Porträt ist nur sehr wenig übrig geblieben, und das wenige, was noch vorhanden ist, wurde im 16. Jahrhundert durch einen darübergenähten, gestickten Kopf von Karl V. VERDECKT . Dieser wurde vor einigen Jahren zur Untersuchung entfernt, und darunter wurde das Porträt aus dem 13. Jahrhundert gefunden. Obwohl es, wie das Banner von San Fernando im Rathaus, so stark repariert und restauriert wurde, dass nur sehr wenig vom Original übrig geblieben ist, ist doch genug zu sehen, um jeden Stickerei-Experten davon zu überzeugen, dass es sich um eine mozarabische Arbeit aus der betreffenden Zeit handelt.

Der stärkste Beweis für den frühen Ursprung der Bruderschaften ist die Tatsache, dass vor jedem *Paso die römischen Adler und eine Standarte mit SPQR herbeigetragen werden* , während „römische Soldaten" hinter einigen wenigen von ihnen reiten. Diese können nicht im 13. Jahrhundert „auf die Bühne gebracht" worden sein, denn in den illuminierten Handschriften dieser Zeit, einschließlich der außerordentlich wertvollen zeitgenössischen Werke von Alfons X. , werden allesamt heilige Figuren in den Kostümen der damaligen Zeit dargestellt. Auch im 14. Jahrhundert wurden sie nicht eingeführt, denn es gibt ein Messbuch aus dieser Zeit, in dem die römischen Soldaten bei der Kreuzigung die Kleidung der Kämpfer von Alfons XI. TRAGEN , und einer der Männer, die um den Mantel Unseres Herrn losen, ist wie ein Hofnarr in bunte Strümpfe mit Mütze und Glöckchen gekleidet.

Die Weihe der heiligen Öle, die große Prozession mit der Hostie zum „Denkmal", das am Westende der Kathedrale (über dem Grab der Familie Kolumbus) errichtet wurde, die Fußwaschung von zwölf armen Männern durch den Kardinal-Erzbischof in der Kathedrale, das Abendessen, das ihnen im Palast des Erzbischofs gegeben wird, das Miserere in der Nacht des Gründonnerstags, die Anbetung des Kreuzes, bei der der Klerus, der Dekan und das Kapitel barfuß durch das Kirchenschiff gehen, die Weihe der Osterkerze, die etwa 30 kg wiegt, und das Zerreißen des schwarzen Schleiers, bei dem die Hostie zum Hochaltar zurückgebracht wird – all diese Dinge werden in den in den Straßen feilgebotenen Programmen beschrieben, und nur eines davon verdient hier Beachtung.

Dies ist die Zeremonie des Gründonnerstags, bei der die Hostie zum „Denkmal" gebracht wird, das die Beerdigung unseres Herrn symbolisiert. Schweigend wird die Pyxis entfernt, ihr Schrein offen gelassen und das Tuch in lässigen Falten über den Altar gelegt, um zu zeigen, dass die heiligen Elemente davon verschwunden sind. Die Prozession, alle in Trauergewänder gekleidet, bewegt sich langsam und lautlos das Kirchenschiff hinunter zum Westende, wo das „Denkmal" aus dem 16. Jahrhundert fast bis zum Dach ragt. Seine weißen und goldenen Säulen tragen lebensgroße Heilige und Engel, während unter seiner hohen Kuppel die große silberne *Custodia glänzt* , in der die Hostie bis zum Tag der Auferstehung liegen soll. Dieser Schrein, der drei Meter hoch ist, ist eines der Meisterwerke des spanischen Silberschmiedemeisters Juan de Arphe, und die Idee, dass er das Grab Christi darstellt, ist eine weitere unter vielen Anomalien. Die goldene Pyxis wird in die *Custodia gebracht* , die Türen werden geschlossen und mit einem goldenen Schlüssel verriegelt. Der Schlüssel wird dem Zivilgouverneur übergeben, der ihn an einer goldenen Kette um den Hals hängt. Er wird bis Ostern in seiner Obhut bleiben, denn, so heißt es, der Leib Christi wurde nach der Kreuzigung in ungeweihte Erde gelegt. Deshalb überträgt das Kapitel die Obhut der Hostie, solange sie sich im Grab befindet, der Laienautorität.

Am Gründonnerstag und Karfreitag brennen die Lichter am „Denkmal" Tag und Nacht. Am Samstagmorgen wird der goldene Schlüssel dann den Priestern zurückgegeben, die *Custodia* geöffnet, die Hostie herausgenommen und in einer Prozession zurück zum Altar getragen. Und sobald die Pyxis wieder im Schrein steht, ertönt die Orgel, alle Glocken werden geläutet und Kanonen abgefeuert.

Es fällt auf, dass die Kirche in Sevilla sowohl die Kreuzigung als auch die Auferstehung um einen Tag vorverlegt, indem sie die Kreuzigung am Donnerstag und die Auferstehung am Samstag feiert. Die sevillanischen Geistlichen geben vor, dies zu erklären, aber ich muss sagen, dass ich ihre Erklärung, die es irgendwie mit dem Mysterium der Eucharistie in Verbindung bringt, nie verstehen konnte. Die Menschen haben ihre eigene Version der Sache. Sie sagen, dass „in alten Zeiten" das Fasten von Mittwoch bis zum Ostermorgen eingehalten wurde, an diesen Tagen war kein Verkehr auf Rädern auf den Straßen erlaubt, die Geschäfte waren geschlossen und alle Geschäfte wurden eingestellt. Nach einiger Zeit wurde das viertägige Fasten als so unpraktisch empfunden, dass es auf drei verkürzt wurde, und um dies zu ermöglichen, wurde vereinbart, dass die Auferstehung an Ostern statt am Ostersonntag gefeiert werden sollte! Viele Menschen glauben dies blind, und mir wurde die Erklärung in so gutem Glauben gegeben, dass ich sie zunächst tatsächlich akzeptierte, obwohl sie ein seltsamer Ausweg aus der Schwierigkeit zu sein schien. Sogar im „modernen" Sevilla ist der Verkehr auf Rädern am Gründonnerstag und Karfreitag noch immer auf den Straßen verboten, und in anderen Orten Andalusiens kann man am Karfreitag nicht einmal einen Esel mieten, egal um welchen Preis.

„Ich wäre *mal mirado* " (nach Coventry geschickt), sagte mir ein Dorfbewohner *an* einem Karfreitag, „wenn ich am Todestag unseres Herrn Geld für mein Vieh nehmen würde. An diesem Tag müssen Reiche und Arme gleichermaßen Buße tun, egal wie müde sie werden."

In Sevilla machen sich die Leute nicht so viele Gedanken über kirchliche *Missstände* , und die Radikale Partei unternahm ein Jahr lang große Anstrengungen, die Behörden dazu zu bewegen, das Fahrverbot aufzuheben, selbst wenn dies eine Änderung der Prozessionsroute bedeuten würde. Doch der Vorschlag war so heftig, dass die Öffentlichkeit das Verbot fallen lassen musste. Die Geschäftsleute in Sevilla wissen nämlich ganz genau, dass jede Störung der Prozessionen den Handel schädigen würde, da der Zustrom an Touristen, die jedes Jahr zur Karwoche hierher strömen, weitaus stärker abnimmt, als wenn die zentralen Straßen während dieser beiden Tage für Taxis und Straßenbahnen gesperrt würden.

Tatsächlich weckt die kleinste Änderung der altehrwürdigen Vorschriften alles andere als fromme Gefühle, wie ich bereits im Zusammenhang mit dem Fronleichnamsfest gezeigt habe.

Seit Jahren herrscht eine latente Feindschaft zwischen einer reichen Bruderschaft, deren Namen man lieber verschweigt, und einer sehr armen. Die Zeiten ihres jeweiligen Erscheinens an den „Stationen" (wie die zurückgelegte Strecke genannt wird, weil früher die Prozessionen die Stationen des Kreuzwegs darstellten) werden vom Dekan und Kapitel festgelegt, denn wenn sich zwei Prozessionen an einer „Station" begegnen, kommt es zu hoffnungsloser Verwirrung; und die beiden betreffenden Bruderschaften sind schon lange gefährdet, sich zu begegnen, wenn die erste unpünktlich ist. Vor zwei Jahren kam die reiche Bruderschaft eine Stunde zu spät an einer der „Stationen" an und wurde von der armen Bruderschaft vom anderen Ende der Stadt empfangen. Die armen Brüder hatten recht, denn dies war die Stunde, zu der ihr *Paso* diese Straße überqueren sollte, aber die anderen waren entschlossen, den Vortritt zu lassen, wie sie es natürlich getan hätten, wenn sie zur richtigen Zeit aufgebrochen wären. Diese besonderen Brüder sind größtenteils Aristokraten und erwarten von ihren Untergebenen in weltlicher Stellung bedingungslosen Gehorsam. Ihr Anführer befahl den armen Männern autokratisch, zurückzutreten und ihm und seinen Gefolgsleuten Platz zu machen. Aber die armen Männer weigerten sich, wozu sie unter diesen Umständen jedes Recht hatten, woraufhin der Aristokrat, ungeachtet seines prächtigen Samtmantels und seiner Satinkapuze, all die Reue und Demut vergaß, die er eigentlich empfinden sollte, und den anderen Mann mit den Fäusten angriff.

Was passiert wäre, wenn der Anführer der armen Prozession zurückgeschlagen hätte, kann niemand sagen; aber der streitlustige „Edelmann" wurde schnell zur Besinnung gebracht, denn der „ältere Bruder" der armen Gilde legte geistesgegenwärtig ihr großes Prozessionskreuz vor den Füßen der Möchtegern-Kämpfer auf den Boden. Kein Sevillaner, wie wütend er auch sein mochte, würde im Traum daran denken, das Kreuz zu entweihen, also musste sich der zornige Aristokrat zurückziehen, während die andere Prozession weiterzog. Ich fürchte, der Stolz ließ die Herzen der Brüder unter den schlichten Kattuntrachten anschwellen, die sie von ihrem armseligen Lohn auf Kosten von Sparsamkeit und Selbstverleugnung erkauft hatten, die so einmal den Vorrang vor ihren reichen Rivalen hatten.

Persönlich finde ich die armen Bruderschaften viel interessanter als die reichen, denn sie alle haben eine Geschichte hinter sich, und manchmal bescheidene *Pasos* , deren Brüder in billigen Kattun gekleidet sind, sind mit altem Damast und Brokat behangen, der wertvoller und viel schöner ist als die steifen neuen, goldbestickten Mäntel, mit denen die modernen Bruderschaften ihre „Jungfrauen" schmücken, ohne Rücksicht auf den Preis. Eines Tages werde ich ein Buch über die Geschichten der *Pasos schreiben* , ernst und fröhlich, aber ich darf hier nicht damit anfangen, denn ich habe mich vielleicht schon zu lange mit diesen Aspekten der Karwoche in Sevilla beschäftigt.

FÜR DIE MESSE GEKLEIDET.

KAPITEL XIX

Die Aprilmesse – Vom Harem zur *Caseta* – Der Prado von San Sebastian –
Die Inquisition – Wehrpflichtige und die Flagge – Spanische Fußballvereine
– Stimmenkauf – Das Vieh auf der Messe – Geschirre *à la* Jerez – Die *Eleganz
Sevillas* : vierzehn Kleider für drei Tage – Die Nachmittagsfahrt – Tanzen in
der Nacht – Der Heiratsmarkt – Mantillas, *Velos* und Pariser Hüte –
Mitternacht auf der Messe – Die mit Vorhängen verhangenen *Casetas* der
Vereine – Manila-Schals – Die Königin und die Mantilla – „John-a-Dreams"
und die Nationaltracht – Drei Verlobungen und eine Hochzeit – Das Jahr
endet im Paradies.

Die wahre Geschichte der Aprilmesse in Sevilla liegt wie so vieles andere in
Spanien im Dunkel der Zeit verborgen. Alte Drucke und Bilder sowie die
Überlieferung zeigen jedoch, dass es sich zunächst nur um einen Viehmarkt
handelte, bei dem Händler, die von weit her kamen, Zelte aufstellten, in
denen sie schlafen und Geschäfte abwickeln konnten. Sie wurden von den
wandernden Zigeunern besucht, die in Scharen zu Messen aller Art in allen
Ländern strömen. Allmählich wurden die Zelte der Händler zu einem
Treffpunkt für ihre Familien und ihre Freunde aus der Stadt. Dann mussten
Erfrischungen bereitgestellt werden und bald folgten Unterhaltungen wie
Musik, Tanz und Gesang. Heute erinnert die Sevillaner Messe auf dem Prado
de San Sebastian in mancher Hinsicht fast an eine Show in Earl's Court oder
Olympia, mit dem wichtigen Unterschied, dass es sich um eine lebendige
Realität handelt und nicht um eine szenische Darstellung, für die man am
Eingang eine Eintrittskarte kauft.

Das Merkwürdigste an diesem dreitägigen Fest ist sein außerordentlicher
Kontrast zum spanischen Alltagsleben. Ich habe bereits die
Abgeschiedenheit der Frauen erwähnt, die extreme Privatsphäre des
häuslichen Lebens, die sich in den Spitzenvorhängen widerspiegelt, die jedes
Fenster zur Straße hin verhüllen und nie zur Seite gezogen werden, die
Dunkelheit der Räume, die so vor dem Eindringen der Sonne und fremder
Blicke geschützt sind, die strenge Überwachung junger Mädchen nicht nur
auf der Straße, sondern auch in ihren eigenen vier Wänden – kurz gesagt, das
Fortbestehen der orientalischen Tradition, dass die Frauen ihren Männern
gehören, nicht sich selbst, und dass kein Fremder das Recht hat, sie
anzusehen und zu bewundern.

Dies ist die Lebensweise, die den Frauen das ganze Jahr über auferlegt wird.
Aber wenn der April kommt und die Messe beginnt, werden alle diese
Beschränkungen über Bord geworfen, die Mütter begleiten ihre Töchter zum
Prado und sehen dort, im „Empfangsraum" einer Caseta *oder* Kabine sitzend,

deren Holzboden drei Fuß über dem Boden liegt, um eine bessere Sicht zu bieten, zu, wie ihre Mädchen vor den Augen der Öffentlichkeit tanzen, Stunde um Stunde und Nacht um Nacht, für alle Welt, als wären sie professionelle Theaterschauspielerinnen. Das Ganze ist eine Anomalie ohne Erklärung, es sei denn, man betrachtet es als unbewussten Protest der sevillanischen Frauen gegen ihre lebenslange Gefangenschaft in einem Heim, das sich in Bezug auf seine Abgeschiedenheit nicht sehr von einem Harem unterscheidet.

Das sichtbare Ergebnis ist jedoch recht reizvoll. Es gibt ganze Straßen voller Segeltuchstände, große und kleine, luxuriöse und das Gegenteil, einfach, künstlerisch und fantastisch; schöne Gebäude aus Ziegelstein und Eisen, die von den angesagten Clubs errichtet wurden; vergängliche Darstellungen der beliebten *Corrales* und *Ventas* , die von Künstlern geliebt werden, die ihre typischen *Casetas* mit ihren eigenen Händen bemalen; es gibt Hektar von Segeltuch, die Hunderte von Spielzeug- und Süßigkeitenständen, Trinkständen, Tante Sallies oder ihren spanischen Äquivalenten und vor allem Stände für den Verkauf der allseits beliebten *Buñolitos bedecken* , die in einem früheren Kapitel beschrieben wurden. Die *Casetas* – ein Name, der jedem Bau auf der Messe ohne Unterschied gegeben wird – bilden in allen Richtungen Grenzlinien zwischen den Fahrwegen und dem Boden, auf dem das Vieh steht, von dem es Tausende und Abertausende gibt, die auf der großen Ebene zusammengedrängt sind, Herde an Herde, ohne irgendeine Art von Trennung zwischen ihnen, Esel Wange an Wange mit Schweinen, Schafe Schulter an Schulter mit Maultieren, alle friedlich liegend oder stehend an ihren zugewiesenen Plätzen.

Hier schlug San Fernando eine Zeit lang sein Lager auf, als er Sevilla belagerte, und später stand hier der *Quemadero* , die Verbrennungsstätte der Inquisition. Heute ist der Prado, außer während des großen Volksfests im April und des kleineren zu Michaeli, das Übungsgelände für die Truppen der Garnison. Hier werden die jährlichen Rekruten ausgebildet, und hier findet die interessante Zeremonie des *Jura de la Bandera statt* , bei der Tausende von Rekruten gemeinsam niederknien und ihrem Gott, ihrer Flagge und ihrem König Treue schwören. Hier spielen auch die Fußballclubs, von denen es mehrere gibt, das ganze Jahr über sonntags, selbst in der Sommerhitze. Ich glaube nicht, dass viele Engländer bei 38 Grad im Schatten Fußball zusehen, geschweige denn spielen würden; doch der „ *Sevilla Balompié* " spielt den ganzen Sommer über und beginnt seine Spiele um 6 Uhr morgens, wenn es nachmittags zu heiß zum Laufen wird. Und diese tatkräftigen Burschen verdienen umso mehr Lob, als sie von den gesellschaftlich Höheren weder finanzielle noch Anerkennung erhalten. Welche finanziellen Schwierigkeiten sie haben, erfuhr ich letzten Sommer von einem englischen Angestellten, der für einen der Vereine als Schiedsrichter arbeitet. Er erzählte mir, dass sie jetzt, wo das Wetter so heiß geworden sei, mit Cricket statt Fußball anfangen wollten, aber sie hätten kein Geld, um die Cricketsachen zu kaufen, und wüssten niemanden, der ihnen helfen würde, Geld aufzutreiben! Und doch gibt es bei Wahlen, ob Parlamentswahlen oder Kommunalwahlen, immer genug Geld, um Stimmen zu kaufen, und einer dieser Fußballer erzählte mir, dass man ihm während einer heiß umkämpften Wahl bis zu fünfzehn Peseten angeboten habe, wenn er einen Wähler verkörperte, der in seinem anständigen Grab sicher liege! Den Kandidaten ist noch nie in den Sinn gekommen, dass eine Mitgliedschaft bei Fußballvereinen und dergleichen eine respektablere Form der Bestechung sein könnte, als einem Halfback Geld anzubieten.

Aber während der Messe interessiert sich niemand für Fußball, Politik oder andere ernste Dinge. Wir wollen Spaß haben, und das tun wir auch.

Eine Fahrt durch den eigentlichen Viehmarkt überrascht diejenigen, die glauben, die Spanier seien Tierquäler. Schafe, Ziegen, Schweine, Esel, Maultiere, Pferde, Rinder werden alle zusammengetrieben, sind ganz zahm und glücklich, die meisten sind frei herumlaufend und werden nur durch die Stimme des Hirten und das Bellen seines Hundes am Umherirren gehindert; Herden junger Pferde und Maultiere sind nur durch ein improvisiertes Geländer eingezäunt, das aus einem Seil besteht, das an in den Boden getriebenen Eisenpfählen befestigt ist; große Ochsen und Stiere mit langen Hörnern liegen ohne jegliche Art von Leine oder Zaun auf dem Boden. Die einzigen Tiere, die wirklich eingesperrt sind, sind die wohlerzogenen Reit- und Kutschenpferde, die in Holzställen auf der anderen Seite des *Reál de la Feria untergebracht sind* . In dieser Straße stehen die schicken *Casetas* , hier werden abends die Feuerwerke gezündet und Reiterinnen zeigen ihr Können bei einem Spiel, das man als „Durch das Labyrinth fädeln" bezeichnen könnte, zwischen den zahllosen Autos und Kutschen aller Art und Art, privaten und gemieteten. In den meisten von ihnen sitzen Töchter in weißen Mantillas und Mütter in Schwarz, die alle darauf bedacht sind, die Menge zu sehen und von ihr gesehen zu werden.

Viele der Pferde in diesem Sammelsurium von Gefährten sind *à la Jerezana angeschirrt* – mit einem schweren Kummet und Sattel und mit Leder überzogenen Seilsträngen, wo sie die Pferde berühren, mit vielen klingelnden Glöckchen und unzähligen Bällen und Quasten aus bunter Wolle, die überall, wo es möglich ist, und vor allem am Genickstück befestigt sind. Ich weiß nicht, warum dieses Geschirr „Jerez-Mode" genannt wird, denn ich habe in der Sierra weit mehr derart geschmückte Tiere gesehen als jemals in Jerez. Aber selbst der hartnäckigste Informationssucher legt hier gern sein Notizbuch beiseite und genießt einfach die malerische und altmodische Atmosphäre dieser Familienkutschen mit ihren Goya-ähnlichen Insassen und das Leben, die Farbe und die Lebendigkeit der gesamten Szenerie. Denn trotz der Erheiterung, die die reine, frische Aprilluft mit ihrem strahlenden Sonnenschein und die allgemeine Stimmung der Fröhlichkeit hervorrufen, verliert man nie ganz das Gefühl, dass es sich um ein Theaterstück handelt, auch wenn man selbst einer der Spieler ist, und dass sich nur allzu bald der Vorhang über einer der schönsten Szenen fallen wird, die man in Spanien, wenn nicht in ganz Europa, finden kann.

Man hat mir erzählt, dass die wirklich schicke junge Dame jedes Jahr vierzehn neue Kleider für die Messe hat. Wie sie es schafft, sie alle zu tragen, weiß ich nicht, es sei denn, sie zieht eins über das andere, denn sie kann ihr Kleid nur dreimal am Tag wechseln, weil sie den ganzen restlichen Tag und die ganze Nacht über *sichtbar ist*. Morgens setzt sie den neuesten Hut aus Paris auf, um herumzufahren und sich das Vieh anzusehen, und versteckt ihre Mandelaugen und ihre hübschen, geschwungenen Augenbrauen mit einer schrecklichen „Kreation", die absolut nicht zu ihrem Stil passt. Nur wenige Spanierinnen können einen Hut tragen – höchstwahrscheinlich aus Mangel an Übung, denn erst in den letzten zwanzig Jahren oder so ist die Mantilla oder *der Velo nicht mehr die allgemeine Kleidung*.

Wenn sich unsere *Elegante* am Nachmittag in ihrem zweiten neuen Kleid zeigt, mit hochgestecktem Haar, einer Masse von Nelken darauf und dem riesigen Kamm aus durchbrochenem Schildpatt, den sie von ihrer Urgroßmutter geerbt hat, und mit den weichen Falten einer weißen Seidenmantille, die um ihr Gesicht weht, während sie den Reál auf und ab fährt (oder fährt – schrecklicher Anachronismus!), erkennen wir sie kaum als dasselbe Mädchen, das heute Morgen unter dieser Pariser Monstrosität so langweilig und schwerfällig aussah. Ihre Augen blitzen, ihre weißen Zähne glänzen, und man beginnt zu verstehen, was Dichter meinen, wenn sie vom funkelnden Glanz einer andalusischen Schönheit sprechen.

Zu dieser Zeit sind die *Casetas* voller Tänzer, hauptsächlich Schulmädchen und Kinder, denn Koketten ab 16 Jahren wissen genau, dass sie nach Einbruch der Dunkelheit im hellen Kunstlicht besser zur Geltung kommen. Die älteren Mädchen, sofern sie keine Kutschen besitzen oder keinen Zutritt zu den angesagten Clubs haben, schlendern mit ihren Freundinnen und Freunden auf und ab, kritisieren die „Kutschleute" und denken zweifellos, wie viel besser sie selbst in diesen teuer ausgestatteten Fahrzeugen aussehen würden. Um sechs Uhr, wenn der Stierkampf zu Ende ist und die Zuschauer zum Prado kommen, ist die ohnehin schon überfüllte, fast eine Meile lange Straße mit vier Kutschen in vierer Reihe so verstopft, dass sich nichts mehr als einen Schritt vorwärts bewegen kann, und nervöse Fußgänger können den Reál und die kreuzenden Straßen am Eingang zur Messe nur über eine Art winziges Eiffelturm-Gebäude überqueren, das vor etwa fünfzehn Jahren zu diesem besonderen Zweck errichtet wurde.

Nachts ist der Eiffelturm oder *Pasadera* , wie er genannt wird, von oben bis unten beleuchtet, das ganze Reál ist mit Girlanden aus bunten Glühbirnen überwölbt, und jede *Caseta* wetteifert mit ihren Nachbarn im Licht der Empfangsräume, in denen die Mädchen in ihren dritten neuen Kleidern tanzen sollen. Denn die Zurschaustellung von Jugend und Schönheit ist das Hauptziel der gesellschaftlichen Seite der Messe, die im Grunde der Heiratsmarkt von Sevilla ist. Es wird gesagt, dass sich an diesen drei Tagen mehr junge Leute verständigen als im ganzen übrigen Jahr, und es ist leicht, das zu glauben, denn wir wissen, dass der Frühling auf der ganzen Welt die schönste Zeit für den Ring ist, und die Fantasie der jungen Männer richtet sich zu dieser Jahreszeit hier in Sevilla besonders leicht auf Liebesgedanken.

Getanzt wird von neun Uhr bis zwei oder drei Uhr morgens. Ob gut oder schlecht, der Anblick winkender Arme und gesenkter Köpfe in *Seguidillas* und *Peteneras* zieht die Passanten immer an. Oft versammeln sich bis zu ein paar Hundert Menschen vor einer schicken *Caseta* , wo ein halbes Dutzend Señoritas zusammen tanzen, obwohl nur die erste Reihe der Menge, die sich gegen die Stufen drückt, die vom Bürgersteig nach oben führen, mehr sehen kann als Gesichter, die in weiße Spitze oder schwarze *Madroños gehüllt sind* , und weiße Hände, die mit Bändern geschmückte Kastagnetten schwenken.

Je größer die Menschenmenge vor ihnen ist, desto zufriedener sind die Tänzer. Ich erinnere mich sogar, dass mir einige Mädchen einmal erzählten, sie hätten über Nacht einen riesigen Erfolg gehabt, „denn es waren so viele Leute da, die ihnen zusahen, dass einige der eingeladenen Gäste nicht weniger als dreimal vergeblich versucht hatten, zur *Caseta durchzukommen* .“ Und das sind die Mädchen, die ihren Ruf verlieren würden, wenn man sie tagsüber allein auf der Straße sehen würde, oder sogar zwei Schwestern zusammen, ohne Anstandsdame! Die gesellschaftlichen Bräuche Spaniens sind wahrlich mysteriös!

Ich habe bereits über Feuerwerke geschrieben. Wenn diese sogar in Dörfern gut sind, kann man davon ausgehen, dass sie im wohlhabenden Sevilla wesentlich besser sind. Das einzige Wunder ist, dass nicht an jeder Nacht der Messe die ganze Straße des Reál in Brand gesteckt wird, denn das Feuerwerk endet immer mit der gefährlichen *Traca* , einer Kette von Knallkörpern, die von Baum zu Baum über die gesamte Länge der Leinwandstraße gespannt wird, und die Knallkörper scheinen tatsächlich in den *Casetas zu explodieren* . Und neben dem Bürgersteig steht eine doppelte oder dreifache Reihe von Kutschen, deren Pferde einfach nur gelangweilt zu sein scheinen von den Knallkörpern und anderen lauten und feurigen Vorrichtungen, die vor ihrer Nase explodieren. Es ist reines Glück, dass noch kein schrecklicher Unfall passiert ist. Aber niemand protestiert, obwohl die Leute jedes Jahr sanft bemerken, dass es furchtbar gefährlich und sehr unangenehm ist, wenn

Funken auf die Bürgersteige fallen. In Sachen Feuerwerk ist das andalusische *Laissez-faire* besonders offensichtlich.

Um Mitternacht ist der Jahrmarktsspaß in vollem Gange. Es gibt zahlreiche und sehr beliebte Karussells, und jedes davon hat seine Dampforgel oder sein mechanisches Klavier, das beliebte Melodien spielt, die auf den Straßen längst zu Tode gesungen wurden. Es gibt insbesondere eins, das „Serafina" heißt und seit Jahren genauso beliebt ist wie „Ta-ra-ra-boom-de-ay" in England, als wir jung waren, und es ist eine ebenso alberne Melodie mit noch alberneren Worten, wenn das möglich ist. Dieser Albtraum verfolgt uns die ganze Straße der Zigeuner entlang und die der Spielzeugstände und die der bürgerlichen *Casetas* rechts vom Reál. Der einzige Ort, an dem man ihn nicht hört, ist oben am Reál, wo sich die *Casetas* zweier der wichtigsten Clubs befinden. Hier sind alle Vorhänge sorgfältig geschlossen, damit kein laienhaftes Auge die Pracht drinnen erblicken kann, und Militärkapellen spielen Walzer und *Rigodone* – eine ganz besonders langweilige Form der Quadrille – zur Unterhaltung der *Hocharistokratie* .

Warum sich diese Clubs die Mühe machen, ihre Gäste hinter zugezogenen Vorhängen im Prado zu empfangen, anstatt in ihren schönen Clubhäusern in der Stadt, ist nicht ersichtlich. Diese Unterhaltungen haben sicherlich nichts vom traditionellen Geist der Messe, deren Wesen darin besteht, dass alle Unterhaltungen vor den Augen der Öffentlichkeit stattfinden. Einer ihrer Morgenempfänge ist jedoch ganz entzückend. Es handelt sich um den Kinderball, der um 10 Uhr beginnt und vor dem Mittagessen endet. Er wird von einer Schar faszinierender Babys in Kostümen besucht, alle spanisch - die Jungen als *Toreros* , *Majos* (die andalusischen „Verrückten" aus vergangenen Tagen), Banditen und was nicht noch alles, die Mädchen in Miniaturmantillen, Manila- Schals oder Zigeunerkleidern, und ihre unschuldige Eitelkeit verleiht dem Reál einen bezaubernden Charme, wenn sie nach der Party in den Kutschen ihrer Mütter auf und ab fahren und so tun, als wären sie ganz erwachsen.

Ein Manila-Schal ist das Galakleid jeder berufstätigen Frau, die es sich leisten kann, einen für die Messe zu kaufen oder zu mieten. In einigen Fällen sind sie Erbstücke, die von der Mutter an die Tochter weitergegeben werden. So wie die Mantilla das Überbleibsel des muslimischen Schleiers unter den Wohlhabenden ist, so ist dieser Schal, wie der schwarze, der jeden Tag getragen wird, das Überbleibsel des Schleiers unter den Armen. Noch im 17. Jahrhundert bedeckten spanische Frauen ihr Gesicht; in den Provinzen Cadiz, Malaga und Granada gibt es sogar heute noch Dörfer, in denen die Frauen beim Ausgehen, insbesondere zur Messe, nur ein Auge freilassen. Mehr als ein König erließ Dekrete, die diese „heidnische" Verschleierung des weiblichen Gesichts verboten, mit der Begründung, sie sei unmoralisch, da die so verborgenen Reize für das andere Geschlecht unwiderstehlich würden.

Die Damen revanchierten sich, indem sie sich weigerten, ihre Häuser überhaupt zu verlassen, wenn sie gezwungen wurden, sich auf diese „unanständige" Weise zu entblößen (ich zitiere aus zeitgenössischen Schriftstellern); aber schließlich wurde ein Kompromiss erzielt. Sie bedeckten ihre Gesichter immer noch, wenn sie auf der Straße erschienen, aber mit durchsichtiger Stickerei und Spitze, womit sie zwar den Buchstaben des Gesetzes beachteten, aber den Geist des Gesetzes höchst wirksam verletzten. Wir schulden jenen Damen eine gewisse Dankbarkeit, deren ausgeprägter Sinn für Anstand die Mantilla hervorbrachte, die schönste Kopfbedeckung, die je von Frauen erfunden wurde.

Als wir 1902 zum ersten Mal nach Spanien kamen, taten modebewusste Damen ihr Bestes, um die Mantille abzuschaffen, mit der Begründung, es sei lächerlich, in Spanien eine „Nationaltracht" beizubehalten, wo doch alle zivilisierten Länder die Pariser Mode übernommen hätten; und eine Zeit lang schien es wirklich, als würde sie bald von keiner Frau mehr getragen werden, die genug Geld für einen Hut hätte. Glücklicherweise waren diese Frauen jedoch in der Minderheit, denn hier werden Hüte nur von den Reichen gekauft und sind sehr teuer. Die einfachere Form der Spitzenkopfbedeckung, bekannt als „ *Velo* ", die bei der Messe und von Frauen mittleren Alters im Freien getragen wird, war glücklicherweise außerhalb von Madrid und Barcelona nicht einmal unter den Wohlhabenden außer Gebrauch geraten, trotz des Kreuzzugs gegen die auffälligere Mantille. Und dann kam im psychologischen Moment die junge englische Königin mit der ganzen Bewunderung einer Ausländerin für diese schöne Kopfbedeckung. Das erste Porträt von ihr, das zu einem für die breite Masse erschwinglichen Preis verkauft wurde, zeigte ihre Schönheit, die durch die typische Drapierung aus exquisiter Spitze noch verstärkt wurde, und „Sie trägt es, als wäre sie eine Spanierin", sagten die Leute, denn die Gestaltung der Mantilla unterliegt strengen Regeln, und kein Ausländer kann hoffen, diese Geheimnisse ohne Hilfe zu ergründen. Dies rettete die Mantilla. Es wurde bald klar, dass Ihre Majestät beabsichtigte, sie bei jeder passenden Gelegenheit zu tragen, und natürlich folgten alle modebewussten Frauen Spaniens diesem Beispiel, zur Freude aller außer den Hutmacherinnen.

Auf der letzten Messe in Sevilla gab es mehr Mantillas als Hüte, und wenn es auch ein Schock für das künstlerische Empfinden war, sie in Autos zu sehen, war es immerhin viel besser, als sie gar nicht zu sehen, wie es vor sechs oder sieben Jahren fast der Fall war. Ungefähr um diese Zeit veranstalteten wir einmal eine *Caseta* , zu der eine ganze Reihe englischer und amerikanischer Besucher kamen. Alle diese Damen trugen Mantillas und waren erfreut über die Gelegenheit dazu (denn die Mantilla, das muss man sagen, wird nur *en grande tenue getragen*), und unsere spanischen Freunde erklärten sich bereit, sich von der damals vorherrschenden Mode zu distanzieren und ihre Hüte

zu Hause zu lassen, wenn sie zum Tanzen in die *Caseta de los Ingleses kamen* .
Falls die Engländerinnen noch eine gewisse Verlegenheit gezeigt hatten – ein
oder zwei von ihnen sagten am ersten Tag, sie fühlten sich ein bisschen wie
auf einem Maskenball –, so verschwand diese, als wir am nächsten Morgen
die Lokalzeitung lasen. Dort befand sich nämlich in großen Lettern ein
Artikel über den Niedergang der Mantille und ein poetischer Absatz, in dem
den ausländischen Damen in beinahe mitleiderregenden Worten dafür
gedankt wurde, dass sie den hübschen Kopfschmuck, den die Andalusier
inzwischen zu verachten schienen, „mit besonderer Anmut" trugen.

Wir haben nie herausgefunden, wer der Autor war; er nannte sich „John-a-
dreams" und bat uns, sein Inkognito nicht zu durchbrechen, als wir ihm
schrieben, um ihn in die *Caseta einzuladen* , die er so freundlich gelobt hatte.
Aber wir waren erfreut zu erfahren, dass unsere Annahme der Mantilla als
Kompliment an Spanien angesehen wurde, und jetzt folgen wir und unsere
Freunde dem Beispiel der Königin und tragen sie so oft wir können.
Abgesehen von allen anderen Erwägungen sind die Festmantilla und ihr
bescheidenerer Verwandter, das *Velo* , für den Alltag nicht nur allgemein
beliebt, sondern auch sehr sparsam, denn obwohl ein gutes Stück Spitze
anfangs so viel Geld kostet wie ein Pariser Hut, hält es jahrelang und kommt
nie aus der Mode.

Unsere *Caseta* hat in diesem Jahr ihre Aufgabe gut erfüllt. Wir hatten das
Licht sorgfältig arrangiert, damit es die Gesichter der Mädchen würdig
beleuchtete, und wir hatten eine extra hohe Plattform, auf der sie tanzen
konnten. Wir sagten, wenn es der Zweck der *Caseta* war, die Señoritas zu
präsentieren, könnten wir die Bühne genauso gut mit besonderer Rücksicht
auf ihren Zweck einrichten. Und nicht weniger als drei Verlobungen waren
das Ergebnis, von denen zumindest eine zu einer anscheinend sehr
glücklichen Ehe geführt hat.

Ich für meinen Teil bin wieder am Ausgangspunkt angekommen. Sommer,
Herbst und Winter sind vorbei, und die Aprilmesse ist gekommen und
gegangen. Mein spanisches Jahr ist vorbei, und das neue Jahr der Braut hat
begonnen, mit dem Duft von Rosen, Jasmin und Orangenblüten, dem
Plätschern von Springbrunnen und dem Singen der Nachtigallen zwischen
den Ulmen am Hügel von Granada. Denn dorthin fahren Mädchen, die
Mantillas tragen, in die Flitterwochen, und dorthin gehen brave Touristen,
wenn sie sterben.

Fußnoten

[1] Graf mit dem weißen Bart. Es gibt viele solcher Titel im spanischen Adel. Sie stammen aus dem 13. und 14. Jahrhundert, als die Könige oft Titel vergaben, die sich auf persönliche Besonderheiten bezogen.

[2] In Spanien verschmelzen die Ehefrauen, angefangen bei der Königin abwärts, mit denen ihres Ehemannes, wenn von ihnen gemeinsam gesprochen wird, und so haben wir *los Reyes* , die Könige, statt König und Königin; *los Duques* , die Herzöge, statt Herzog und Herzogin; und so weiter die ganze Skala der Gesellschaft hinunter. Die praktische Zweckmäßigkeit dieser Abkürzung ist so offensichtlich, dass ich mich nicht dafür entschuldige, sie übernommen zu haben.

[3] Da der Gebrauch ihrer Nachnamen durch spanische Ehefrauen für einen Ausländer verwirrend sein kann, sollte erklärt werden, dass sowohl Männer als auch Frauen den Familiennamen des Vaters und der Mutter verwenden. So heiratet Antonio Lopez Maria Garcia, und der Familienname seiner Kinder ist Lopez y Garcia. Einer seiner Söhne heiratet Luisa Ramirez, und *seine* Kinder heißen Lopez y Ramirez, und so weiter. Eine verheiratete Frau behält ihren Mädchennamen. Wenn also Maria Garcia y Perez Antonio Lopez y Rodriguez heiratet, wird sie in formellen Dokumenten – einem Testament zum Beispiel – oder in einer Todesanzeige als Maria Garcia y Perez, esposa de Antonio Lopez y Rodriguez bezeichnet, obwohl ihre Bekannten von ihr als La Señora de Lopez oder kürzer La de Lopez sprechen. Bis sie die mittleren Lebensjahre erreicht haben, werden Frauen, ob verheiratet oder ledig, immer mit ihrem Vornamen ohne Präfix angesprochen, sogar von Männern bei der ersten Vorstellung.

[4] Für Spanier bedeutet „Amerika" Spanisch-Amerika: Die Einwohner der USA sind stets *Nordamerikaner* oder *Yanquis* .

[5] Diese Kleidungsstücke, die üblicherweise von den Bauern getragen wurden, sind lediglich eine Art geteilte Schürze aus Leder, die die Vorderseite des Körpers von der Taille bis zu den Füßen bedeckt.

[6] Arabische Bezeichnung für eine Bäckerei, die hier immer verwendet wird.

[7] Unterirdische Reservoirs für Regenwasser.

[8]

„Die Jungfrau der Säule sagt

Dass sie Mauren nicht mag,

Dass sie die Kapitänin sein wird

Von den aragonesischen Soldaten."

[9] Sevilla war unter dem Islam stets für seine schönen Gebäude bekannt.